Hartwig Schiller
Da ist jemand in dir, den ich kenne

HARTWIG SCHILLER

Da ist jemand in dir, den ich kenne

Die Idee von Reinkarnation und Karma in der Pädagogik

VERLAG FREIES GEISTESLEBEN

ISBN 3-7725-1767-6

1. Auflage 1998
Verlag Freies Geistesleben
Landhausstraße 82, 70190 Stuttgart

© 1998 Verlag Freies Geistesleben & Urachhaus GmbH, Stuttgart
Umschlagentwurf: Thomas Neuerer unter Verwendung
eines Bildes von Paul Klee (© VG Bildkunst, Bonn 1998)
Druck: WB Druck, Rieden am Forggensee

Inhalt

Vorwort 7

Die unerlöste Frage 11
*Am Ende des Jahrhunderts 11 / Die Fanfare des
Jahrhundertanfangs 13 / Schattenwürfe 18 /
Die Kunsterzieherbewegung 21 / Schule als
Lebensgemeinschaft 26 / Probleme und Aufgaben
der reformpädagogischen Bestrebungen 32*

Erste Versuche 42
*Die neue pädagogische Beziehung 42 / Begegnung mit
Michaela 46 / Das Kind vom Lande 53 / Lebensbilder –
Lebensrätsel 62 / Das Geheimnis der Biographie 70 /
Roswitha Homann 75*

Zeitgemäßes und Unzeitgemäßes 84
*Überprüfen an Erfahrungen und Einsichten 86 /
Der Entwicklungsgedanke 87 / Karmisches Geflecht
und Sinn 90 / Zeitgemäße Grundlagen 93*

Grenzüberschreitungen 98
*Übersehene Dimensionen des Schlafes 99 / Das eigentliche
Reich des Schlafes 105 / Das Einschlafen – Vorbereitung auf
die Nacht 110 / Das Reich der Träume 113 / Die Kunst des
Erwachens 121 / Übersicht über den Tages- und Nachtweg 122*

Ziegelsteine 124
*Auf der Suche nach dem Individuum 126 /
Zusammenhänge finden 131 /
Verschiedene Stufen von Klugheit 142*

Karmischer Umkreis 150
Hilfe in besonderer Situation 161

Pädagogische Konsequenzen 166
*Die Schwelle der Reifezeit 170 / Falko Solter 175 /
Karmische Metamorphosen 190*

Das neue Jahrhundert bahnen 207
*Die Vorgänge der Nachtodlichkeit 208 /
Peer Gynts Rettung 212 / Die drei Schichten der
Elternwahl 214 / Verbindung mit einzelnen
Menschen 215 / Etwas miteinander zu tun haben 217 /
Größere Kreise 219 / Volkszugehörigkeit 222 /
Regionale, lokale und Klassenzusammenhänge 223 /
Zeitgenossenschaft 227 / Das geistige Antlitz unserer
Epoche 230 / Was Kinder wollen 232 / Die Signatur
des Menschheitsgeistes 233*

Anmerkungen 235

Literaturverzeichnis 238

Vorwort

Seit längerer Zeit wird der Zustand der Pädagogik im öffentlichen Raum als desolat beschrieben. In zahlreichen Publikationen findet sich das immer wiederholte Schreckensbild unheilvoller Szenarien, welches heute in Schulen, Elternhäusern, ja bereits in Kindergärten und Krippen anzutreffen sei. Das kontinuierlich schrumpfende Kontingent der Pädagogen ist symptomatisch für diese Rezeption von Erziehung und hängt keineswegs nur mit der Klammheit öffentlicher Kassen zusammen, wenn auch diese ihrerseits symptomverstärkend wirken. Der Beruf des Erziehers selbst scheint wenig aktuell in einem Umfeld, in dem bereits das eigene Kind zu einer seltenen Erscheinung wird. Wenn man sich schon mit Kindern herumärgern muß, warum dann ausgerechnet mit fremden? Die pädagogischen Berufe leben gemeinsam mit anderen sozialen und pflegerischen Bereichen im stetigen Abschwung – was sicherlich in keiner Weise mit ihrer Aktualität und Notwendigkeit übereinstimmt.

Die großen Defizite treten heute bereits in den Grundorientierungen auf. Kernaufgaben von Aufziehen, Ins-Leben-Leiten und Menschwerden anonymisieren sich oder verwildern. Der Mensch ist dem Menschen fremd geworden und findet nicht den Ansatz, tiefere Sehnsüchte zur Überwindung seiner Entfremdung zu ergründen und die Gräben zu überwinden. Im blinden Fortsetzen der täglich seelenloser werdenden Routine erstarrt das Leben vielmehr zu allen möglichen Variationen eines schicken Autismus.

Wo das Arrangement mit der Leere nicht alle Regungen gelähmt hat, werden verschiedene Reformprojekte versucht. Dabei ist der Blick in den vergangenen Jahrzehnten vor allem auf die Waldorfschulen gefallen. Sie gaben das unerschöpfliche Material für alle möglichen Veränderungsansätze her. Zweierlei war für diese Phase der Adaption bezeichnend. Zum einen unternahmen die Waldorfschulen große Anstrengungen, um ihre Pädagogik zu popularisieren. Öffentliche Arbeitswochen an drei verschiedenen Standorten Deutschlands führten Jahr für Jahr Tausende von Lehrern an staatlichen Schulen in methodische und didaktische Aspekte der Waldorfpädagogik ein. Neben der allgemeinen Verbesserung der pädagogischen Situation erhofften sich die Waldorfschulen dadurch Anerkennung und schließlich Gleichbehandlung auf rechtlichem und wirtschaftlichem Gebiet.

Wenngleich diese Initiativen zuletzt zum Einfließen aller möglichen Einzelheiten in andere, z. B. staatlich veranstaltete Schulen führten, blieb zum andern die erwartete Fairneß jedoch in großem Umfang aus. Zumeist fand der geistige Urheber entsprechender Veränderungen nicht einmal Erwähnung. Während das Plagiat sich für seinen Reformermut feiern ließ, blieb dem Original das Verschwiegenwerden als unliebsamer Konkurrent. Zuletzt wurden sogar Stimmen laut, die fragten, ob nach der so offensichtlichen Verbesserung der allgemeinen Situation und dem gründlichen Ausschlachten des Vorbildes für sein Angebot überhaupt noch Bedarf bestünde.

Der gesamte Vorgang bezeichnet aufs deutlichste das gegenwärtige Dilemma. Pädagogik gilt als ein geschickt zu arrangierendes Arsenal brauchbarer Methoden, mit dem man Heranwachsende so behandeln möchte, daß sie störungsfrei funktionieren und sich dabei möglichst wohlfühlen. Zuletzt entsteht so jedoch höchstens eine schöne neue Welt, die mit Waldorfpädagogik und echter Menschlichkeit nichts zu tun hat.

Waldorfpädagogik fußt auf tieferen Wurzeln des Menschenverständnisses, die den einzelnen methodischen Handgriffen ihres methodisch-didaktischen Repertoires erst Sinn und Wirksamkeit verleihen. Dieses Menschenverständnis kommt ohne den konkreten Menschen auf beiden Seiten des Schultisches nicht aus. Das

Bemühen um ein solch vertieftes Menschenverständnis kann den Erzieher jedoch befähigen, den schwierigen Aufgaben unserer schwierigen Zeit besser zu entsprechen, als das in der Pädagogik bisher schon gelungen ist.

Eine wesentliche Wirksamkeit kommt hier dem Gedanken von Reinkarnation und Karma zu, der die Auffassung des individuellen Menschen wesentlich zu erweitern und zu vertiefen vermag. Doch was hält auf diesem Gebiet nüchterner Betrachtung und Überprüfung stand? Stellt diese Idee im europäischen Kulturleben lediglich die verschwommene Adaption fernöstlicher Weisheitslehren dar, welche Schwärmerei und blinden Glauben an undurchschaubare Heilslehren fordern? Oder ist sie ein Instrument anthroposophischen Geheimwissens, dem in der Waldorfschule verstohlen gefrönt wird, um unbemerkt Anhänger dieser Auffassung zu rekrutieren?

In den folgenden Ausführungen soll gezeigt werden, daß der Gedanke von Reinkarnation und Karma, der in Europa auf eine ganz eigene geistige Geschichte verweisen kann, geeignet ist, ein neues Erzieherbewußtsein aufzubauen, welches den pädagogischen Forderungen der Gegenwart besser entspricht. Der Ansatz einer neuen pädagogischen Praxis führt zu bemerkenswerten Resultaten, welche sich als Ergebnis ehrlicher Prüfung und sensibler Besinnung einstellen. Alle erzählten Beispiele sind authentisch, die Namen der erwähnten Kinder, Eltern und Lehrer jedoch verändert.

Das Buch möchte einen Beitrag leisten, Einsicht, Kraft und Mut für das Erziehen im Angesicht unserer Zeit zu wecken.

Stuttgart, Januar 1998 *Hartwig Schiller*

Die unerlöste Frage

Am Ende des Jahrhunderts

Erziehung scheint heute vielen eine bedrückende Angelegenheit zu sein. Geklagt wird von beinahe allen über nahezu alles bei fast jeder Gelegenheit. Die Erfahrungen der eigenen Kindheit bieten bei dem problematisierten Gegenstand offenbar keine Hilfe. Der einzige Konsens der verunsicherten Erzieher liegt in der Feststellung, daß es so wie früher nicht mehr sein kann. Ansonsten treibt alles im Strudel der Ungewißheit. In der Gesellschaft wird die Renaissance alter Tugenden gefordert und die Abwesenheit orientierender Sinnperspektiven beklagt. Eltern fehlt in der Zeit der Massenarbeitslosigkeit die Zeit zum Erziehen. Professionelle Experten, zumeist als Lehrer und Hochschullehrer vom und für das *Gemeinwesen* beamtet, lehnen es ab, Mülleimer, Notnagel oder Reparaturbetrieb der gesellschaftlichen Verhältnisse zu sein. Ein Erziehungsauftrag der Schule wird bestritten. Einige bevorzugen einen Bildungsauftrag, denn Schule sei zum Lernen da, ein Informationsauftrag gegenüber der nachwachsenden Generation allenfalls akzeptabel. Ein Zusammenhang von inhaltlichem Lernen und praktischem Verhalten wird nicht gesehen.

Im übrigen gibt es für jeden vorstellbaren Gedanken die passende Theorie. Das Gemeinsame liegt in der Überzeugung, die Zeit der großen Gemeinsamkeiten sei vergangen.

Auch wird die zunehmende soziale Kälte beklagt, die sich nicht nur im Abbau von gesellschaftlicher Solidarität kundtut. In mangelnder Sensibilität für den anderen, auch für die Natur, in geringer Aufmerksamkeit für die allgegenwärtigen Begegnungen des Lebens wird eine Verarmung des Seelenlebens konstatiert, für die man eine Therapie vergeblich sucht.

Einige meinen, das sei das Schicksal der Moderne. Aus dem Verlust von Sinn und Orientierung entstünde die Freiheit zur Pluralität der Anschauungen. Andere aber wenden ein, daß die Abwesenheit einer Vormundschaft noch nicht die Überwindung von Vormundschaft schlechthin bedeute. Sie fürchten wohl auch, daß das Sinnvakuum, so wie jedes Vakuum, die Tendenz hat, sich aus dem Umkreis aufzufüllen, und wo nur Beliebigkeit und Leere herrschen, es eben diese kläglichen Geschwister seien, die sich an die Stelle alter Orientierungen setzen und vormundschaftliche Gewalt ausüben.

Sinn müßte also neu erobert werden. Wo alte, tragende Konsense nicht mehr vorhanden sind, müßte aus der sorgfältigen Klärung einzelner Fragen eine wachsende Sicherheit aufgebaut werden, die lebenstragend wirken kann. Offenbar ist Sicherheit vermittelnde Sinnstiftung nicht mehr bequem als überkommene Lösung verfügbar. Sie muß je neu errungen werden. Sind ihrem Träger die Bedingungen ihrer Evidenz deutlich, weiß er um das Warum und Wieso einer gültigen Aussage, dann kann sie sich auch anderen mitteilen und ein neuer, geschaffener Konsens entstehen.

Zunächst ist aber alles unsicher. Auch der Gegenstand der Erziehung selber. Da klagen die einen über ein Verschwinden der Kindheit, während andere ein Kindlichwerden der ganzen Gesellschaft feststellen. Nachvollziehbare Argumente liefern beide Seiten.

Die einen führen die Vereinzelung der Kinder mit der einhergehenden Eingewöhnung in die Strukturen der Erwachsenen an. Sie zeigen, wie immer früher die technisierte Welt rationale Verhaltensstrategien von den Kindern verlangt und einübt. Sie machen auf die Entwicklung einer Welt aufmerksam, die für Kinder einfach keinen Platz mehr kennt.

Die anderen stellen den Mangel von vertikalen Beziehungen zwischen Jungen und Alten fest. Sie finden überall nur horizontale Strukturen des «Du», des von gleich zu gleich. Verständigung zeigt sich ihnen nur innerhalb der Generationsschichten, nicht zwischen ihnen. In Verbindung mit einer allgemeinen Verflachung des kulturellen Lebens, dem Feiern von «Nicht-Ereignissen» statt der Hingabe an vertiefende Erfahrungen, konstatieren sie eine allgemeine Infantilität, welche Altern als Reifung nicht kennt.

So droht am Ende des 20. Jahrhunderts offenbar das verlorenzugehen, was sich an seinem Anfang mit programmatischen Fanfarenstößen ankündigte: *Das Jahrhundert des Kindes.*

Die Fanfare des Jahrhundertanfangs

Es war eine streitbare Frau, die mit dieser Fanfare den Nerv einer aufbrechen wollenden Generation traf.

Im Vestibül des Stockholmer Södermalm-Mädchengymnasiums befindet sich ein von Tyra Lundgren in Gustavsberg geschaffenes großformatiges polychromes Keramikrelief mit einer apotheotischen Darstellung bedeutender Schwedinnen. Der Hintergrund des Bildes wird von einem alles überwölbenden Baum voller Blüten und Früchte eingenommen. Davor sitzt zentral die Dichterin Selma Lagerlöf als Urmutter mythischen Zuschnitts. Ihr zu Füßen hocken zwei Kinder. An die Wange des einen Kindes schmiegt sich eine Wildgans. Damit soll die Dankbarkeit der schwedischen Kinder für das wohl schönste, je einer Schuljugend geschriebene Lesebuch, den *Nils Holgersson,* ausgedrückt werden. Neben dem Stamm des Baumes, die Szene mit an die Stirn erhobener Hand verfolgend, steht eine andere mächtige, leicht zur Seite gebeugte Frauengestalt. Der Faltenwurf einer langen, um den Hals gelegten Stola streckt sich vertikal bis zum Boden und verleiht ihr etwas Säulenhaftes. Ihr Blick geht zu den Kindern, die Hand lastet auf dem geneigten Haupt. Ihr Ausdruck ist besorgt. Die beiden Frauen waren, wie die meisten der übrigen dargestellten Personen, Zeitgenossinnen. Die stehende Figur kam zur Jahrhundertwende plötzlich zu erheblichem schriftstellerischen Ruhm.

Es ist Ellen Key, die am 11. Dezember 1849 als erstes von sechs Kindern auf dem Gut Sundsholm in Smaland als Nachkomme eines schottisch-keltischen Geschlechtes geboren wurde, das seit dem 17. Jahrhundert in Schweden seßhaft war. Sie brachte vieles mit, was sie für eine starke Wirksamkeit in der Öffentlichkeit zurüstete. Der Vater Emil war Reichstagsabgeordneter. In Ellens 18. Lebensjahr, 1867, hatte er an der Gründung der Bauernpartei mitgewirkt, zu deren führenden Köpfen er zählte. Schon früh nahm sie als Sekretärin ihres Vaters am politischen und sozialen Leben Anteil.

In den schwedischen Lebensverhältnissen um die Mitte des 19. Jahrhunderts wuchs sie unter ganz ungewöhnlichen Umständen auf. Überall auf dem Land herrschte «fattigdom», die schwedische Ausprägung von Verelendung und Armut im einsetzenden Industriezeitalter. Die winzigen Siedlungshäuser der Landbevölkerung zeigten allerlei klapp- und zusammenschiebbare Betten, in denen man 12 bis 16 Menschen in zwei und einem halben Raum unterbringen konnte. Für die Vierzehnjährigen war die Ausquartierung aus dem Elternhaus normal. Auswandererwellen brandeten nach Amerika. Zwischen 1869 und 1929 verließen allein 661 Menschen die kleine Siedlung Källtegen bei Blomskog in Värmland. Das war eine jährliche Rate von 11 Personen oder einer Hofstelle. Zurück blieben weitgehend entvölkerte Landstriche. Mühsam urbar gemachtes Land verwandelte sich zurück in Waldgebiete.

Unter diesen Allgemeinzuständen besaß Ellen Key seit ihrem 12. Lebensjahr im Elternhaus ein eigens für sie eingerichtetes Zimmer, in das sie sich bis zu ihrem 40. Lebensjahr zurückzuziehen pflegte. Die Eltern ließen ihr einen ungewöhnlichen Freiraum. Eine Schule im gewöhnlichen Sinn hat sie nie besucht. Stattdessen stand ihr die umfangreiche Bibliothek des Vaters zur Verfügung. Das Ausleihen, Lesen und Umgehen mit den darin enthaltenen Büchern war für sie eine glückselige Angelegenheit.

Bekannt wurde Ellen Key als Frauenrechtlerin, Gesellschaftskritikerin und Philosophin mit einer breiten schriftstellerischen Wirkung. Vor allem aber wurde sie 1880 Lehrerin an einer Mädchenschule in Stockholm und hielt seit 1883 Vorlesungen am Arbeiterinstitut von Anton Nystroem. So sammelte sie zwanzig Jahre lang eigenständige Erfahrungen auf dem Gebiet, auf dem sie dann durch ihre schriftstellerische Tätigkeit eine pädagogische Bewegung entfesseln sollte, die nicht auf ihren engeren kulturellen Umkreis beschränkt blieb. Das gelang ihr durch ein Buch, welches im Dezember 1900 in Schweden erschien. Das Datum war für sie nicht zufällig. Mit großer Erwartung hatte man in Schweden wie anderswo auf den Aufbruch gewartet, der mit dem Beginn eines neuen Jahrhunderts zusammenhängen mußte. Sie wollte das ihrige gegebenenfalls schon beisteuern. Da erschien zur Jahrhundertwende eine politische Zeichnung. Sie zeigte nach Ellen Keys Beschreibung das neue Jahrhundert «als ein nacktes Kindlein, das sich zur Erde hinabsenkt – aber sich erschrocken zurückzieht bei dem Anblick des mit Waffen gespickten Balles, auf dem für die neue Zeit nicht ein Zoll breit Boden frei ist, den Fuß darauf zu setzen!» Damit war für Ellen Key klar, welchen Titel und welche genaue inhaltliche Gestalt ihr Buch als Beitrag für die neue Zeit haben sollte. Sie nannte es «Das Jahrhundert des Kindes».[1]

Sie rechnete darin leidenschaftlich mit allen Formen von Pädagogik und Schule ab, welche die Möglichkeiten des Kindes auf freie Entfaltung und Entwicklung beschränken. So konstatierte sie, daß der Schule etwas gelungen ist, was nach den Naturgesetzen angeblich unmöglich sei: die Vernichtung eines einmal vorhanden gewesenen Stoffes. «Der Kenntnisdrang, die Selbsttätigkeit und die Beobachtungsgabe, die die Kinder dorthin mitbringen, sind nach Schluß der Schulzeit in der Regel verschwunden, ohne sich in Kenntnisse oder Interessen umgesetzt zu haben. Das ist das Resultat, wenn die Kinder ungefähr vom sechsten bis zum achtzehnten Jahre ihr Leben auf Schulbänken damit zugebracht haben, Stunde für Stunde, Monat für Monat, Semester für Semester Kenntnisse zuerst in Teelöffel-, dann in Dessertlöffel- und schließlich in Eßlöffelportionen einzunehmen, Mixturen, die der Lehrer oft aus Darstellungen aus vierter oder fünfter Hand zusammengebraut hat. Und nach der Schule kommt oft eine weitere Studienzeit, in der der einzige Unterschied in der ‹Methode› darin besteht, daß die Mixtur jetzt mit dem Schöpflöffel zugemessen wird.»

Allerdings beläßt es Ellen Key nicht bei einer wohlfeilen Schulkritik. Sie konzipiert weitreichende Reformgedanken zur Entwicklung der schulischen Erziehung. Dazu ist für sie zuallererst eine Entschlackung der über Generationen gedankenlos fortgeschleppten Lehrpläne geboten. Die Fülle der Stoffe, zum Großteil unheilvoll überlebt, muß reduziert werden. Der tatsächlichen inneren Begegnung mit einer Sache soll in jedem Fall der Vorzug gegenüber einer sinnentleerten Gedächtnisbelastung gegeben werden.

Über diese Forderung, die auch anderswo als Anliegen einer schlichten Ökonomisierung von Bildungsgängen auftreten könnte, geht sie aber in Richtung einer Pädagogisierung der schulischen Erziehung noch hinaus. Die Lehrpläne sollen nicht nur entschlackt, sondern in Ablauf und Komposition so gestaltet werden, daß sie der Entwicklung des Kindes Rechnung tragen. Außerdem will sie die Hygiene der Unterrichtsprozesse dadurch fördern, daß mittels Epochenunterricht ganze Stoffgebiete zum rechten Zeitpunkt konzentriert behandelt werden können, der Selbsttätigkeit von Schülern genügend Raum gegeben, fächerübergreifend unterrichtet und dadurch insbesondere der Kunsterziehung ein wirksamer Rahmen geschaffen wird. Schließlich soll im Jahresplan des Unterrichts auf den Einklang mit dem Jahreslauf Wert gelegt, in Frühling und Herbst z.B. insbesondere eine umfassende Naturkunde, im Winter dagegen die Mathematik gepflegt werden. Immer aber möge die erzieherische Wirkung der Unterrichtsinhalte beachtet und der einzelne Schüler individuell in seiner Entwicklung begleitet und gefördert werden.

Einen großen Raum gewährt Ellen Key den Sprachen. Neben der Muttersprache Schwedisch sieht sie drei Fremdsprachen, nämlich Englisch, Deutsch und Französisch vor. Auch den Naturwissenschaften gibt sie mehr Platz als zu ihrer Zeit üblich. Und schließlich gewinnen Handarbeit und kunsthandwerkliche Betätigung einen gewichtigen Umfang.

Nach Ellen Keys Vorstellung sollte Schule weitgehend entschult werden und keine Bühne für entfremdenden Drill und seelenlose Begegnung sein. Vielmehr wollte sie ihre Entwicklung zu einem Ort des Lebens und der Entfaltung anregen. Äußerlich sah sie das z.b. in den Raumformen zum Ausdruck kommen, wo Architektur und Schmuck ein schönes Ganzes ergeben, Kunstwerke in Originalen oder Abgüssen und Kopien großer Meister den Blick anregen sollten. Daher ergab sich für Ellen Key das Bild einer Gesamtschule, in der die Schüler nicht bloß koedukativ erzogen, sondern gesellschaftliche Schranken überwunden und ein menschheitlicher Geist der Aufwärtsentwicklung gepflegt werden.

Mit bequemer Kritik am Bestehenden hat sich Ellen Key nicht begnügt. Vielmehr hat sie sich den Widerständen ihrer Zeit entschieden ausgesetzt. Dabei wurde sie für viele gleichgestimmte Seelen zu einer Art Ikone des neuen Zeitgeistes. Sie lieferte maßgeblich das Material für eine ganze pädagogische Bewegung, die geistesgeschichtlich unter der Bezeichnung «Reformpädagogik» subsumiert wird. In ihrer Diktion lag immer etwas vibrierend Programmatisches: «Solange die Schule eine Idee repräsentieren, einen abstrakten Begriff bilden soll, so wie die ‹Familie›, der ‹Staat› usw., so lange wird sie – ganz wie die Familie und der Staat – die denselben angehörigen Individuen unterdrücken. Erst wenn man einsieht, daß die ‹Schule› ebenso wenig wie ‹die Familie› und ‹der Staat› eine höhere Idee, oder etwas Größeres repräsentiert, als gerade die Anzahl Individuen, aus denen sie gebildet wird, und daß sie – ebenso wenig wie die Familie und der Staat – eine andere ‹Pflicht›, ein anderes ‹Recht› oder eine andere ‹Aufgabe› hat, als jedem einzelnen dieser Individuen so viel Entwicklung und Glück als möglich zu schaffen – erst dann ist der Anfang gemacht, daß Vernunft in die Schulfrage kommt.»

In diesen Worten liegt die pädagogische Revolution, die durch Ellen Key Anfang des 20. Jahrhunderts ausgerufen wurde. Die Bedeutung abstrakter Begriffe für die Zielsetzung von Schule wurde zurückgewiesen. Erziehung sollte sich befreien von den Erwartungen, die von außen her an die Entwicklung des Individuums gerichtet werden. Weder «Staat» noch «Familie», weder «Recht» noch «Pflicht» sollten weiterhin gültige Motive für die Erziehung sein. Damit sollte das elterliche Vorbild genauso zurückgewiesen werden wie der gesellschaftliche Erwartungsdruck, die fordernden Kräfte weltanschaulicher Bevormundung ebenso wie die Notwendigkeiten äußerer Zwänge. Subtrahiert man aber alle denkbaren Varianten äußerer Erwartungen, konzentriert man den Blick auf den eigentlichen Mittelpunkt von Erziehung, die Entwicklung des einzelnen, in seiner Individualität einzigartigen Menschen, dann ergibt sich das Motto der Reformpädagogik: *Vom Kinde aus!*

Schattenwürfe

Das Jahrhundert des Kindes gehörte nach seinem Erscheinen 1902 in Deutschland zu den meistgelesenen Büchern überhaupt und erfuhr in neun Jahren 17 Auflagen. Offenbar traf es den Nerv einer Generation. Der Fürsorgeerzieher Karl Wilker faßte das 1926 in folgende Worte: «Als wir jung waren, Primaner noch, lasen wir in heimlichen Nächten das Buch vom ‹Jahrhundert des Kindes›. Es mutete uns an wie eine Revolution. Es machte uns, die wir in uns den Keim der Unzufriedenheit mit einer Kirche, die uns belog, mit einer Schule, die uns betrog, mit einem Elternhaus, das uns bog nach seinem traditionell-bürgerlichen Verstehen und Wollen – die wir in uns den Keim der Unzufriedenheit mit der Welt um uns trugen, froh und unsres eignen Wollens und Wissens gewisser, daß eine Frau, weit fort von uns, ein solches Buch schreiben konnte. Was in uns haften blieb, das war: hier bekam auch das Kind, der junge Mensch *sein* Recht.»[2]

Insgesamt aber war die Rezeption dieses Buches keineswegs so freundlich. Insbesondere in der Fachwelt nicht. Sätze wie: «Die Seelen der Deutschen werden schon im Kindergarten für die Uniform einexerziert, und überhaupt ist es überall die Schule mit ihrem Kameraden- und Korpsgeist, die der öffentlichen Gewissenlosigkeit den Weg bahnt», konnten im wilhelminischen Deutschland kaum auf amtliche Sympathie rechnen. Aber auch die gesamte Front der Wahrer des Bestehenden meldete sich mit zum Teil ätzender Kritik und beißendem Spott zu Wort. Diesem Teil ihrer Leserschaft machte Ellen Key die Arbeit allerdings nicht besonders schwer. Ihr Buch entsprach weder im Aufbau noch in der Gedankenführung einem nüchtern systematischen Stil. Der Pädagoge Friedrich Paulsen verfaßte noch kurz vor seinem Tod eine vernichtende Kritik, in der er allein die «vereinigten Backfische von Berlin» als Leserschaft vermutete, denn wer sonst sollte «imstande sein, dieses Gemisch von wohlmeinender Trivialität, schwungvoller Beredsamkeit, maßlosen Anklagen, kritikloser Kritik, unverdauten Lesefrüchten aus allen Modernen, absoluter Dünkelei und Meinerei, mit Zwischenreden des gesunden Menschenverstandes zu lesen, in dem jeder Satz wider den anderen ist, die Forderungen des extremsten Individualismus friedlich neben sozialistischen Ideen stehen; denn Nietzsche ist modern, August Bebel ist aber auch modern.»[3]

Vieles von dem, was ihr bis in die siebziger Jahre hinein, in denen sie eine kurze Renaissance aufgrund ihrer nun antiautoritär interpretierten Ansätze erfuhr, vorgeworfen wurde, ist allerdings seinerseits überzogen. So hat sie nie eine naive und unbegrenzte Position des «Wachsenlassens» vertreten. Von allein gelingt Erziehung nach ihrer Auffassung nicht. Vielmehr werden durch Erziehung die Rahmenbedingungen geschaffen, in denen oder durch die ein Kind individuelle Entwicklung verwirklichen kann. Erzieher dürfen dem komplexen physischen und seelisch-geistigen Wachstum also keineswegs bloß zusehen. Vielmehr sollen sie aktiv werden und z.B. «rohe und unreine Eindrücke» entfernen, die auf die Entwicklung eines Kindes schädigend wirken könnten. Erziehen heißt nach Ellen Key, eine Lebenswelt zu schaffen, in der sich Individualisierung erst vollziehen kann.

Schuldig geblieben ist sie allerdings eine genauere Beschreibung dessen, was sie als Entwicklungsmoment im Kinde sieht. Entwicklung bedeutet für sie nicht bloß die horizontale Weiterentwicklung und Modifizierung des einmal Vorhandenen. Entwicklung beinhaltet für sie ein vertikales Moment des aufwärts Gerichteten, hängt mit einem Streben nach Höherem zusammen. Ein tieferes Verständnis für diese Kraft individueller Entfaltung hat sie jedoch nicht erarbeitet. Da blieb sie in einem unbestimmten Gemisch darwinistischer Entwicklungsvorstellungen, milieugebundener Anregungen von außen und nietzschescher Selbstüberhöhung befangen. Sie weist auf die Aufwärtsentwicklung in den Naturreichen hin und schließt daraus auf die Möglichkeit menschlicher Entwicklung. Die animalischen Triebe schlummerten zwar immer noch auf dem Grund der menschlichen Seele, könnten aber durch allmähliche Beeinflussung mittels Erziehung veredelt werden. «Das Menschengeschlecht wird so allmählich von den Atavismen befreit werden, die vorhergehende niedrigere Entwicklungsstufen reproduzieren. Dies ist die erste Voraussetzung der Evolution, durch die die Menschheit es vermögen wird, in sich selbst – let the ape and tiger die.»

Ein wirkliches Verständnis für Individualität enthält diese Anschauung nicht. Statt eines Ureigenen, unteilbar Unversehrlichen, worauf das Wort Individuum schon hinweist, schildert Ellen Key etwas Gemachtes, Manipuliertes. Daher bleibt auch das Motto «Vom Kinde aus!» bei ihr noch unerfüllt. Sie will das Kind von der erdrückenden Umarmung der vielfachen Erwartungen befreien, läßt es aber als Produkt Individualität schaffender äußerer Faktoren entstehen. Damit wird Individualität vom Wirkenden zum bloß Bewirkten. Eine Individualität als Entität hat Ellen Key nicht voll im Blick.

Nur von daher wird erklärlich, daß ein dem Kind so freundlich und engagiert zugewandter Mensch mit seiner Entwicklungsidee des Menschen auch in Gedanken der Euthanasie abgleitet. Das klingt zum Beispiel in Appellen an potentielle Eltern in der Aufforderung an, «daß die mit erblichen physischen und psychischen Krankheiten Belasteten diese nicht einer Nachkommenschaft vererben», und steigert sich gegenüber «psychisch und physisch unheilbar kranken und mißgestalteten» Kindern, deren Leben «zur stündlichen Qual für das Kind selbst und seine Umgebung» verlängert werde. Sie beklagt, daß die Gesellschaft noch nicht weit genug sei, «als daß man ohne Gefahr das Verlöschen eines solchen Lebens gestatten könnte. Erst wenn ausschließlich die Barmherzigkeit den Tod gibt, wird die Humanität der Zukunft sich darin zeigen können, daß der Arzt unter Kontrolle und Verantwortung schmerzlos ein solches Leiden auslöscht.»

So steht man am Beispiel Ellen Keys vor dem unerhörten Widerspruch von begeisterten Aufbruchimpulsen in ein neues pädagogisches Zeitalter und finstersten Irrtümern in Bezug auf das Verständnis des Menschseins. Auf das Kernproblem dieses Widerspruchs werden wir bei Ellen Key noch zurückkommen. Unter den Reformpädagogen steht sie für die Ideenbildung einer neuen Schule.

Die Kunsterzieherbewegung

Mit einem gewissen Recht läßt sich die Kunsterzieherbewegung als der zweite große Strom reformierender Kräfte bezeichnen, welche das Schulwesen zu Beginn des 20. Jahrhunderts verändern wollen. Wie alle diese pädagogischen Reformbestrebungen ist auch sie international. Impulse der künstlerischen Erziehung gingen dabei u.a. von England aus. Nicht zuletzt ausgelöst durch einen von John Hullah dem Unterhaus 1879 gegebenen Reisebericht über den Zustand der Schulmusik in den europäischen Ländern, worin Deutschland sehr ungünstig abschnitt, entwickeln diese Anregungen auch in Deutschland ein reges Leben. Hier sind es Julius Langbehn, der in seinem 1889 erschienenen Buch *Rembrandt als Erzieher* darlegt, daß «jede rechte Bildung bildend, formend, schöpferisch und also künstlerisch»[4] sei, Alfred Lichtwark, der frühere

Volkschullehrer und spätere Direktor der Hamburger Kunsthalle mit seinen volkspädagogischen Impulsen und viele andere, die auf allen Gebieten künstlerischer Tätigkeit pädagogische Initiativen entfalten. So entstehen die drei Kunsterziehertagungen in Dresden (1901), Weimar (1903) und Hamburg (1905). In Dresden befaßt man sich zunächst in bewußter Beschränkung nur mit Fragen der bildenden Kunst. Später kommen dann in Weimar die Gebiete von Sprache und Dichtung und schließlich in Hamburg Musik und Gymnastik hinzu.

Alfred Lichtwark galt der Kunsterzieherbewegung als eine Art Vaterfigur. In ihm fanden ihre Bestrebungen einen durch die Öffentlichkeit geschätzten, tatkräftigen Vertreter. Er wurde am 4. November 1852 in Reitbrook geboren, das heute zum Hamburger Stadtgebiet gehört. Nach seiner Zeit als Lehrer leitete er von 1886 bis 1914 die Kunsthalle, wo er durch seine Einführungen in die Betrachtung von Bildwerken einen großen Kreis von Menschen erreichte. Lichtwark wollte ein elitäres Verhältnis zur Kunst überwinden, da er in ihr allgemein menschenbildende Kräfte wirksam sah. Daher bemühte er sich, Kunst in alle Volksschichten und vor allem auch in die Schulbildung zu tragen. Dabei waren ihm jedoch grundlegende Probleme deutlich. «Der Schwerpunkt unserer deutschen Bildung liegt im Wissen. Wissen und Bildung sind daher bei uns fast synonym geworden.»[5] Künstlerische Fähigkeiten hingegen – das waren für Lichtwark z.B. formales Gestaltungsvermögen und ästhetisches Erleben – schienen ihm weitgehend nicht vorhanden. Das trat für ihn schon in den kleinen Beobachtungen des Alltags hervor. «Wer sich bei uns mit Sorgfalt ... kleidet, ... setzt sich leicht dem Gespött aus. Wehe ihm, wenn er gar noch Haar und Bart einer besonderen Pflege unterwirft! Gerade dieser Mangel ästhetischer Erziehung, der sich so auffällig in der Vernachlässigung des Äußeren kundtut, läßt uns bei höher gesitteten Nationen als halbe Barbaren erscheinen. Glauben Sie ja nicht, daß der typische Deutsche mit seinem unkultivierten Bart und Haar, das er noch obendrein im Restaurant oder gar im Speisenzimmer bürstet, seiner schlecht sitzenden Kleidung, seinen ungefügen Schuhen im Auslande nur die Zielscheibe des *gutmütigen* Spottes ist. Er wirkt mit seiner mangelhaften Erscheinung, seinem lauten Wesen, seinen unsicheren Manieren in der Gesellschaft und namentlich bei Tisch oft geradezu abstoßend und fällt der Verachtung von Menschen anheim, die vielleicht an Wissen tief unter ihm stehen.»

Die Aufgabe, welche Lichtwark sich stellte, war also, Kunst in alle Lebensgebiete zu tragen. Dabei scheute er nicht vor der Propagierung eines beherzten Dilettantismus zurück. Überall, ob in der Malerei, Musik oder Dichtkunst, sollten künstlerische Bemühungen ermutigt werden. Einer der beklagenswertesten Mängel der Bildung sei dadurch verursacht, daß der Dilettantismus zu einer lächerlichen Figur gestempelt worden sei. Das wirke lähmend und entmutigend auf zarte Keime der Kunsterprobung.

In bezug auf schulische Belange hatte er ein großzügiges und umfassendes Verständnis der Aufgaben. Er dachte nicht in Kategorien von fachlichem Spezialistentum, welche das Element des Künstlerischen nur abtöten. «Die Erziehung des Farbensinnes» gehörte für ihn nicht nur «in den Anschauungs-, Zeichen- und Malunterricht», was einem überkommenen Verständnis künstlerischer Erziehung entsprechen würde, sondern zugleich «in die Botanik- und Zoologiestunde».[6] Damit war die Perspektive eines fächerübergreifenden Unterrichtes entworfen, in dem Kunst nichts exklusiv Orchideenhaftes darstellen, sondern aller Unterricht von Kunst durchdrungen und von Kategorien des Ästhetischen befruchtet werden sollte. Lichtwark war realistisch genug, die Gefahren einer in Stellenplänen verwalteten und eingesargten Kunstpädagogik zu erahnen. Daher fügte er der Aufzählung der Unterrichtsgebiete, in denen die Erziehung des Farbensinnes praktiziert werden möge, mit einer ironisch-paradoxen Wendung hinzu «und in die Kunstgeschichte, wenn diese, was der Himmel verhüte, im Stundenplan stehen sollte».

Zu der Größe seines Kunsterziehungsbegriffes gehört auch die originelle Einbeziehung koedukativer und volkswirtschaftlicher

Dimensionen. «Soll der Farbensinn geschult werden, so gilt es zunächst, beim Männergeschlecht das Vorurteil und die Scham zu überwinden. Theoretische Gründe pflegen nicht zu fruchten: aber wer wagt es zu leugnen, daß es für die künstlerische und industrielle Produktion in Deutschland, für die Selbständigkeit und sichere Leistungsfähigkeit unserer Industrie von größtem Wert wäre, wenn auch der Mann in Deutschland seinen Geschmack bilden wollte?»
Seine Vorschläge praktisch-künstlerischer Übungen waren so gehalten, daß sie von jedem bewältigt werden können. «Es ließe sich denken, daß beim Zeichenunterricht Treffübungen in der Wiedergabe von Farbentönen eingeführt werden, um das Auge an die Zergliederung und Mischung der Farbe zu gewöhnen. Es ist schon viel erreicht, wenn alle, die durch unsere Schule gehen, einmal praktisch mit der Farbe – Aquarell ist das nächstliegende – gearbeitet haben.» Unverkennbar ist in diesen Worten aber auch das konstrukthaft Akademische der Anregungen. Das konkrete Ausüben praktisch künstlerischer Tätigkeit findet sich in diesen Äußerungen noch wenig. Das eignete dem ersten Stoß der Kunsterzieherbewegung schlechthin. Fritz Wichert, Leiter der Städtischen Kunsthalle in Mannheim, wollte die Entwicklung daher weitertreiben. Während er Lichtwarks Wirken als eine Erziehung *zur* Kunst bezeichnete, strebte er nach einer Erziehung *durch* Kunst. Das fand anfang der zwanziger Jahre ein leidenschaftliches Echo. Durch ein reales Nacherleben der formalen Werte eines Kunstwerkes, die Kraft seines Aufbaues, die Zucht seiner Gestaltung, die Geschlossenheit seiner Mittel wollte man selbst als Charakter, als Mensch in der Fülle seiner Eigenschaften und Tätigkeiten sich die Kraft zur Selbstgestaltung, zur inneren Harmonie heranbilden. So beschrieb es jedenfalls sein Schüler und Nachfolger Gustav F. Hartlaub, um dann nur wenige Jahre später (1929) von den «Grenzen der Kunsterziehung» zu sprechen. Er glaubte nicht mehr an einen «das Ganze des Menschen, also auch seine sittliche und charakterhafte Haltung, angehenden Zug».[7]
Hartlaub befürchtete vielmehr, daß ein «grenzenlos gewecktes Einfühlungsvermögen in alle Arten von Kunst ... nicht eigentlich

charakterstärkend im eigentlichen Sinn» wirke, sondern häufig im Gegenteil zu «proteischer Formlosigkeit» und «molluskenhafter Wandlungsfähigkeit» verleiten könne. Sein Fazit bezüglich der Wirksamkeit von Kunsterziehung ist, «durch praktische Erfahrungen belehrt» – Skepsis. Inwieweit diese Ernüchterung mit einer konzeptionellen Schwäche zusammenhängt – Hartlaub spricht von molluskenhafter Wandlungsfähigkeit, der offenbar das skelettbildende Gerüst fehlt oder andere Mängel anhaften –, müssen wir an dieser Stelle offen lassen. Mit den drei großen Tagungen vom Jahrhundertanfang war ein Großteil der Initiativkraft jedenfalls erschöpft, und ein gemeinsames tragendes Konzept konnte nicht gefunden werden. Immerhin war 1929 von den drei Forderungen, die Carl Götze auf der Kunstziehertagung 1901 in Dresden vorgetragen hatte, wohl noch wenig in die Schulpraxis umgesetzt worden. Seine Forderungen lauteten:

1. Der Zeichenunterricht gehört zu den Hauptunterrichtsfächern in jeder Schule.
2. Der Schüler muß lernen, selbständig die Natur und die Gegenstände seiner Umgebung nach Form und Farbe zu beobachten und das Beobachtete einfach und klar darzustellen.
3. Jeder Lehrer muß zeichnen können und außer einer gebildeten Anschauung kräftige künstlerische Interessen besitzen.[8]

Unter diesen Forderungen mutet besonders der letzte Punkt auch heute noch utopisch an. Er macht deutlich, welche Revolutionen in der Lehrerbildung noch geschehen müßten, ehe solche Visionen Wirklichkeit werden könnten. Vermutlich ist es aber gerade diese Forderung, von deren Verwirklichung die Glaubwürdigkeit des ganzen Unternehmens abhängt. In den meisten allgemeinbildenden Schulen Deutschlands ist der Kunstunterricht in Verbindung mit Zeichnen, Werken und Kunstbetrachtung durch zwei Wochenstunden vertreten.

Lichtwarks Anliegen, Kunst zu einem lebendigen Bestandteil des allgemeinen Lebens werden zu lassen, wird das kaum gerecht.

Schule als Lebensgemeinschaft

Noch eine dritte bedeutende Strömung kann unter den reformpädagogischen Bestrebungen des Jahrhundertanfangs gefunden werden. Sie erhielt zunächst in England eine gewisse Ausprägung. In Deutschland ist sie insbesondere mit einer bestimmten Persönlichkeit verbunden, die an einem Ort geboren wurde, der noch heute eine eigentümliche, naturstarke Ausstrahlung besitzt. Es ist Rügen mit seinen geschwungenen Hügeln, seinem weitem Himmel, seinen Alleen dichtgesetzt schwarzer, dem Wind nachwachsender Bäume, seinen im Spiel des Lichtes rasch wechselnden Farben und lichten Kiefernwäldern. Dort wurde am 28. April 1868, einem, wie sich noch zeigen wird, bedeutsamen Datum, in dem Flecken Dumgenevitz Hermann Lietz auf ein kleines, von seinem Vater bewirtschaftetes Hofgut geboren.

Das Leben an einem solchen Ort war von elementarer, naturgebener Sinnprägung. Die Länge der Tage ergab sich aus den Lichtverhältnissen des Jahreslaufes. Auf Rügen mit seiner nördlichen Lage dauerten sie zu Johanni etwa viermal so lang wie zu Weihnachten. Es war noch nicht üblich, die Nächte durch künstliche Beleuchtung willkürlich zu verkürzen.

Das Tagewerk verlief in den durch Generationen geübten Bahnen. Die Arbeitsabläufe waren auch für ein Kind überschaubar und sinndurchdrungen. Den Kreis der dort lebenden Menschen konnte der Knabe Hermann Lietz überblicken. Er kannte jeden und jeder ihn. So war das Leben seiner Kindheit frei von den Entfremdungen der modernen Welt. Stattdessen war es überall erfüllt von Identitäten: Identität mit der Natur, in die es eingebettet war, Identität mit der Familie, in deren Mitte es sich entfaltete, Identität mit der Arbeitswelt, die es gestaltete, Identität mit dem sozialen Umkreis, in dem es vertraut sich bewegte, und schließlich Identität mit Sinn, der alle Lebenserscheinungen durchdrang.

Lietz blieb diese Welt seiner Kindheit relativ lange ungestört erhalten. In der Familie erfuhr er eine Art Elementarausbildung, und erst im Jahr 1878 wurde er eingeschult. Seine Schulorte waren

Greifswald und später Stralsund, noch für den heutigen Besucher Orte mit intensiver geschichtlicher Atmosphäre und Schönheit. An manchen Orten begegnen einem bis heute Ansichten Caspar David Friedrischer Prägung. Lietz' Schulerfahrungen bilden zu dieser Idylle jedoch einen jähen Kontrast. Von seiner ersten Schrift *Emlohstobba* bis zu seinen *Lebenserinnerungen* führt er Klage über verständnislose Lehrer, Paukbetrieb, einseitige intellektuelle Betätigung, sinnloses Auswendiglernen, Zufall und Willkür bei Zensurengebung und Versetzung, ungenügende körperliche Betätigung, überfüllte Klassen und eintönigen Drill. Er moniert, daß sich die Schule auf wissensmäßige Ausbildung konzentriere und die Erziehung vernachlässige. Schließlich faßt er, nicht zuletzt mit Blick auf seine eigenen Erfahrungen, zusammen: «Ganz arge Lücken und Wunden ließ es bei vielen zurück, die nie ganz ausgefüllt werden können, nie wieder vernarben.»[9]

Nach dem Abitur studiert Lietz zunächst in Halle, dann in Jena Theologie. Lieber wäre er allerdings Landwirt, Gärtner oder Bildhauer geworden, was ihm jedoch eine unsichere Zukunft zu verheißen schien. Das Studium erlebte er als augenblickliche Befreiung. «Die Zeit des Zwanges, der Mittelmäßigkeit, der Pedanterie, Paukerei und Qual war zu Ende.» Er fragt sich, warum einem jungen Menschen solche Arbeitsformen nicht schon früher begegnen durften. Immer aber ist er auf Ausgleich zum akademischen Studium bedacht, die Situation auf dem elterlichen Hof mitbedenkend. «In allen studentischen Ferien hatte ich den Beruf des Landwirtes vom ersten bis zum letzten Tage hingebend ausgeübt.»

Beim Beruf ergreift er allerdings die dritte Wahl. Er entscheidet sich weder für Landwirtschaft noch für Bildhauerei sondern wird Pädagoge. Zunächst schließt er sein Studium mit einer Dissertation bei Rudolf Eucken über *Das Problem der Gesellschaft bei Auguste Comte* ab. Dann absolviert er ein Jahr später die Staatsprüfung für das höhere Lehramt, anschließend das Lizentiat und beginnt 1893 ein Probejahr als Gymnasiallehrer in Putbus auf Rügen. Hier wird sein Entschluß, Lehrer werden zu wollen, endgültig.

Pädagogik hatte er schon in Jena bei dem Herbartianer Wilhelm Rein studiert. Dort verspürte er auch beim Kennenlernen der von Rein geförderten Universitätsübungsschule «das Packende des Erzieherberufes, dessen Vorbedingung und Erprobung». Zu den für jene Zeit ungewöhnlichen Merkmalen dieser Schule gehörten erziehender Unterricht, Selbsttätigkeit der Schüler, bestimmte Formen schulischen Gemeinschaftslebens und Schulreisen. Lietz' pädagogische Leidenschaft war dadurch stark angeregt worden, im konservativen Pommern erwartete er jedoch kaum den Boden für diese ungewöhnliche Auffassung von Erziehung. Da half ihm das freundschaftliche Verhältnis zu Wilhelm Rein, das er zeitlebens pflegte. Rein vermittelte ihm den Kontakt zu Cecil Reddie nach England, der 1889 die New School Abbotsholme gegründet hatte. Dort erlebte Lietz 1896 bis 1897 ein Internat, in dem die Schüler ein kleines Gut selbst bewirtschafteten, was es autark machte. «Discipline and Love» bildeten ausdrücklich den erzieherischen Ansatz in Abbotsholme. Charakterbildung hatte Priorität. Die Schüler sollten für ihr späteres Leben in der Gesellschaft, auf das Leiten und auf das Dienen vorbereitet werden. Arbeit und Ausbildung bildeten gleichberechtigte Elemente der schulischen Erziehung. Abendliche «Kapellen», Zusammenkünfte, in denen eine religiös-moralische Vertiefung gesucht wurde, beschlossen das Tagewerk.

Hier gewann Lietz die entscheidenden Anregungen. In seiner Schrift *Emlohstobba – Roman oder Wirklichkeit? Bilder aus dem deutschen Schulleben der Vergangenheit, Gegenwart oder Zukunft?*[10] besingt er die «Zeit des Antriebs und der Förderung der mich bewegenden Ideen und Kräfte». Emlohstobba war als Anagramm von Abbotsholme zu lesen und formulierte die Lietzschen Leitmotive seiner pädagogischen Zielsetzung: «In der Kunst der Verbindung von körperlicher und geistiger Tätigkeit, von Werkstätte bzw. von Natur und Schulstube besteht das ganze Geheimnis der Erziehung.» So sollte die «Verbindung der Ausbildung des Geistes mit der des Körpers, der praktischen Fertigkeiten und der Moral zum Ziel einer harmonischen Charakterstärke» geleistet werden.

1898 zog er mit acht Jungen in eine alte gepachtete Pulvermühle bei Ilsenburg im Harz. Damit konnte er sein Programm in die Tat umsetzen. Dieser bedeutende Schritt geschah am 28. April, seinem Geburtstag. Hier war die Erziehung nun aus der Stadt mit ihren Niedergangserscheinungen befreit und konnte auf einem schönen «Schullandgut mit weiten Wiesen, Gärten, Feldern; mit Fluß und Bach» geschehen. Denn «auf ländlicher Scholle, nicht auf dem Pflaster der Straßen sind ja überhaupt fast alle Männer aufgewachsen, welche kraftvoll altersschwache Kulturen vor dem Verderben, vor der Verweichlichung zu retten verstanden».[11]

Kann man das pädagogische Programm von Lietz als die Umkehrung seiner eigenen negativen Schulerfahrungen beschreiben, so war jetzt alles durchzogen von dem Streben nach einer intensiven, prägenden Gemeinschaftsform. Kleine Gruppen von etwa neun Schülern scharten sich um je einen sogenannten «Familienvater», der mit ihnen «gemeinsam leben, arbeiten, spielen, wohnen, essen, dem jungen Menschen alles das sein» sollte, was man von einem vorbildlichen Vater erwarten konnte. Den intimen Höhepunkt fand das Leben in diesen «Familien», in denen es keine Mütter und keine Schwestern gab, nach dem Abendessen in der «Kapelle». Darüber schreibt Lietz in seinen Lebenserinnerungen: «Etwa eine Stunde später trifft man uns wieder unter den Zweigen einer hohen Fichte auf einer Wiese am Ilseufer, bei schlechtem Wetter im ‹blauen Zimmer› oder in der ‹Kapelle› oben im Haupthaus. Des Tages Arbeit ist zu Ende, der Abend hereingebrochen. Oft schon zogen Mond und Sterne oder feine Nebel auf der Wiese herauf. Alle sind am Boden gelagert. Ein Abendlied wird gesungen. Und dann wird vom Leiter des Heimes etwas erzählt oder vorgelesen, das schönste von deutscher Dichtung, deutschen Märchen, Erzählungen, Lebensbeschreibungen, aus dem reichen Schatz alles dessen, in dem deutsches Herz und Gemüt und deutsches Wesen zum Ausdruck kommen, soweit es dem Alter und Verständnis der Kinder angemessen war. Es sollte der stille Abschluß des Tages, die erhebende Feierstunde nach aller Mühe und Arbeit sein. Für viele wurden diese stillen

Abendstunden zu den schönsten Erlebnissen des Heimlebens, an die sie noch Jahre danach gern zurückdachten.»

In der Schilderung seines Mitarbeiters und späteren Nachfolgers Alfred Andreesen ist uns von diesen Kapellen die Sicht eines Miterlebenden erhalten: «Unvergeßlich sind mir jene Stunden meiner ersten Ilsenburger Lehrertätigkeit, wo ich im Kreise meiner Jungen an der leichten Böschung des Mühlengrabendammes lang ausgestreckt auf dem Rücken lag. Durch das Laubwerk der hohen Eschen, das wie durchbrochenes Spitzengewebe unruhig gegen den klaren Abendhimmel stand, träumte der Blick in die Unendlichkeit; und dann mitten unter uns unter einer hohen Fichte Lietz, wie ein Hausvater unter den Seinen, irgendeine... Geschichte vorlesend, ein Bild, in dem die ganze feierliche Stille des schönen Abendliedes von Matthias Claudius körperliche Gestalt gewann.»[12]

Damit ist zugleich der patriarchalische Zuschnitt Lietz' treffend beschrieben. Lietz wollte der Erziehung als ein reformierendes – oder war es eher ein konservatives? – Element die Gemeinschaft und die körperliche Arbeit einfügen. Damit ergänzte er in einem dritten Strom die Bemühungen um eine neue Ideenbildung schulischer Erziehung und um das Durchdringen von Schule mit Kunst. In diesem Bemühen war Lietz Erfolg beschieden. Nach einem guten Jahr gab es vierzig Schüler, am Ende des zweiten Jahres waren es sechzig, im dritten Jahr zweihundert. 1901 konnte Lietz ein zweites Heim in Haubinda, Thüringen, eröffnen. Dies geschah wiederum am 28. April. Als schließlich 1904 das dritte auf Schloß Bieberstein bei Fulda gegründet wurde, vollzog sich auch dieses Ereignis am 28. April.

Diese Verknüpfung mit eigenen biographischen Daten mag nicht gut zu den Erfordernissen eines modernen Gemeinschaftslebens passen. Tatsächlich hatte auch kaum ein zweiter Pädagoge eine ähnliche Fähigkeit wie Lietz – seinem Postulat der familienartigen Gemeinschaftsbildung zum Trotz –, eine solche Sprengkraft an Streitigkeiten und Spaltungen zu bewirken. Begegneten ihm Persönlichkeiten, die eine Weiterentwicklung seiner Ideen forderten, dann führte das regelmäßig zu Trennungen und in der Folge zur Gründung neuer Einrichtungen.

So kam es 1906 zur Gründung der Freien Schulgemeinde Wikkersdorf durch Wyneken und Geheeb und 1910 zur Errichtung der Odenwaldschule unter Leitung von Geheeb. Mit diesen Gründungen war die schrittweise Entwicklung der Landerziehungsheime zu gleichberechtigten Lebensformen (Wickersdorf) und zum Abbau von Ausgrenzungen, d.h. Einführung der Koedukation (Odenwaldschule) verbunden.

Es ist eine eigentümliche Tatsache, daß dem begnadeten Erzieher Lietz diese Entwicklung nicht gelingen wollte. Mit ihm blieb die Figur einer Gemeinschaftsbildung nach autokratischem Prinzip verbunden. Auch in bezug auf die Schülerschaft wollte eine pädagogisch überzeugende Gemeinschaft nicht gelingen. Was zunächst mehr aus organisatorischen Gründen eingerichtet wurde, die Betreuung der Kleinen in Ilsenburg (Alter der Märchen und Sagen), das Heim der Flegeljahre in Haubinda (Mittelstufe) und der Ort des Jünglingsalters in Bieberstein (Reifezeit), das wurde schließlich pädagogisch begründet. Die Kleinen sollten nicht durch das unzureichende Vorbild der Großen in ihrer Entwicklung gefährdet werden – eigentlich eine pädagogische Bankrotterklärung.

So haftet den Lietzschen Bemühungen etwas Zwiespältiges an. Auf der einen Seite liegen eindrucksvolle, konsequente Pionierleistungen vor; auf der anderen Seite sind seine Einrichtungen und Überlegungen von einer erschreckenden Begrenztheit. Das betrifft insbesondere das Element nationaler Erziehung, das in geistiger Enge wieder- und wiederum postuliert wird. 1911 formuliert er: «Die englisch-germanische Literatur und Kultur enthält viel höheren sittlichen Bildungswert als die französisch-romanische und steht dem deutschen Kindesgemüt viel näher».[13] Über den französischen Sprachunterricht äußert er schwerste Bedenken. Als Argument benutzt er das weibliche Geschlecht, mit dem er sich ansonsten pädagogisch bis zu seiner Heirat mit Jutta von Pettersenn im selben Jahr nicht befaßt hat: «Der französische Sprachunterricht

wird auch ihnen oft zur sittlichen Gefahr. Oberflächlichkeit, Phrasentum, Gefallsucht, Tändelei, Mangel an ernster, strenger Wahrhaftigkeit stellen sich nur zu leicht mit ihr ein.»
Richtungsweisend nimmt er die Worte Kaiser Wilhelms II. aus dessen Rede auf der Schulkonferenz von 1890: «Wir müssen als Grundlage für das Gymnasium das Deutsche nehmen, wir sollen nationale junge Deutsche erziehen, nicht junge Griechen und Römer.»[14] Diese Rede bezeichnete Lietz schon in *Emlohstobba* als richtungsweisend. Im Kapitel «Namreh's Traum» (ein weiteres Anagramm, für «Herman»!) bezieht er sich auf jene «berühmte Dezemberkonferenz» des «Pädagogen auf dem Thron» und schließt das Buch mit der Formel: «Der deutsche Kaiser, die Hoffnung aller Deutschen der deutschen Nationalschule».

Auf dieser berühmten Konferenz hatte der Kaiser Klage darüber geführt, wie überlastet die Schüler seien und wieviele Brillenträger es in den Schulen bereits gäbe. Überhaupt seien «die statistischen Angaben über die Verbreitung der Schulkrankheiten ... wahrhaft erschreckend», worauf er fortfuhr: «Ich suche nach Soldaten, wir wollen eine kräftige Generation haben, die auch als geistige Führer und Beamte dem Vaterland dienen.» Bei Ausbruch des Weltkrieges meldete Lietz sich und seine Schülerschaft in einem Telegramm an Hindenburg als kampfbereit. Im 46. Lebensjahr stehend, zog er als Freiwilliger in den Krieg, wohin ihm die meisten seiner älteren Schüler folgten. Im Januar 1918 wurde Lietz wegen Krankheit aus dem Kriegsdienst entlassen; er verstarb am 12. Juni 1919 in seinem Heim in Haubinda.

*Probleme und Aufgaben
der reformpädagogischen Bestrebungen*

Die Gesamtheit der reformpädagogischen Bemühungen flößt Achtung, Bewunderung und Unbehagen zugleich ein. Ihre Bestrebungen stellen etwas Großartiges dar und waren in ihrer einsatzbereiten Entschiedenheit vorbildlich. Viele der späteren Kritiker haben es sich allzu leicht gemacht und aus der Position des zeitlichen Abstandes und des bequemen Zuschauerplatzes geurteilt. In Deutschland ist eine der reformpädagogischen Bewegung gerecht werdende Stellungnahme besonders schwer. Unverkennbar sind bei Lietz, auch bei Lichtwark und vielen anderen die nationalen Töne, die aus dem Kaiserreich ohne große Hemmnisse in den Nationalsozialismus führten. Die nationalsozialistischen Machthaber selber allerdings haben eine geistige Verwandtschaft zur Reformpädagogik überwiegend abgelehnt. Dazu war ihnen die Mehrheit der pädagogischen Ansätze viel zu liberalistisch. Darüber täuschen auch einige Versuche der Anbiederung seitens der Reformpädagogik, vor allem um das eigene Modell vor dem Zugriff der braunen Potentaten zu schützen, nicht hinweg.

Geholfen haben diese Versuche freilich nichts. Der nationalsozialistische Staat erklärte sich selber zum Träger einer allumfassenden «Reform» des öffentlichen und kulturellen Lebens und schaltete die pädagogischen Einrichtungen gleich. Eine Einrichtung, die unter diesen Umständen weiter existieren konnte, lebte später mit einem Makel.

Nach dem zweiten Weltkrieg ergab sich keine organische Anknüpfung an die abgebrochenen Impulse. Die nun unter dem Gesichtspunkt der politischen Umschulung und staatlichen Neuorientierung durchgeführte Neugestaltung des Schulwesens verknüpfte in eigentümlicher Weise alte Schulformen mit untergründigen Wirkungen reformerischer Bestrebungen und den Geboten politischer Gegenwart. Die individuellen pädagogischen Ansätze reformerischer Bestrebungen wurden somit in Deutschland von zwei Wellen staatlicher Umwälzung überspült, wobei der östliche Teil sogar drei solcher Wellen erfuhr. Was nun die Kritik an den Versuchen der Reform vor 1935 betrifft, darf die Frage gestellt werden, mit welcher ausgewiesenen moralischen Instanz diese Kritik geübt wird. Die Beispiele eigener entschiedener Bemühung und Praxisbewährung sind nicht so zahlreich wie jene bequem gepolsterten Lehnstühle, aus denen sich so trefflich die Kläglichkeit der Welt beschreiben läßt. Und vor dem Wind segelt es sich immer leichter.

Eine Wiederanknüpfung an den Vorkriegszustand war nach 1945 jedenfalls nicht ohne weiteres möglich. Bis auf eine Ausnahme fanden überall nur sehr begrenzte Restituierungsversuche statt. Diese Ausnahme war die Waldorfschule. Innerhalb der ersten beiden Nachkriegsjahre wurden mehr Schulen eröffnet, als vor dem Krieg in Deutschland bestanden hatten. Was sind die Ursachen dieser Entwicklung?

Ohne Zweifel hingen die meisten der pädagogischen Reformmodelle mit charismatischen Erzieherpersönlichkeiten zusammen. Ihre Postulate wirkten durch die überzeugende Kraft ihrer Person, ihr Beispiel war aber nicht ohne weiteres übertragbar. Die Einrichtungen standen und fielen mit ihnen.

In diesen Personen gab es überdies blinde Flecken. Der sehr zeitbezogene Nationalismus von Lietz wurde ihm als Problem einer inhumanen Haltung überhaupt nicht bewußt. Ebensowenig waren den meisten Vertretern dieser Zeit die unverdauten Wissenschaftsergebnisse darwinistischer Evolutionslehre, Freudscher Triebanalyse und des allgegenwärtigen materialistischen Positivismus deutlich. In manchem wirkte keineswegs ein neues Zeitalter sondern machten sich unverdaute Brocken des 19. Jahrhunderts geltend.

Ihre zahlreichen pädagogischen Vorschläge traten vereinzelt und als Partikularforderung auf. Wo von Gesamtentwürfen schulischer Erziehung die Rede war, traten diese allzu oft im Gewand des Sentimentalen, Utopischen oder Diffusen auf. Andere hatten nur Teile des Ganzen im Auge, propagierten einseitig die künstlerische Erziehung oder das Element des Gemeinschaftlichen. Es fehlte ein praktikables, geistig nachvollziehbar begründetes Gesamtkonzept. Dieses Gesamtkonzept mußte bei einer pädagogischen Bewegung, welche «vom Kinde aus» denken wollte, eine anthropologische Grundlage haben. Das Motto «Vom Kinde aus!» war zwar plakativ wirksam und zeigte die Grundrichtung einer neuen pädagogischen Gesinnung, vereinigte vieles Ungeklärte jedoch schwungvoll im diffus Emotionalen.

Das war in bezug auf die Entwicklung der Waldorfpädagogik von Anfang an anders. Ihr Entstehungsmoment hängt eng mit der Reformpädagogik zusammen. Den ersten Vortrag über pädagogische Fragen hielt Rudolf Steiner am 3. März 1906 in Hamburg. Das war knapp zwanzig Wochen, nachdem dort die dritte und letzte Kunsterziehertagung am 15. Oktober 1905 zu Ende gegangen war. Das eine Datum war sicherlich nicht ohne Einfluß auf das andere. Die Reihe von Vorträgen, die Steiner in den folgenden Monaten zum gleichen Thema an verschiedenen Orten hielt, gehören zu den seltenen Fällen, in denen er Vortragsnachschriften persönlich überarbeitete und herausgab. Das Gebiet hatte also von vornherein für ihn eine besondere Bedeutung. Die Vorträge erschienen dann 1907 als Aufsatz unter dem Titel: «Die Erziehung des Kindes vom Gesichtspunkt der Geisteswissenschaft». Er stellte vor allem eine mit anthroposophischen Gesichtspunkten begründete pädagogische Menschenkunde dar, in der es an praktischen Ratschlägen für die Erziehung nicht fehlte.

Steiner hatte sich schon früh pädagogische Erfahrungen erworben. Am 27. Februar 1861 an der Völker- und Kulturscheide des heutigen Kroatiens in Kraljevec geboren, kam er bereits als Schüler in die Lage, die kargen häuslichen Verhältnisse durch Nachhilfeunterricht aufzubessern. Sein Vater, ursprünglich Förster von Beruf, hatte sich der Fesseln der Großgrundbesitzer entledigt, die Frau seiner Wahl geheiratet und die errungene Freiheit durch eine Anstellung bei der Eisenbahn abgesichert. Trotz des schmalen Verdienstes ließ er seinem Sohn die bestmögliche Schulbildung angedeihen. Allerdings bestand er darauf, daß der Sohn statt des humanistischen Gymnasiums die Realoberschule in Wiener-Neustadt besuchte. Sein eigenes Lebensschicksal ließ ihn hier die Zukunft des Sohnes erwarten. Steiner besserte seine Einkünfte schließlich dadurch weiter auf, daß er den benachbarten Gymnasialschülern auch Nachhilfe in den alten Sprachen gab und so seinen Horizont in diesen Schultypus ausweitete. Damit kündigte sich eine universale Bildung an, die durch Studien an der Technischen Hochschule mit einem Spektrum naturwissenschaftlicher Fächer ebenso bestimmt war wie durch klassische und moderne Philosophie, Sprach- und allerlei Geisteswissenschaften. Seine Studien finanzierte er als Hauslehrer mit erstaunlichen pädagogischen Erfolgen. So brachte er einen diagnostizierten Hydrozephalitiker bis zur Hochschulreife und einem sich anschließenden erfolgreichen Medizinstudium. Steiner war u.a. als Goetheexperte und Herausgeber anderer Autoren hervorgetreten, bevor er nach Berlin zog und dort ähnlich wie Ellen Key um die Jahrhundertwende in einer Arbeiterbildungsschule tätig wurde.[15]

Auch bei der Gründung der Waldorfschule 1919 fällt die Verbindung zum Grundmotiv der Reformpädagogik auf. Das plakative «Vom Kinde aus!» erfährt jedoch sogleich eine genauere inhaltliche Bestimmung. In auffälliger Weise wird von Steiner in einem Aufsatz über «Freie Schule und Dreigliederung» formuliert: «Was gelehrt und erzogen werden soll, das soll nur aus der Erkenntnis des werdenden Menschen und seiner individuellen Anlagen entnommen sein. ... Gefragt soll werden: Was ist im Menschen veranlagt und was kann in ihm entwickelt werden?»[16] Menschenerkenntnis wird dabei zum zentralen Motiv, das den umfassenden Ansatz kenntlich macht. Zur Menschenerkenntnis gehört immer auch die jeweilige Lebenssituation, das heißt die geographischen, politischen, kulturellen und zeitspezifischen Einflüsse auf die Existenz.

Im übrigen nennt Steiner in seiner Ansprache zur Schuleröffnung ausdrücklich die als unerläßlich erachteten drei großen Elemente der Reformpädagogik: «Lebendig werdende Wissenschaft! Lebendig werdende Kunst! Lebendig werdende Religion! Das ist schließlich Erziehung, das ist schließlich Unterricht.»[17] Der soziale Impuls der dritten Strömung, die sich in ihrer angestrebten Intensität immer zum Religiösen steigert, ist hier angesprochen. Diese Aussage ist nicht konfessionell oder glaubensmäßig fixiert zu verstehen, sondern stellt das Religiöse als dritte menschenbildende Kraft neben das Wissenschaftliche und Künstlerische.

Tatsächlich haben die Waldorfschulen ihr pädagogisches Profil aus dem Zusammenklang dieser drei Kulturelemente erhalten. In ihr werden wissenschaftliche, künstlerische und werktätig-gemeinschaftsbildende Unterrichtsinhalte im Stundenplan qualitativ wie quantitativ gleichberechtigt behandelt. Gestaltungskriterien sind der Entwicklungsstand der Schüler und die konkrete Klassen- und Schulsituation. Später hat die pädagogische Diskussion ein solches Programm «ganzheitliche Erziehung» genannt. Die Waldorfschulen wurden mit ihrer Gründung Träger und Repräsentanten der ursprünglichen, mit der reformpädagogischen Bewegung verbundenen Bestrebungen. Allerdings lag ihnen ein klares pädagogisches Konzept und eine geistige Strategie zugrunde. Daher verkümmerten sie nicht, als ihr Gründer bereits nach fünf Jahren, in denen er neben dem Aufbau der Schule mit vielen anderen Initiativen beschäftigt war, am 30. März 1925 starb. Diese geistige Strategie kommt in konzentrierter Form an einer späteren Stelle in der Gründungsansprache zum Ausdruck: «Nach einer Wissenschaft suchen wir, die nicht bloß Wissenschaft ist, die Leben und Empfindung selber ist, und die in dem Augenblick, wo sie als Wissen in die Menschenseele einströmt, zu gleicher Zeit die Kraft entwickelt, als Liebe in ihr zu leben, um als werktätiges Wollen, als in Seelenwärme getauchte Arbeit auszuströmen, als Arbeit, die insbesondere übergeht auf das Lebendige, auf den werdenden Menschen.»

Die gesuchte Wissenschaft bildete die Grundlage für die erste Lehrerbildung der Schulgründung. Sie fand ihre Darstellung in einer Reihe von vierzehn Vorträgen, die später unter dem Titel *Allgemeine Menschenkunde als Grundlage der Pädagogik* veröffentlicht wurden.[18] An die Stelle eines charismatischen Führers trat damit eine Idee. Und diese Idee war so gehalten, daß sie dazu anregen wollte, eine *werdende* Wissenschaft oder eine Wissenschaft vom *werdenden* Menschen auszubilden. Damit war sie auf das Fähigkeitswesen des Lehrers gerichtet. Der Lehrer sollte nicht zu etwas gemacht werden, sondern er sollte sich selbst zu etwas machen. Nur so schien das Anregen von kindlicher Entwicklung als zentrale Aufgabe des Lehrers erfolgversprechend initiierbar zu sein.

Ebenso konsequent war es, in der ersten Lehrerbildung neben die *Allgemeine Menschenkunde* einen Kurs in *Erziehungskunst*[19] mit methodisch-didaktischen Gesichtspunkten zu stellen und in *Seminarbesprechungen*[20] Übungen zur Unterrichtsgestaltung durchzuführen. Damit war zur anthropologischen Fundierung des Unterrichtes die Grundlage gelegt, das Verständnis des erzieherischen Geschehens als eines künstlerischen Prozesses entwickelt und die praktische Verwirklichung der Schulidee in intensiven Übungen begonnen.

Ohne diesen methodisch konsequenten Ansatz hätte die Waldorfschule sicherlich nicht ihr erfolgreiches Wirken entfalten können. In ihm lagen die Erkenntnis des Menschen, ein künstlerischlebendiger Umgang mit den gewonnenen Ideen und der Ernst verantwortlicher Praxis in einem differenziert einheitlichen Weg. Ihr Fortbestehen, das in einer ständigen Weiterentwicklung zum Ausdruck kommt, hängt von der Realisierung dieses Weges ab.

Die Reformpädagogik ist nicht nur eine Erscheinung des Jahrhundertanfangs. Außerhalb Deutschlands ist ihre historische Entwicklung als kontinuierlicher Prozeß leichter zu verfolgen. Dabei kann überall eine anregende Wirkung auf das allgemeine Schulwesen beobachtet werden, ob es sich um die Tätigkeit einer Maria Montessori, eines Célestin Freinet, John Dewey oder Alexander Neill handelt. Ihre Ansätze sickern langsam in das allgemeine Schulwesen ein.

Es gibt allerdings auch Ausnahmen. Da wurden von den Schulreformern Fragen über das Wesen des Menschen aufgeworfen, die weder gedanklich durchdrungen waren (und daher keine Chance hatten, in die Pädagogik einzufließen) noch von den Fragenden selber auch nur annähernd richtig gestellt wurden. Das bis heute übersehene, fundamentale Beispiel dafür ist Ellen Key. Da macht ein Buch Furore, findet hunderttausendfache Verbreitung, stiftet ganze Erziehergenerationen zu ihrem Beruf an und wird in seinem ersten, grundlegenden Versäumnis nicht durchschaut.

Ellen Key setzt ihrem Buch zwei Sinnsprüche voran. Der erste ist von Friedrich Nietzsche aus dem *Zarathustra:*

Euer *Kinder Land* sollt ihr lieben: diese Liebe sei euer neuer Adel, – das unentdeckte, im fernsten Meere; Nach ihm heisse ich eure Segel suchen und suchen!
An euren Kindern sollt ihr *gut machen*, daß ihr eurer Väter Kinder seid: alles Vergangene sollt ihr so erlösen! Diese neue Tafel stelle ich über euch!

Der zweite stammt von ihr selber:

Allen Eltern,
die hoffen, im neuen Jahrhundert
den neuen Menschen zu bilden.

Nicht nur, daß in ihrem eigenen Spruch ein sehr fragwürdiges Verständnis von dem sich ausspricht, was das Eigene im Kind ist. «Vom Kinde aus» scheint da lediglich die Interpretation dessen zu sein, was Erzieher als neuen Menschen heranbilden wollen. Das Unerhörte geschieht in ihren ersten inhaltlichen Worten, der Überschrift zum ersten Kapitel ihres Buches. Sie lautet: *«Das Recht des Kindes, seine Eltern zu wählen.»*

Der Leser durfte gespannt sein, was dieser Überschrift folgen würde. Eine Darstellung vorgeburtlicher Existenz? Das hätte erfordert, die übersinnliche Wesenheit des Menschen differenziert darzulegen und die Verbindung des Seelisch-Geistigen mit dem Physisch-Leiblichen auszuführen. Davon findet sich jedoch nichts. Eine Erhellung der vorgeburtlichen Vorgänge, welche Kindes- mit Elterngeneration verbindet? Das hätte bedeutet, die Beziehungen verschiedener Individualitäten und Generationen als geistige Zusammenhänge zu erfassen und ihre Verknüpfung in den Inkarnationsabläufen zu erläutern. Weit gefehlt! Von alledem kommt nichts vor. Es lag nicht in Ellen Keys geistigem Horizont. Finden sich dann zumindest abenteuerliche Vorschläge darüber, wie Kinder zu einem bestimmten Zeitpunkt ihre Eltern zu- oder abwählen können? Nicht einmal das. Damit wäre ja zumindest der Logik des Titels noch entsprochen. Was diesem elektrisierenden Diktum lediglich folgt, sind weitschweifige Auslassungen über die Gefahren des Alkoholismus, der Verwandtschaftsehe und allerlei anfechtbarer Lebensführungen. Auch wird die Liebesheirat gepriesen und die ehelose Mutterschaft verteidigt, zum damaligen Zeitpunkt ein verdienstvolles, mutiges Unterfangen. Das Kapitel will dazu anregen, sich als Eltern der Verantwortung der Elternschaft bewußt zu werden. Dadurch sollen Eltern sich geeignet machen, ein Kind zur Welt zu bringen. Kindern soll also das Recht auf gesunde, junge Eltern eingeräumt werden.

Der sensible Leser mußte von dem Ergebnis dieses Kapitels enttäuscht sein. Von dem versprochenen Inhalt wird nichts geboten. Allerdings war Ellen Key diesbezüglich auch nicht ganz aufrichtig. Sie hatte Kontakt zu theosophischen Kreisen und war Annie Besant persönlich begegnet. Die Idee von Reinkarnation und Karma blieb ihr nicht unbekannt. Im Briefwechsel Selma Lagerlöfs mit ihrer «Reisegefährtin» Sofie Elkan wird diese Tatsache erwähnt und kommentiert. Lagerlöf erklärt darin, daß sie mit Bestimmtheit von der Reinkarnation überzeugt sei, «aber nicht in der Weise, wie diese Leute es glauben».[21] Die intellektuellen Konstrukte von Reinkarnationszusammenhängen, wie sie damals als gesellschaftliche Sensation gepflegt wurden, stießen sie ab.

Ellen Key hatte ihre eigenen Schwierigkeiten. Ihre dem Materialismus verhaftete Evolutionssicht konnte nicht die Kraft für das Erfassen der geistigen Signatur eines Menschen aufbringen. Daher mußte die Reinkarnationsidee für sie im intellektuell Sensationellen bleiben. Sie spielte damit, unverbindlich wie das übrigens auch in theosophischen Kreisen zumeist üblich war. Schließlich versuchte sie zu dem Thema eine ihr mögliche Äußerung. Die liegt mit dem ersten Kapitel ihres Buches vor.

Eigentümlicherweise tritt damit eine bestimmte Gleichzeitigkeit von Ereignissen auf. *Das Jahrhundert des Kindes* erscheint in Deutschland mit seiner unerlösten Fragestellung im Jahr 1902. Zum selben Zeitpunkt wird Rudolf Steiner in Deutschland als Generalsekretär der Theosphischen Gesellschaft tätig. Als erstes versucht er in dieser Gesellschaft, ein konkretes Verständnis von Karmafragen anzuregen. Dazu entwickelt er bestimmte Übungen, die ein Gewahrwerden derjenigen seelischen Phänomene ermöglichen sollen, welche auf karmische Wirkungen hinweisen. Er nennt das Übungen in praktischer Karmaerkenntnis. Dieses Angebot wird in der Theosophischen Gesellschaft nicht angenommen. Vielmehr rühren sich massive Widerstände. «Dazumal waren in der Deutschen Sektion der Theosophischen Gesellschaft einzelne ältere Mitglieder der Theosophischen Gesellschaft; die fingen an förmlich zu beben davor, daß ich die Absicht hätte, in einer so esoterischen Weise anzufangen. ... Es konnte in der Form, wie es damals beabsichtigt war, das Thema ‹Praktische-Karmaübungen› überhaupt nicht zur Geltung kommen.»[22]

So liegt die eigentümliche Tatsache vor, daß da eine von einem vieltausendfachen Publikum gehörte, aber nicht wahrgenommene Frage gestellt wird und hier die Antwort darauf gegeben und nicht wahrgenommen werden will.

Erste Versuche

Die neue pädagogische Beziehung

Die Waldorfschulen sind bis heute die einzigen Schulen der westlichen Hemisphäre, in denen der Idee von Reinkarnation Raum gegeben wird. Dabei bedingt jedoch der Umstand, keine Weltanschauungsschulen im Sinne von Bekenntnis-, Glaubens- oder Gesinnungsgemeinschaft zu sein, neben der Schwierigkeit des Sachgebietes eine sehr zurückhaltende Behandlung des Themas. Zu leicht könnte, so die Befürchtung, eine oberflächliche Diskussion allerlei Mißverständnisse auslösen und den Eindruck sektiererischer Fixierung hervorrufen. Im Unterricht tritt das Thema allenfalls in kulturgeschichtlichem Zusammenhang auf.

Nach den pädagogischen Zielen der Waldorfschule soll der Unterricht frei bleiben von weltanschaulicher Festlegung und den Schülern eine unverstellte Entscheidung der eigenen Auffassungen im späteren Leben ermöglichen. Anthroposophie ist Angelegenheit der Lehrer und wird von ihnen zur Erweiterung und Vertiefung ihrer pädagogischen Fähigkeiten studiert. Wo dieses Studium betrieben wird, stellt sich bald heraus, daß es mit flinken Ergebnissen in bezug auf Reinkarnation und Karma schlecht bestellt ist. Zu mühsam sind abgesicherte, nüchtern nachvollziehbare Erkenntnisse zu gewinnen. Darin unterscheidet sich die anthroposophische Annäherung an dieses Gebiet von wohlfeilen Angeboten anderer Art, die rasche Rückführungen in vergangene Inkarnationen als eine Art esoterischer Abenteuerreise versprechen. Anthroposophie will Geistes*wissenschaft* und damit dem vernünftigen Denken nachvollziehbar sein. Das Erfahrungsgebiet von Reinkarnation und Karma ist dem gewöhnlichen, wenig aufmerksamen Wahrnehmen allerdings nicht ohne weiteres zugänglich und stellt damit auch der denkenden Annäherung besondere Aufgaben. Das mag manchen entmutigen und in seinem Suchen erlahmen lassen. Andere sehen in dieser Schwierigkeit hingegen die Seriosität der Bemühung verbürgt. In jedem Fall erfordert die Hinwendung zur Idee von Reinkarnation und Karma verstärkte innere Aktivität.

Was den Umgang mit Kindern betrifft, zeitigt schon der anfängliche Umgang mit diesen Inhalten beträchtliche Folgen. Noch ohne daß der Erzieher bestimmtere Einsichten in die Verhältnisse von Wiederverkörperung und Schicksal gewonnen hätte, verändern sich sein Verhältnis zu seiner Tätigkeit und der Umgang mit Kindern grundlegend. Ein Erzieher, für den Reinkarnation und Karma Wirklichkeiten sind, geht davon aus, daß eine Individualität sich in verschiedenen Leben inkarniert und daß ihre verschiedenen Inkarnationen durch einen bestimmten Entwicklungszusammenhang miteinander verbunden sind. Selbst wenn der Erzieher zunächst noch keinen genaueren Begriff von Wiederverkörperung und Schicksal hat, bewirkt doch schon der wenig bestimmte Begriff viel. Er bildet nämlich an der pädagogischen Grundhaltung des Erwachsenen. Mit dem Reinkarnationsgedanken kann der Erzieher einem Kind nicht mehr in derselben Weise gegenüberstehen wie ohne ihn. Er kann nicht mehr die Haltung praktizieren, daß ein Kind erst etwas lernen muß, bevor es ein «richtiger» Mensch ist. Es ist vielmehr bereits jemand. Es ist ein wieder verkörpertes menschliches Wesen, das sich in Vergangenheiten vielfältig entwickelt hat und nun mit neuen Aufgaben und Ansätzen ins Leben tritt. Es will bemerkt, erkannt, entdeckt werden. Es will nicht vom Lehrer abgefüllt und überschüttet werden mit Konventionen aus zweiter und dritter Hand. Weder will es zu seinem Ebenbild noch zum Ebenbild irgendeines anderen Menschen oder irgendwelcher Prinzipien gemacht werden. Es bringt seine Entwicklungsaufgabe mit und sucht befähigte Helfer, welche es dabei zu fördern wissen.

Durch diese Blickwendung des Pädagogen entsteht erst Erziehung. So bekommt das Rätsel des Kindes Tiefe und Kontur. Der Erzieher belehrt das Kind nicht mehr ungefragt, sondern er lernt fragen: «Wer bist du? Was willst du, daß ich für dich tue? Welche Aufgaben, Ziele und Möglichkeiten liegen in dir? Welchen Beistand kann ich dir leisten?» So trägt der Erzieher nicht mehr abstrakt ein bestimmtes Erziehungsziel, ein Programm oder Wunschbild an das Werden des Kindes heran, sondern er lernt nach seinen pädagogischen Aufgaben «vom Kinde aus» zu fragen. Das Kind wird zum Sinn der Erziehung.

So werden noch ohne genauere begriffliche Klärung bereits durch den elementaren Inhalt des Reinkarnationsgedankens entscheidende Wirkungen auf die Pädagogik sichtbar. Die Begegnung zwischen Kind und Erwachsenem verändert sich zum Aufmerksam-Werden hin.

Festzuhalten gilt in diesem Zusammenhang, daß es bei der Erziehung «vom Kinde aus» in der Waldorfpädagogik nicht um einen diffusen Zusammenhang geht, der durch die Reinkarnationsidee noch um die Dimension des Mystisch-Verschwommenen erweitert wird. Vor allem geht die Verbindung mit der Lebenswirklichkeit nicht verloren. Der Karmagedanke verdeutlicht ja gerade den Zusammenhang von Individualität und Lebensfeld. Karma bedeutet nicht blindes Schicksal, sondern weist auf bestimmte Beziehungen des Menschen zu den ihm begegnenden Dingen und Ereignissen hin. Es macht auf Zusammenhänge aufmerksam, die dem äußeren Blick verborgen bleiben, oberflächlich als zufällig abgetan und in ihrer Bedeutung für die Entwicklung nicht erkannt werden. Es zeigt z.b., daß zum Kind auch sein Umfeld, seine Zeit und sein Milieu gehören. Das Kind im Kreis seiner Eltern, der Familie oder Sozialisationsgruppe, in seiner kulturellen Einwurzelung, seinem Volk und seiner Zeitgenossenschaft ist eine komplexe Realität. «Vom Kinde aus» kann nicht eine Erziehung ohne oder gegen das Lebensumfeld bedeuten, sondern muß den Blick für das Kind in seiner Gesamtsituation entwickeln. Sein Umkreis gehört geradeso zum Kind wie das Kind zum Umkreis. Der Reinkarnationsgedanke betrifft also nicht nur das individuelle Kind mit seinen Fähigkeiten und Unfähigkeiten, Begabungen und Mängeln, sondern macht die Begegnung mit dem gesamten Lebenskreis des Kindes zur Aufgabe.

Die beschriebene Wirkung stellt sich dabei nicht als Ergebnis autosuggestiver Bemühung ein. Man denkt den Reinkarnationsgedanken nicht, um eine bestimmte Haltung auszubilden. Man arbeitet prüfend mit und an diesem Gedanken. Dabei erweist sich, daß der Blick auf das Kind inhaltsgesättigt wird. Es zeigt sich, daß das Kind schon jemand ist und daß dieser jemand entdeckt werden möchte. Dadurch lehrt er den Lehrer Bescheidenheit und Schülersein. Er muß das Wesen des Kindes lernen, wenn er lehren will. Wer dies übt, wird überraschende Entdeckungen machen.

Begegnung mit Michaela

Natürlich sind Waldorflehrer nicht ohne weiteres geduldige, aufgeschlossene oder liebefähige Lehrer. Da sie sich intensiv vorbereiten, ihren Beruf ernstnehmen und sich mit ihrem Tun identifizieren, sind Kollisionen mit dem Ideal eines Erziehers manchmal sogar naheliegend.

Als ich mit meinem Beruf begann, traf ich auf ein sehr verständnisvolles Kollegium. Ein Gutteil meines Deputates wurde mir erlassen, damit ich mich ganz auf die Tätigkeit als Klassenlehrer in der ersten Klasse konzentrieren konnte. So reichten siebzehn Wochenstunden aus, um als vollbeschäftigter Kollege zu gelten. So etwas hieß Knospenauslastung. Leider wurde diese Regelung über das erste Arbeitsjahr hinaus nicht verlängert.

Der Alltag zeigte mir bald, daß diese humanitäre Einrichtung keineswegs aus einer Laune überflüssiger Barmherzigkeit geboren war. Ich hatte alle Hände voll zu tun, um mich auf die wenigen Unterrichtsstunden adäquat vorzubereiten. Die Entscheidung, welcher Buchstabe auf welche Weise am folgenden Tag eingeführt, wie die Grundelemente des Zählens den Kindern aufgehen oder eine einfache Form von ihnen gezeichnet werden könnten, bereitete mir qualvolle Stunden intensivster Vorbereitung. Märchen waren unübersichtliche Geschichten, deren Inhalt und Entwicklung ich mir nur mit großer Mühe einprägen konnte.

Wie gut taten da die Augenblicke im Unterricht, wenn die Kinder mit Eifer dabei waren und die Stunde ungefähr so verlief, wie ich es mir in der Vorbereitung vorgestellt hatte.

Momente besonderer Freude konnten dabei die Zeiten des Erzählens am Ende des Unterrichts sein. Die Kinder hingen dann an meinen Lippen und gingen in den Stimmungen und Spannungen so mit, wie sie in mir selber gerade lebten – ein Erlebnis vollendeter Harmonie, seelischen Einklanges. Die Geschichten brachten es oft mit sich, daß Augenblicke besonderer Intensität entstanden. So etwas trat ein, wenn dem Königsohn die entscheidende Frage gestellt wurde, von deren Beantwortung das Heil aller Guten abhing. Würde er die Antwort wissen? Oder wenn die Königstochter von Mitleid für die Not des Jünglings ergriffen wurde und die Klasse im gefühlten Schmerz verstummte.

Genau dann schrie mit großer Sicherheit eines der Kinder, durch einen ganz anderen Schmerz gepeinigt, auf oder gellte ein keckerndes Kreischen durch den Klassenraum. Michaela meldete sich zur Stelle, indem sie eines der Kinder in ihrer Nähe kniff oder in die Stille schrie.

Ich kann nicht sagen, daß in diesen Momenten in mir eine besondere Milde gewirkt hätte. Ich kann auch nicht sagen, daß ich Michaela besonders gern gehabt hätte deshalb. Nur bittere Disziplin hielt mich.

Was tun in solchen Situationen, mit solchen Schülern?

Natürlich war Michaela nicht nur in meinem Unterricht schwierig. Die Klagen der Fachkollegen häuften sich. Das Mädchen störte den Unterricht überall. Von Aggressivität, Gemeinheit und Hinterhältigkeit war die Rede. Die übrigen Kinder der Klasse entwickelten ihr gegenüber Angst und Abneigung. Sie stellte den gesamten Unterricht der Klasse in Frage, das Kollegium formulierte: «Kann das so weitergehen? Wie können wir Schaden von der Klasse abwenden? Müßte sie nicht in einer Sonderschule betreut werden?»

Für Michaela Sympathien zu entwickeln, fiel allen schwer. Sie war ein bemerkenswert häßliches Kind. Die Haare standen stets struppig in Strähnen um den Kopf herum. Um ein unoperables Schielen zu bessern, trug sie eine Spezialbrille, bei der ein Glas stets verklebt war. Ihr Mund war dünnlippig, stand meist offen, war schief und zeigte, mitten im Zahnwechsel, eine Reihe unansehnlicher Zähne in chaotischer Ordnung. Ihre Stimme klang meistens rauh, wie in ständiger Heiserkeit. Mit anderen sprach sie in distanzloser Vertrautheit. Ihre Bewegungen waren eckig, ungelenk, irgendwie hilflos, die Glieder dünn und knochig.

Ihre Kleidung war alles andere als schön. Sie trug oben meistens irgendwelche dünnen Hemden mit grellen Bildmotiven und unten

eine lange Latzhose aus Vistram, einem gummiartigen Kunststoff. Diese Hosen gab es in verschiedenen Farben. Manchmal kam sie in rot, manchmal in blau.
Kurz: Michaela wirkte eckig, spitz, stachelig und kalt.

Bei Michaelas Eltern

Ein probates Mittel bei gravierenden Problemen in der Schule ist der Elternbesuch. Der Lehrer kann das Kind dabei einmal in seiner alltäglichen, engsten Umgebung des häuslichen Umfeldes erleben, er kann sich ganz allein ihm widmen, einmal nur für es dasein; er kann aber auch in Ruhe und Diskretion mit den Eltern offen und gründlich über anstehende Probleme sprechen.

In Michaelas Fall gelang das nicht ohne weiteres, was verschiedene Gründe hatte. Das Schuljahr, ohnehin das erste, war noch jung, Probleme traten also beunruhigend früh auf. Eltern und Lehrer kannten sich noch wenig, eine Vertrauensgrundlage konnte da kaum gegeben sein. Der Lehrer war jung, jünger sogar als die Eltern, er hatte keine Berufserfahrung. Was also sollten die Eltern von Problematisierungen ihres Kindes halten? Selbstverständlich aber kannten die Eltern ihr Kind, und Abwehr ist zuweilen der beste Angriff.

Das Gespräch stand also öfter auf der Kippe, war von Abbruch und Beleidigung bedroht. Die Schilderung des Schulverhaltens mochten die Eltern kaum an sich heranlassen. Eventuelle Maßnahmen, Veränderungen des Erziehungsstiles oder Handhabungen attackierten ihre Vorstellung schon bei der leisesten Erwähnung. Ich war erfüllt von der Idee, daß das Kind in jedem Fall mehr Wärme brauche und jede Form von Fürsorge. Irgendwann stieß ich hervor, ob sie nicht wenigstens andere Hosen bekommen könne. Ihre Vistramhosen besäßen doch keinerlei Wärmefähigkeit. Vielmehr müsse sich Michaela darunter kalt und klamm fühlen, was wiederum ihre Aggressivität steigere.

Möglicherweise war das eine kühne, spekulative und kaum nachzuvollziehende Argumentation. Ihrer Mutter schien diese Seite des Vorschlages jedoch keineswegs unsinnig. Sie lehnte ihn aus anderen Gründen kurz und entschieden ab: „Wenn Sie dann kommen und ihre Hosen waschen, will ich Ihrem Rat gern folgen!" Diese Antwort kam so giftig und penetrant, daß ich einen ziemlich langen Augenblick überlegte, wie beleidigt ich eigentlich sei und was ich mir als Lehrer (Waldorflehrer!) denn bieten lassen müsse.

Zum Glück aber hatte sie inzwischen furios weitergesprochen und erklärt, daß sie Michaela wohl zehnmal am Nachmittag umziehen müsse, wenn sie nicht diese praktischen Hosen hätte. Denn da könne sie einfach mit dem Gartenschlauch darübergehen.

In diesem Augenblick hatte ich den Eindruck, daß es nicht viel Sinn hätte, an diesem Punkt weiter zu verharren, und so bat ich sie, mir doch etwas von Michaelas Lebensgeschichte zu erzählen. Diese Bitte sollte den Abend, das Verhältnis zu den Eltern und vor allem meine Beziehung zu Michaela vollkommen verändern.

Michaelas Geschichte

Der Beruf der Mutter war Krankenschwester. Bis vor wenigen Jahren hatte sie als Kinderschwester in einem Kölner Krankenhaus gearbeitet. In dieser Zeit hatte sie auch ihren späteren Mann kennengelernt, mit dem sie bald eine intensive Freundschaft verband.

Auf die Nachbarstation wurde ein Säugling eingeliefert, nur wenige Wochen alt. Dies geschah auf Weisung der Jugendfürsorge. Die Eltern waren Alkoholiker, das Kind das jüngste in einer Reihe von Geschwistern. Im Zustand völliger Verwahrlosung waren die Kinder von der Fürsorge aufgefunden und in verschiedene Versorgungen gebracht worden. Das jüngste ins Krankenhaus, da es sich in einer bedrohlichen Verfassung befand, unterernährt, mißhandelt, embryonal geschädigt. Das Kind hieß Michaela.

Auf der Station fiel sie durch ununterbrochenes Schreien auf. Nichts und niemand schien sie beruhigen zu können. Bis eines Tages ihre Kinderschwester-Mutter einmal herüberkam, sie auf den Arm nahm und Michaela verstummte. Die Schwester hatte eine besondere Wirkung auf das Kind, die unerklärlich und einzigartig war. Niemand sonst konnte das Kind beruhigen wie sie. So oft wie möglich kam sie daher zu dem Kind, auch in ihrer Freizeit.

Ihr Freund teilte das Erstaunen und die aufkeimende Zuneigung zu dem Kind. Er begleitete sie, wenn sie das Kind im Wagen an die frische Luft ausführte. Das Kind schloß offenbar auch ihn in sein Herz, denn auch in seiner Gegenwart walteten friedliche Ruhe und wachsendes Wohlbefinden.

Als die Freundschaft zwischen den Erwachsenen stetig reifte und schließlich der Wunsch nach Heirat ausgesprochen wurde, banden sie Michaela in ihre Pläne ein. Sie sollte ihr adoptiertes Kind werden. Die Bedingungen schienen günstig. Die Eltern des Mannes bewohnten ein großes Haus, in dem die jungen Leute auch mit Michaela genügend Platz hätten. Später sollte der Sohn das Haus ohnehin erben. So erklärte sich das Paar seinen Eltern.

Von den Eheplänen waren die Eltern begeistert, nur die Adoptivabsichten mißfielen ihnen. Eine Ehe habe den Sinn, Kinder zu tragen. Dies aber sollten selbstgezeugte und nicht angenommene sein. Das Paar protestierte, versuchte zu überzeugen, warb um Verständnis. Aus dem Disput wurde Streit, zuletzt ein Zerwürfnis: wenn sie das Kind adoptierten, werde der Sohn enterbt.

Dem Zwang mochten und konnten sich die künftigen Eheleute nicht beugen. Sie brachen mit den Eltern. Der Hochzeit folgte die Adoption, der Adoption die Enterbung. Dann suchten sie sich neue Lebensmöglichkeiten und zogen nach Hamburg.

Zwei Jahre später folgte ein eigenes Kind. Das Verhältnis zwischen Eltern und Geschwistern war zutraulich, wie es zutraulicher nicht sein konnte.

Ahnendes Bewußtsein

Diese Schilderung traf mich tief. Wie geringfügig und kleinlich kamen mir meine Lehrerklagen gegenüber dem vor, was von den Eltern geleistet, von dem Kind erlitten worden war. Das schuf eine ganz andere Art der Begegnung zwischen mir und den Erwachsenen. Ich schämte mich für das, was mir jetzt als Hang nach Bequemlichkeit erschien.

Zugleich dämmerte mir aber auch so etwas wie Sinn auf, ein Bild, mehr empfunden als intellektuell scharf umrissen. Es gab ein Durchgängiges, ein Motiv, das alles an Michaela bisher Erlebte und jetzt neu Erfahrene durchdrang. Es war der Eindruck von Zerfall. Überall in Michaelas Biographie und in ihrem Verhalten trat Zerfall, Auseinanderbrechen auf. Ob es die leibliche Familie, ihr Gang, ihre Augen, das Spielverhalten, die Störungen im Unterricht waren, die Stationen ihres Weges waren von Destruktion bestimmt. Vorwürfe verloren da all ihren Sinn. Hier wirkte etwas, was mächtiger war als das, was sie persönlich verändern konnte. Ein individuelles Lebensmotiv trat auf, das Hilfe für seine Lösung brauchte.

In den Eltern hatten sich Menschen gezeigt, die hier helfen wollten. Dahinter durfte die Schule nicht zurückstehen!

Dies alles zog mir durch die Seele. Nicht sofort und nicht auf einmal. Die Erschütterung war sofort da, die Scham auch. Die Ahnung des Sinns stellte sich allmählicher ein, sie stieg im Nachklang des Erlebens auf, bewegte sich im Fragen und im Bestimmter- und Kräftigerwerden.

Eine verblüffende Wirkung stellte sich aber bereits am nächsten Tag ein. Michaela hüpfte freundlich grinsend vor Schulbeginn auf mich zu. Es war am Abend zu spät gewesen, als daß wir uns noch hätten verabschieden können. «Gute Nacht!» hatte ich ihr gesagt, als sie ins Bett gebracht wurde. Jetzt aber begrüßte sie mich mit nie gekannter vertrauter Freundlichkeit. Ihre Haare standen ab wie immer, das Gesicht hatte Schiefstand, die Zähne starrten wirr aus dem Mund, ein Brillenglas war wie gewohnt leukoplastfarben verklebt. Heute aber störte sie nicht ein einziges Mal im Unterricht, sondern suchte Gelegenheiten der Nähe, war zutraulich und entwickelte einen eigentümlichen rauhen Charme.

Die Erstkläßlerin, die ausgelassen lächelnd und mit eigentümlich verkrümmtem Gang an der Hand des Klassenlehrers die Treppen hinabstakste, wurde in der Schule zum vertrauten Bild.

Was war geschehen? Die Fehleinschätzung der elterlichen Fürsorge hatte mich erschüttert. Meine latente Meinung, daß durch ein wenig Mehr an Zuwendung und Aufwand entschiedene Verbesserungen im Verhalten des Kindes zu erreichen seien, kam mir jetzt schnöselhaft vor. Denn alles, was man in der Schule gewöhnlich an Einsatz für ein Kind aufbringt, blieb ja weltenweit hinter dem zurück, was die Eltern schon geleistet hatten und leisteten. Aus dieser Scham entstand sicherlich eine bessere pädagogische Einstellung, eine größere Einsatzbereitschaft und geringeres Anspruchsverhalten.

Aber das war noch nicht alles. Es hatte sich auch eine neue Sicht auf das Kind ergeben. Die vielen Details ihres noch kurzen Lebens hatten ein bestimmtes Bild ergeben, in dem die Einzelheiten zusammenpaßten. In allem zeigte sich Destruktion und Zerfall. Sie konnte nicht nur nicht allein eine Treppe hinuntergehen, weil sie ihre Glieder nicht in der Bewegung koordinieren konnte. Nicht nur die Sehachsen ihrer Augen liefen unkoordiniert auseinander. Ihre gesamte Lebenssituation war so geprägt. Die Familie, in die sie hineingeboren wurde, zerbrach kurz nach ihrer Geburt. Die Annahme durch ihre Adoptiveltern als erstes heilende Ereignis ihres Lebens führte zum Bruch mit den Eltern des Ziehvaters, dem Bruch mit der Heimat. Und dieses Motiv des Zerbrechens trat ja auch in ihrem Verhalten in der Klasse, im Unterricht auf.

Das hatte mich abends auf der Fahrt nach Hause beschäftigt. Ich fühlte mich durch diese Überlegungen dem Kind näher und hatte den Eindruck, anfänglich etwas von ihm zu wissen und zu verstehen. Mit diesem Gedanken war ich in die Nacht gegangen, und dann war es zu dem überraschenden Empfang durch Michaela am nächsten Morgen in der Schule gekommen. Auf ihrem Gesicht lag dabei ein glückstrahlender Ausdruck von: «Jetzt kennst du mich. Jetzt hast du mich verstanden.» Aber woher konnte sie das wissen? Sie schlief doch schon, als ich das Elternhaus verließ. Und gesprochen hatte ich mit ihr nicht mehr. Sie wollte angenommen werden. Darin lag nicht nur eine Aufgabe für sie, sondern ebenso für mich. In dieser Bejahung lag nicht nur das Entwickeln von Verständnis. Darin lag auch Verzeihen und Aufgabe. Sie hatte ein Recht auf meine Anteilnahme. Irgendwoher hatte dieses Verhältnis seine Voraussetzung. Sie hatte einen Anspruch auf mein Engagement, und das war nicht nur allgemein und abstrakt lehrerhaft. Das galt mir und einer ganz bestimmten Beziehung zu ihr.

Das Kind vom Lande

Ein anderes Kind in meiner ersten Klasse ist Tobias Luhnen. Tobias gehört zum «Insider-Adel» der Schule. Er ist der jüngste von fünf Geschwistern. Über ihm kommen zwei Schwestern und dann zwei Brüder. Die Brüder sind im Alter so weit entfernt, daß seiner unangefochtenen Stellung als Sonnenstrahl und Nesthäkchen nichts im Wege steht. Der ältere von ihnen bereitet sich zu Tobias' Einschulung allmählich auf das Ende seiner Schulzeit vor. Er gehört einer speziellen Klasse an. Hier hat sich eine auffallend aktive Gruppe von Eltern versammelt, die sich sehr intensiv für die Schule einsetzt. Ihr Engagement reicht vom Weihnachtsbazar bis zu Lesekreisen, die den anthroposophischen Hintergrund der Waldorfpädagogik klären sollen. Die Elternschaft dieser Klasse ist in ungewöhnlicher Weise freundschaftlich miteinander verbunden. Sie kennt nahezu alle Interna der Schule, verhandelt diese entschieden auf ihren Treffen und findet Wege, ihre Ansichten und Einstellungen in die Gremien der Schule einfließen zu lassen.

Als Bauern stellen Tobias' Eltern in der exklusiven Klasse ihres ältesten Sohnes insofern eine bedeutende Existenz dar, als in der Großstadt dieser Beruf von einem exotischen Flair umgeben ist. Der morgendliche Schulweg vom Land in die Stadt ist das ziemliche Gegenteil dessen, was die Mehrzahl der übrigen Kinder zu absolvieren hat. Familie Luhnen genießt also eine bestaunte, einzigartige Stellung.

Die Eltern sind infolge von Weltkrieg, Erbschaftsgesetzen und anderen Umständen auf den gegenwärtigen, biologisch-dynamisch bewirtschafteten Hof gekommen, der ihnen aber nicht gehört. Sie arbeiten dort mit zwei anderen Familien. Vom Menschenschlag her stellen sie den Typus eines sagenumwobenen, uralten Bauerngeschlechtes dar. Die Gesichter sind durch das Leben in der Natur gezeichnet. Runzeln und Falten haben die Physiognomien durchgegerbt. Der Teint zeigt ein kräftiges, von Wind und Wetter gedunkeltes Inkarnat. Sie sind weit in den Vierzigern, die Mutter etwas älter als der Vater. Er hat ein gutmütiges, zum Aufbrausen neigendes Temperament, sie ist beweglicher, listig und von empfindlichen Seelenschwankungen geprägt. Beide zeichnet ein drolliger Humor aus. Seiner tritt jungenhaft einfach, ihrer hintersinnig und scharfäugig auf.

Im Hause lebt auch noch die Schwester der Mutter, Tante Hanne. In ihr kommt eine gewisse Erbschaft der Familie am deutlichsten zum Ausdruck. Von kleinem Wuchs und verkrümmter Gestalt bewahrt sie bestimmte Geheimnisse, über die nur zu besonderen Gelegenheiten gesprochen wird. Das sind Schauungen, die durch Generationen in der Familie tradiert wurden. So sah die Großmutter um die Jahrhundertwende den großen Krieg aufziehen, Kriegsmaschinen mit Motorengebrüll über den Himmel donnern und Städte in Schutt und Flammen versinken. Solche Bilder leben in der Familie als Geheimwissen einer Apokalypse, das nur im engsten Kreis bewegt wird.

Am ersten Schultag: Zur Aufnahme der beiden neuen ersten Klassen haben sich in der alten, viel zu kleinen Aula etwa 600 Schüler, 40 Lehrer und 100 Gäste eingefunden. Es herrscht eine drangvolle Enge. Luhnens sind solche Menschenmassen vollkommen ungewohnt. Tobias und seine Familie schwitzen Blut und Wasser. Die bedrängende Nähe so vieler unbekannter Menschen bereitet ihnen seelische und körperliche Pein. Luhnens befürchten, daß Tobias diese Prozedur nicht unbeschadet übersteht. Nach zwei Stunden ist zu ihrer Überraschung aber doch alles heil durchgestanden, und er sitzt im Klassenzimmer.

In den nächsten Tagen tritt Tobias durch eine empfindsame Zurückhaltung hervor. Er ist ein Junge von gedrungenem Wuchs, pausbäckig mit apfelroten Wangen, strahlend blauen Augen und dichtem, hellblondem Haar. Zunächst wirkt das alles aber weniger strahlend als verdruckst. Das Wangenrot pulsiert je nach seinen Seelenzuständen in flackerndem Feuer, die Augen sind verlegen niedergeschlagen oder verengen sich zu Schlitzen, aus denen es verdächtig feucht schimmert. Er bleibt, soweit es geht, an seinem Platz und bewegt sich kaum von seinem Stuhl. Am Unterrichtsgespräch beteiligt er sich schweigend. Wird er ins Gespräch gezogen, antwortet er mit einem nasalen Singsang, der in der Tonlage für seine Statur etwas zu hoch gestimmt scheint. Zusammenhängende ganze Sätze wird er auf Jahre nicht frei äußern können. Seine Bewegungen wirken tollpatschig. Ziehen ihn Klassenkameraden zu Aktionen heran, dauert es immer einen Augenblick, bis er geschaltet hat. Er durchlebt dann kurze Verwirrungszustände, an deren Ende er verlegen hervorpreßt: «Ach so!» Dann macht er verstohlen grinsend und vergnügt mit.

Die direkte Ansprache des Klassenlehrers bringt ihn total aus dem Gleichgewicht. Fragen erträgt er noch weniger als Anweisungen. Bei letzteren fürchtet er, den Erwartungen nicht entsprechen zu können, erstere hingegen verunsichern ihn total. Da muß man reden – und es hat einem womöglich nicht einmal jemand gesagt, was. Tobias Luhnen scheint das «Kind vom Lande» schlechthin zu sein.

Was wird aus so einem Jungen? Was steckt in ihm?

In der dritten Klasse wird die «Korn und Brot-Epoche» vorbereitet. Der Klassenlehrer hat mit «Tobis» Eltern gesprochen, ob man auf ihrem Hof ein entsprechendes Projekt durchführen könne. Sie haben ihn daraufhin zu sich eingeladen, um die Einzelheiten zu besprechen. Er soll auf dem Weg gleich Tobi von der Schule mitbringen.

Das Schuljahr ist noch nicht alt, und so fahren sie durch eine idyllische Landschaft im Herbst. Allerdings ist es zugleich die hohe Zeit der NATO-Manöver. Tobias sitzt auf der Rückbank. Seine aufmerksamen Blicke haben auch durch die verhältnismäßig kleine Windschutzscheibe eines älteren Modells bald ein eigenartiges Schauspiel am Horizont bemerkt. Unter dunklen Wolken zieht eine ausgedehnte Formation von Kampfhubschraubern in sich windender Prozession heran. Hinter der ersten Abteilung wird in größerem Abstand eine weitere Gruppe, noch sehr klein, sichtbar. Zwischen den Windstößen heftiger Herbstböen wird das dumpfe Gehämmer der Rotor- und Motorengeräusche hörbar. Der pazifistisch gestimmte Lehrer fühlt zarte Beklemmungen aufsteigen, daß jetzt ein Gespräch über Kriegswerkzeuge fällig werden könnte. Tobias läßt ihm nur kurze Zeit für innere Klärungen. Da ruft er schon begeistert: «Oh! Guck mal, was die da machen! Die spielen wohl Räuber und Gendarm!» Weitere Erklärungen scheinen dem Pädagogen nicht angezeigt.

Etwas später rollt das Auto eine Kopfsteinpflasterallee entlang, die von steinalten Pappeln gesäumt wird. Der Lehrer ist von den gewaltigen Stammruinen beeindruckt, aus denen es immer neu hervorsprießt. Tobias lenkt ihn plötzlich auf etwas anderes. «Jetzt mußt du gleich nach rechts gucken!» Wir passieren gerade das alte Gutsgebäude, das in der Nachbarschaft von Luhnens Hof liegt. «Hier in der Garage!» Der Lehrer entdeckt mit Mühe ein großes grünes Etwas mit schwarzen Rädern. «Der Trecker!» Tatsächlich, es ist ein Trecker. Das Besondere an diesem Gegenstand aber will sich dem Lehrer nicht erschließen. «Haben die den neu?», ist sein Versuch, sich keine Blöße zu geben. «Der hat 500 PS!» «Donnerwetter!», bemüht er sich, ein adäquater Gesprächspartner zu sein. «Habt ihr auch einen Trecker?» «Ja, aber der hat nur 55 PS.» Das Kind vom Lande zeigt eigentümliche Interessen.

Später beim Praktikum auf dem Hof wird sich Tobias als flinker, wendiger Helfer erweisen, der bescheiden und schüchtern, jedoch stets gegenwärtig die anfallenden Arbeiten begleitet. Seine Stellung in der Klasse hat sich inzwischen ohnehin verändert. Erwachsene, besonders der Klassenlehrer, verwirren ihn noch immer, wenn sie sich zu ausschließlich mit ihm beschäftigen. Im übrigen aber pflegt er in verlegener Verhaltenheit einige zarte Freundschaften, die sich durch heitere, phantasievolle Aktivitäten auszeichnen.

Seine Lerntätigkeit ist beständig, Aufgaben erfüllt er zuverlässig. Seine Handschrift trägt erste Züge von feiner Geschicklichkeit. In den Formenzeichnungen tritt ein lebendiger Sinn für Ausgewogenheit hervor, der sich in großen, schön gestalteten Figuren niederschlägt. Seine Bilder sind farbenfroh und detailreich. Sie sind in der Regel hell gehalten und zeigen witzige Details, die mit humorvollem Sinn arrangiert sind.

Tobias' Leistungen sind eigentlich in jedem Fach gut. Im bildhaft Gestalterischen zeigt sich jedoch ein größeres Geschick als in der Mathematik, im Sprechen oder im Musizieren. Da erträgt er immer noch höchstens das Mitmachen in chorischen Übungen. Die Blockflöte nimmt sich in seinen Händen wie eine bemitleidenswerte Geisel aus.

Anfang des sechsten Schuljahres macht Tobias' Klasse eine Reise nach Neuwerk, einer kleinen Insel in der Elbmündung. Das Schullandheim «Meereswoge» bietet alle Möglichkeiten eines ungestörten Aufenthaltes. Mit der Aushändigung des Schlüssels auf dem Festland werden die Gäste in das freie Reich der Selbstversorgung entlassen. Um das Verweilen in diesem Land so angenehm wie möglich zu machen, ist Tobias' Mutter um Begleitung gebeten worden. Sie ist eine ausgezeichnete Köchin, bei der Körner und Blätter nicht wie das Pflichtprogramm eines ökologischen Ernährungsseminars schmecken.

Doch der Aufenthalt entwickelt sich nicht so reibungslos wie erhofft. Tobias' Mutter ist nicht die einzige Begleiterin. Außer ihr sind noch eine weitere Mutter und die Handarbeitslehrerin mitgekommen. Besonders durch die zweite Mutter, eine drahtige, ungehemmt fleißige Frau fühlt sich Frau Luhnen bald gestört. Frau Luhnen ist als Bäuerin sicherlich gewohnt, früh aufzustehen. Aber immer, wenn sie ihren Kopf morgens in die Küche steckt, ist diese andere Person schon anwesend, hat das Müsli zurecht gemacht, die Möhren für das Mittagessen geschabt und den Kaffee gekocht.

Sollten die Toiletten einmal verstopft sein, ist die Konkurrenz bereits in das Problem eingetaucht, bevor Frau Luhnen nur Notiz davon nehmen kann. Die bald einsetzende Schlechtwetterperiode hat auch trotz ausgedehnter Wattwanderungen nicht die geringste Chance, irgendeine Spur auf den Fluren des Hauses zu hinterlassen. Die zweite Mutter schlägt, mit Feudel und Schrubber bewaffnet, die Attacke jeden Schmutzkrümels ab.

Nach zwei Tagen wird Tobias krank. Medikamenteneinsatz schlägt Frau Luhnen aus. Sie beharrt beschwörend auf Körnernahrung, von der allein Besserung zu erhoffen sei. Das Fieber steigt weiter, und Tobias' Gesicht wird immer röter. Jetzt kann Frau Luhnen sich natürlich nicht mehr so intensiv um die Küche kümmern. Am vierten Tag besteigt sie mit ihrem kranken Sohn im Arm das Schiff zum Festland. Er kann nur zu Hause gesunden. (Die drahtige Mutter schafft den Arbeitsanfall auch allein. Vielleicht ist sie sogar froh, endlich richtig ausgelastet zu sein.)

Als die Klasse wieder zu Hause ist und der erste Unterrichtstag beginnt, sitzt auch Tobias auf seinem Platz und freut sich verlegen lächelnd auf das vor ihm Liegende.

In der achten Klasse gehört Tobias zu einer festen Gruppe enger Freunde. Er ist ob seiner Drolligkeit überall gut gelitten und für jede Originalität zu haben. Immer noch aber verbirgt er die Ausbrüche seiner Fröhlichkeit lieber vor anderen, als deshalb zu sehr im Rampenlicht zu erscheinen. Seine Lernleistungen sind in allen Fächern gut, obwohl er nicht durch übermäßigen Fleiß auffällt. Er arbeitet immer unaufdringlich, nie überragend, aber auch nie versagend. Es gibt keine krassen Ausrutscher, weder nach oben noch nach unten. Irgendwie hält er in allem die Mitte.

Bei den Proben zum Klassenspiel erheitert er die Mitspieler durch ein urplötzliches, wie aus dem Handgelenk geschütteltes komödiantisches Talent. Es wirkt unglaublich komisch, wenn aus dem scheu grinsenden Bauernburschen augenblicklich ein berauscht Lallender wird, der hilflos dahertorkelt. Er muß sich enorm zusammenreißen, um diese Erscheinung länger als für Augenblicke hervorzuzaubern. Brüllendes Gelächter aus abgelegenen Ecken kündet von seiner Fähigkeit vernehmlicher als Auftritte auf der Bühne. Publikum ist ihm noch immer sehr anstrengend.

Das andere Anstrengende für Tobias sind Mädchen. Die finden seine Gesellschaft zwar zuweilen ganz erheiternd, und er kennt diesen Teil der Menschheit ja auch durch seine Schwestern, im übrigen ist er aber nach wie vor das nun tölpelig-pubertär gewordene Kind vom Lande.

In der elften Klasse wird Tobias dann zu einer prominenten Erscheinung unter den Oberstufenschülern. Es gibt keine gesellschaftlich aussichtsreiche Party, die ohne ihn stattfinden könnte. Er wird überallhin eingeladen, wo etwas Bedeutendes steigen soll, er ist der zentrale Schwarm der Mädchenwelt und steigert die Begehrlichkeit noch dadurch, daß er sich rar macht und sehr wählerisch gibt. Er ist inzwischen zu einer schmucken schlanken Gestalt geworden. Sein Charme ist geistreich, voller Witz und Humor. Immer noch eignet ihm jene Drolligkeit, die ihn schon früh so besonders auszeichnete. Dabei zeigt er sich immer liebenswürdig, Gemeinheit ist ihm ganz wesensfremd.

Im «Faust», den seine Klasse im zwölften Schuljahr aufführt, spielt er die Titelrolle. Seinem Spiel gehen alle Mätzchen ab. Es ist genau, ausdrucksstark, differenziert. Seelische Tiefe wird in nuancenreicher Gestik sichtbar. Tobias «ist» Faust. Er wird zum konkurrenzlosen Star des Mittel- und Oberstufenlebens. Starallüren entwickelt er deshalb allerdings nicht.

Als die Schulzeit zu Ende geht – Tobias hat noch das Abitur erledigt -, entschließt er sich, Schauspiel zu studieren. Er bewirbt sich in einer der renommiertesten Schauspielschulen, wird angenommen und zieht für dieses Ziel in die noch größere ferne Stadt.

Er hat kaum ein Jahr der Ausbildung absolviert, als der international renommierte Regisseur Robert Wilson eine Sichtungsvisite in dieser Schule macht, um die Darsteller für eine vielbeachtete Faustproduktion zu finden. Rasch fällt seine Wahl auf Tobias, der jetzt zum zweiten Mal die Titelrolle erhält. Die Aufführung wird zu einem großen Erfolg.

Als Robert Wilson einige Zeit darauf eine internationale Tournee mit einer weiteren Faustinszenierung plant, engagiert er Tobias ein zweites Mal für diese Aufgabe. Tobias' Welt ist die große Rampe der europäischen Metropolen geworden. Tausende folgen hingerissen seinem Spiel.

Der Junge vom Lande ist der Star der Metropolen. Trotz verlokkender Angebote, welche die logische Folge solcher Erfolge sind, beendet Tobias sein Studium mit einem ordentlichen Abschluß.

Kinder besser sehen lernen

Blickt der Klassenlehrer auf seine Empfindungen und Einschätzungen zurück, die er diesem Schüler in der ersten Schulzeit entgegengebracht hat, dann muß er sich eingestehen, daß er den künftigen Schauspieler nicht in ihm gesehen hat. Viel zu provinziell, viel zu verklemmt erschien ihm da das Kind, um solche Erwartungen zu hegen. Die Frage ist, ob er die Entwicklung klarer hätte erahnen können? Ohne Frage wäre das möglich gewesen. Der Lehrer hätte das Begeisterungsfähige im Kind, seine genaue Beobachtungsfähigkeit, die ehrfürchtige Aufschau zu ihm selber genauer verstehen können. Er hätte dann bemerkt, daß gerade diese Eigenschaften Teil seiner schüchternen Zurückhaltung waren. Auch hätte er die Freude an komischen Ereignissen, den spielerischen Blick für Inszenierungen entdecken können. Ihm wäre klarer geworden, daß in allem sich eine künstlerische Grunddisposition aussprach. Der Knabe bewahrte sich bestimmte Kindheitskräfte stärker und reiner, als das Heranwachsende gemeinhin tun.

Ihm wären auch die biographischen Brüche besser verständlich geworden, welche diese Entwicklung förderten. Die Eltern waren bereits vor seiner Geburt entwurzelte Landleute. Noch vor seinem zwölften Lebensjahr mußten sie später auch die Stelle in der Hofgemeinschaft verlassen. Zwischen ihnen und den übrigen Bauern stimmte es nicht mehr. Bis zu Tobias' 18. Lebensjahr schlossen sich weitere zwei Hofstellen an. Am Ende dieses Zeitraumes starb seine atavistisch begabte Tante Hanne, die Eltern trennten sich. Keiner von ihnen bewirtschaftete noch einmal einen Betrieb. Der Vater kaufte sich einen Diesel und wurde Taxifahrer.

Dem Jungen standen so ungewöhnlich starke Kräfte bildschaffender Tätigkeit als Erbschaft und Entwicklungsmilieu zur Verfügung. Wenig störte diese Kräfte in der Kindheit, und wenig lockte eine zu frühe Rationalität hervor.

Daneben gesellte sich diesem Impuls zum frühestmöglichen Zeitpunkt eine verträgliche Nähe zur modernen Großstadt. Die Waldorfschule bot den günstigsten Boden, um beide Pole zu vermitteln. Der Knabe wollte eine solche Entwicklung. Zukunftsimpulse und Vergangenheitskräfte standen fortwährend in einem wirkenden Zusammenhang.

Das geschilderte Beispiel kann zeigen, wie genau Beobachtung und wie umfassend Beurteilung sein muß, wenn sie den Reinkarnations- und Karmagedanken im pädagogischen Leben ergreifen möchte. Wie leicht werden entscheidende Dinge übersehen, wie leicht wird vor allem etwas falsch interpretiert und die Beobachtung fehlgelenkt.

Für Fortschritte auf diesem Gebiet taucht im Lehrer die Selbsterkenntnisfrage auf: Warum hast du etwas nicht gesehen, nicht sehen wollen? Warum hast du falsch interpretiert? Er wird dann auf einschränkende Kräfte, auf Beschränkungen bei sich selbst stoßen. Und er wird ein Prinzip entdecken, das alles Reinkarnations- oder Karmaverständnis durchdringt. Tatsächliches Verständnis auf diesem Gebiet entsteht nur durch umfassende Erkenntnistätigkeit. Innerer und äußerer Blick des Lehrers dürfen nichts ausblenden oder vernachlässigen. Das Ganze des Lebens muß in den Blick kommen. Man könnte das eine Art Umkreiserkenntnis nennen.

Ein weiterer Gedanke macht rasch klar, daß in nichts anderem eine Lösung dieser Aufgabe liegen kann. Studiert man Lebensläufe, stellt man rasch fest, daß darin ein stimmiges, kunstvolles Geflecht von Weisheit und liebevoller Fügung gewirkt ist. Jedes Teil ist für das Ganze bedeutsam und steht mit allen anderen Teilen in Beziehung. Dies gilt nicht nur für den einzelnen Menschen, sondern schließlich für die Gesamtmenschheit, Menschheitsentwicklung oder Erdentwicklung. Eine Erkenntnis dieses Umkreises erfordert eben Umkreiserkennen. Der gegenwärtige Mensch ist aber noch viel zu sehr Punktwesen, auf sich geworfen und mit sich beschäftigt, als daß er diese Art der Erkenntnis entwickeln würde. Seine persönlichen Erkenntnisgrenzen hindern ihn. Dadurch entsteht etwas, was als hygienisches Erkenntnisprinzip und als Haltung außerordentlich wichtig ist. Alles Karma besitzt eine gewisse Keuschheit. Das meiste Entscheidende entzieht sich noch der Betrachtung. Die wichtigsten Ereignisse werden verschlafen. Oft wacht der Mensch erst nachträglich zur Karmasensibilität auf. Diesen Umstand sollte er als Ansporn und Trost verstehen. Und nur das ehrliche Eingeständnis der gelebten Blindheit fördert die Durchdringung der Erfahrungen als Sehübung.

Lebensbilder – Lebensrätsel

Man muß für die Ereignisse des Lebens aufmerksam werden. Dazu dürfen die Erlebnisse weder verschlafen oder verpaßt noch lediglich verbraucht werden. Sie müssen vielmehr anteilnehmend besonnen aufgenommen werden. Das ist eine vielschichtige Aufgabe. Gegenläufige Strebungen müssen dabei in Einklang gebracht werden. So braucht man z.B. ein waches Anschauen der Geschehnisse, ohne durch kaltes Starren oder unempfindliches Glotzen sensible Schichten der Betrachtung zu übersehen. Man benötigt eine herzfühlende Anteilnahme, ohne sich und die Sache in Sentimentalität und subjektiver Befangenheit zu verlieren. Und man muß bei der Sache bleiben können, ohne sich im Vorgenommenen, im Etwas-Erkennen-Wollen zu verkrampfen. Das erfordert Übung.

Zu den wirksamsten Übungen gehört das Anschauen des Lebenslaufes. Dabei kann es sich als Vorübung durchaus um Biographien anderer Menschen handeln, mit denen man sich lesend beschäftigt. So gewinnt man vielleicht einen Blick für biographische Konstellationen, Brüche, überraschende Entwicklungen, Sprünge. Man verfolgt das organische Wachstum einer Lebensgestalt, bekommt ein Gefühl für abgeschlossene, erfüllte Entwicklungen und lernt sie von abgebrochenen, gestörten, tragischen zu unterscheiden. Zusammenhänge werden deutlich, das Geflecht wirksamer Faktoren erahnbar.

Nichts aber ist so wirksam wie das Durcharbeiten des eigenen Lebenslaufes. Ihn kennt man ja potentiell so gut wie keine andere Biographie. Details der Entwicklung, Entschlüsse, Wendungen, Motive könnten hier dem forschenden Blick offenliegen, die bei einem anderen Menschen unbekannt sind und für immer verborgen bleiben. Allerdings öffnen sich auch diese Tatsachen dem Betrachter nicht ohne weiteres. Er muß feststellen, daß es dabei allerlei Hindernisse zu überwinden gilt. Der Blick fällt neben freudigen Ereignissen auf Schmerzliches, Unliebsames, nicht zu Ertragendes. Verdrängungen, Täuschungen, Verweigerungen werden wirksam. Es wird deutlich, daß die eigene Biographie von ihrem Erkenntnispotential her zwar die besten Voraussetzungen enthält, dem forschenden Zugang aber nicht ohne weiteres offensteht. Die Betrachtung wird sofort vom Beschauen auf emotionale Reaktion und beurteilende Wertung gelenkt. Das Leben mit der eigenen Geschichte will erst gelernt sein. Dabei kommt es auf Fähigkeiten und Methoden an. Zu den Methoden gehört es, sich nicht zuviel für den Anfang vorzunehmen. Eine Lebens- und Bewußtseinsüberschau auf einen Schlag überfordert gemeinhin. Übende Annäherung in Etappen verspricht da mehr Aussicht auf Erfolg.

Tagesrückschau

Ein probater Anfang kann mit einer Tagesrückschau gemacht werden. Nicht das Leben als Ganzes, sondern ein einzelner Tag des Lebens wird dabei in den Blick genommen. Dabei sollte versucht werden, den verflossenen Tag innerhalb einiger Minuten möglichst umfassend und ereignistreu zu erinnern. In der Regel ergeben sich sofort Hindernisse über Hindernisse. Wo das Beschauen in wenigen ruhigen Minuten auf etwas Vergangenes, klar Umrissenes gehen soll, melden sich sofort alle möglichen ungebetenen Einfälle. Erinnerungen an das, was man eigentlich noch zu tun hätte, Pläne für den kommenden Tag und anderes treten ungebeten auf. Ihr Zurückdrängen bewirkt noch wenig. Erinnert man sich jetzt tatsächlich des morgendlichen Tagesbeginns, wird der weitere Verlauf schon bald wieder gestört. Denn irgendwann bleibt die Betrachtung hängen, weil etwas Bestimmtes aus den Ereignissen des Tages die Gefühle erregt und den Betrachter mitreißt. Der Überblick über das Ganze ist unterbrochen und vergessen.

So wird sichtbar, daß eine solche Übung ohne bestimmte Fähigkeiten nicht erfolgreich durchgeführt werden kann. Zu den notwendigen Voraussetzungen gehören vor allem Klarheit, Gelassenheit, Konsequenz, Beweglichkeit, Offenheit und Ausgewogenheit. Ein roter Faden muß erkannt und konsequent verfolgt werden können. Die Dinge, die in seinen Blick kommen, dürfen den Betrachter nicht aus dem Gleichgewicht bringen. Den mannigfaltigen Pfaden, die sich ihm zeigen, muß er in ihrer verwirrenden Vielfalt folgen können und durch unerwartete Erscheinungen beeindruckbar sein. Insgesamt benötigt er die genannten Fähigkeiten in harmonischem Gefüge, um Einseitigkeiten der Perspektive zu vermeiden. Der Tagesrückblick fordert Abstand in der Nähe, Gelassenheit im Engagement, Beweglichkeit in der Konsequenz, immer aber klaren Überblick. Das kann man besonnene Aufmerksamkeit nennen.

Methodisch sollte also versucht werden, einen einzigen Tag in einen klaren, das Ganze umfassenden, zeitlich begrenzten Rückblick von einigen Minuten zu bringen. Für das Anliegen, die besonderen Strukturen eines Lebenslaufes zu erkennen, bringt solche Art Übung jedoch noch nicht genug. Sie verdeckt noch zu leicht das meist Übersehene, nicht Erfaßte. Der sauber erinnerte Tagesablauf vom Morgen bis zum Abend besitzt zuviel Abbildcharakter, entspricht zu sehr der Erlebnisgewohnheit des just verstrichenen Zeitablaufes. Er gibt sein Geheimnis nicht preis.

Zur vollen Wirksamkeit gelangt die genannte Übung erst, wenn sie den vergangenen Tag nicht mehr vom Morgen bis zum Abend, sondern umgekehrt, vom Abend zum Morgen durchgeht. Dabei wird die Rückschau also rückläufig vorgenommen. Jeder Schritt zurück muß gegen Widerstände errungen werden. Zunächst fällt nicht ein, was vor dem letzten Ereignis gewesen war, dann reißt das erinnerte Erlebnis wieder zurück in den gewöhnlichen Zeitenstrom und verstrickt zugleich in Emotionen und Unterbrechungen. Eine freie Beweglichkeit rückwärts durch die Ereignisse des Tages wird nur allmählich gewonnen. Viel Übung gehört dazu. Denn vorher müssen elementare Aufgaben bewältigt sein wie das tägliche Zeit-Finden für so etwas und das Üben über einen längeren Zeitraum hin. Einmaligkeit oder loses Probieren ab und zu bringen nämlich gewöhnlich nicht viel. Aber selbst wenn das eingehalten wird, sind die Schwierigkeiten noch nicht erschöpft. Jetzt beginnt das Ringen um Aufmerksamkeit. Immer wieder treten innere Ablenkungen auf. Gelingt es jedoch, bei der Sache zu bleiben, entwickeln die Einzelheiten plötzlich einen gewaltigen Sog. Sie fesseln und lassen den Gang durch das ganze Geschehen nicht zu. Diese Erfahrungen können Verärgerung, Verzagtheit und Unwillen hervorrufen. Zuletzt droht Ermüdung. In all diesen Kämpfen geht es darum, einen Ablauf von Ereignissen rückläufig vorzustellen, die Verabschiedung von einem bestimmten Menschen, das vorangegangene Gespräch und die einleitende Begrüßung in dieser Reihenfolge als einen unverkrampften, flüssigen Vorgang durchschreiten zu können. Stellen sich Erfolge ein, wird das Verhältnis zur gelebten Zeit plötzlich ein anderes. Der Tageslauf mit seiner unerbittlich verstrichenen Konsequenz lockert sich, wird weicher und läßt Raum zum Atmen, er wird durchlässig. Zugleich lösen sich die scheinbaren Selbstverständlichkeiten auf. Man entdeckt, daß der Tag gar nicht nur so und nicht anders hätte verlaufen können. Übersehene Schlüsselereignisse werden sichtbar. Die Begegnung mit einem bestimmten Menschen, unerwartete Konstellationen mit ihren wirksamen Impulsen lassen sich entdecken. Auch entpuppen sich scheinbare Zufälle u.U. als konsequente Vorgänge, die nur in ihrer Anbahnung übersehen wurden. Man wird aufmerksam für Überraschungen, unvorhergesehene Wendungen, Ursachen. Der Tag wird transparent. Sein Geschehen zeigt sich als ein organischer Ablauf voll lebendiger Struktur, die mit der eigenen Individualität zu tun hat. Man entdeckt sich selbst in der Physiognomie der Ereignisse, Abläufe und Zusammenhänge.

Wird diese Übung häufig genug gemacht, erwacht ein zartes Erleben an der Begegnung mit der eigenen Lebenszeit: Die Ereignisse gehören zu mir. Was mich trifft, ist Ausdruck meines eigenen Wesens. Die Zukunft meiner Lebensereignisse ist auch meine Vergangenheit. Und meine Vergangenheit schafft mir die Arrangements, welche zu mir gehören, um mir Handlungs- und Gestaltungsräume zu schenken, damit ich Zukunft gestalten kann.

Das alles will aber entdeckt werden. Und es verbirgt sich als keusches Geheimnis hinter dem Vorhang des gewöhnlichen Blickes auf die Welt. Der Vorhang möchte und kann bewegt werden.

Der Tagesrückblick ist hier Vorbereitung für den Blick auf das ganze Leben. Er schafft die Voraussetzungen, um auch diese größere Aufgabe in Angriff nehmen zu können.

Lebensrückschau

Beim ganzen Lebenslauf ist nicht nur der Zeitraum vergrößert. Auch die Qualität des Betrachteten verändert sich. Der einzelne Tag mutet vorläufig und noch wenig festlegend an. Morgen kann doch alles schon wieder ganz anders aussehen. Heutige Versäumnisse lassen sich in der Regel am folgenden Tag nachholen, Mißlungenes kann nachgebessert werden. Beim Lebenslauf ist das anders. Er enthält die Gesamtheit des Gewordenen seit seinem Beginn. Was sich da entwickelt hat, kann nicht einfach verändert oder rückgängig gemacht werden. Es muß ertragen werden. Das ist deshalb nicht leicht, weil das gelebte Leben erst im Rückblick bewußt wird. In der Rückschau begegne ich irgendwann der Wirklichkeit meiner selbst in ihrer Tatsächlichkeit. Und diese Begegnung ist womöglich ganz anders als das Bild, das ich im Laufe meines Lebens als Illusion von mir geschaffen habe. Die ist im allgemeinen liebenswürdiger, tüchtiger, kurzum: bewunderungswürdiger als die zu entdeckende Realität. Daher kann man auch erst bei einer bewußt ergriffenen Biographie vom Tragen bzw. Ertragen des Lebens sprechen.

Wieder können kleine Schritte diesen Weg bahnen helfen. Man kann an Ereignisse denken, die einem auf dem Lebensweg schwer, mißlich oder hindernd erschienen sind. Mir ist da z.B. ein Ereignis aus dem Frühling des Jahres 1967 in Erinnerung. Es waren die Tage der Abiturprüfung. Ich war alles andere als ein glänzender Schüler gewesen. Meine Lehrer waren vermutlich genauso froh, mich von der Schule gehen zu sehen, wie ich froh war zu gehen. Diese Schule war ein unsäglich düsteres Gymnasium alten Zuschnitts, das erst durch die bald einsetzende Jugendrebellion in das 20. Jahrhundert gerissen wurde. Noch Anfang der sechziger Jahre wurde die «richtige» Nationalhymne in allen drei Strophen im Geschichtsunterricht gelernt, und der Klassenbetreuer kam eines Tages jubelnd ins Klassenzimmer, um eine grau in grau getönte Doppelseite der «Bunten Illustrierten» hochzuhalten: «Seht her Jungs – das bin ich!» Erkennen konnte man nichts. Es erinnerte irgendwie an die Schlammwüsten von Überflutungsgebieten. Er beteuerte aber, darauf in einem Schützenloch vor Stalingrad abgebildet zu sein.

In der allerletzten Zeit vor dem Schulende hatte ich dann allerdings doch einen modus vivendi gefunden. Man konnte zurechtkommen, wenn die Schulinhalte mit den Gegenständen des eigenen

Interesses übereinstimmten. Das hatte zuletzt eigenartigerweise zugenommen. Vermutlich wurden die Schüler mit nahender «Reife»-Prüfung würdig befunden, von Stofflektionen und Fachetüden zu Lebensfragen aufzusteigen.

Die Schule war für damalige Verhältnisse mit ihrer Dreizügigkeit ziemlich groß. Daraus ergab sich eine ziemlich komplizierte Verteilung der Prüfungen in den verschiedenen Klassen auf eine Anzahl von Tagen hin. Wenn wir nicht auf dem Plan standen, bereiteten wir uns entweder irgendwo auf irgendetwas vor, oder wir leisteten den Mitschülern seelischen Beistand. An so einem Tag schlenderte ich dienstbereit über den Flur mit den Examensräumen, als Herr Woschinski vom anderen Ende her auftauchte. Herr Woschinski war der Lehrer für Gemeinschaftskunde, ein Fach, das erst seit wenigen Jahren und mit großem Aufwand betrieben wurde. Es enthielt Elemente von Geographie, Geschichte, Soziologie und Politologie, wurde zeitweilig sogar in Teamteaching unterrichtet und hatte bezüglich der Aufgabe politischer Erziehung in Deutschland nach 1945 einen hohen Stellenwert. (Daran konnten selbst die Stalingrader Reminiszenzen offensichtlich nichts ändern.) Jedenfalls war Gemeinschaftskunde mein Fach. Auch für meine Berufsentscheidung spielte es eine große Rolle. Es sollte meinen Notendurchschnitt auf ein Niveau bringen, daß die einzige Numerus clausus-Hürde der damaligen Zeit für mich kein Hindernis darstellte. Daher stieg beim Herannahen von Herrn Woschinski eine zarte Erregung in mir auf. Er kam auch ganz zielstrebig auf mich zu. Herr Woschinski unterrichtete noch nicht lange an der Schule. Erst vor einigen Jahren war er aus der DDR in den Westen geflüchtet, hatte die notwendigen Ausbildungsergänzungen und Überprüfungen absolviert und sich als fleißiger Lehrer gezeigt. Jetzt strahlte er mich mit einem leisen Unterton des Bedauerns an. Seine gewohnte Jovialität wirkte ein wenig ramponiert: «Mensch, Hartwig, als ich gestern die Gemeinschaftskundeprüfungen in der Parallelklasse erlebt habe, dachte ich, daß ich Ihnen doch eine Eins hätte geben sollen! Was die gezeigt haben, hätten Sie mit dem kleinen Finger gebracht.» Das war ja irgendwie ein ganz nettes Kompliment. Eine Zwei war auch nicht schlecht. Für meinen Durchschnitt jedoch bedeutete es eine Katastrophe. Ich brauchte eine Eins und nichts anderes. Der sofortige Beginn eines von mir angestrebten Medizinstudiums war damit verpfuscht, meine Enttäuschung, Wut und Schmerz entsprechend groß. In den nächsten Tagen zeigte sich, daß ich von allen mündlichen Prüfungen befreit war.

Nach dem Ende der Schulzeit machte ich dann zunächst ein Praktikum in einem Krankenhaus. Ich wollte den Wunsch nach der Medizin überprüfen und von der Praxis her mich vorbereiten. Dabei zeigte sich bereits nach einigen Wochen, daß die Sache mich keineswegs so fesselte, wie ich es mir zuvor ausgemalt hatte. Sehr viel länger hielt sich die Wut auf Herrn Woschinski, durch dessen Feigheit mir meine Zukunft verbaut zu sein schien, hatte er doch aufgrund seiner DDR-Vergangenheit offensichtlich defensiv benotet, um selber nicht in Verlegenheit zu geraten.

Herr Woschinski hatte mir also offensichtlich geschadet. Er hätte sich aber selbstverständlich souverän, gerecht und über alle Zweifel erhaben zeigen müssen.

In bezug auf meinen Lebenslauf zeigt sich die Sache aus dem Abstand einiger Jahrzehnte ganz anders. Ich kann nicht sagen, daß ich über die Folgen von Herrn Woschinskis Tun heute unglücklich wäre. Ganz im Gegenteil! Nur durch ihn bin ich auf andere Überlegungen und Entscheidungen gelenkt worden, als sie mir damals vorschwebten. Und die Folgen dieser Überlegungen waren außerordentlich gut für mich. Nur dadurch war ich letzten Endes bereit, mich auf einen Beruf einzulassen, der mir aufgrund meiner Schulerfahrungen vollkommen ausgeschlossen erschien – Lehrer. Und dieser Beruf hat mich schließlich ganz erfüllt. Ich erlebe ihn als *meinen* Beruf. Es bleibt festzuhalten, daß durch mich die mir entsprechende Entscheidung nicht getroffen worden wäre. Dazu brauchte es Herrn Woschinski. Ihm, seiner Bangigkeit und deren Folgen verdanke ich die richtige Entscheidung. Ich in meiner Selbstgerechtigkeit hätte mir nur geschadet. Das vermeintlich

Schwere, das Leid, die Behinderung erweisen sich bei intensiver Betrachtung als Hilfe, Glück und Förderung. Daher hat sich auch mein Verhältnis zu Herrn Woschinski längst verändert. Aus Vorwurf wurde Dankbarkeit. Für den Rückblick auf den Lebenslauf bringen solche Versuche wichtige Entdeckungen. Das Geschehen wird klarer, übersehene Schichten der Wirklichkeit werden sichtbar. Als besonders fruchtbar können sich dabei gerade Behinderungen, Schmerzliches, Widerstände erweisen. In ihrer Bedeutung für das Leben ergeben sich dabei unter Umständen überraschende Wirkungen. Unter der Oberfläche des aktuellen Geschehens und Erlebens vollzieht sich noch etwas anderes, und dieses andere ist positiv und hilfreich. Nach solchen Entdeckungen verändert sich das Verhältnis zur eigenen Biographie. Das Ertragen des Lebens mit seinen schweren Erlebnissen und Prüfungen wird leichter. Sie zeigen sich als Anregung und Entwicklungshilfe. Man ist dankbar für Wendungen, die man *selbst nicht besser hätte ersinnen können*, und eine Substanz von Versöhnung entsteht.

Das Geheimnis der Biographie

Solche Erfahrungen rufen die Frage danach auf, was Biographie eigentlich ist. Das Wort birgt eine schöne innere Anschaulichkeit. Aus dem Griechischen kommend, enthält es die zwei Bedeutungselemente von Leben und Schrift. Häufig wird das Wort gebraucht im Sinne von Lebensbeschreibung. Dann meint es die von einem Schriftsteller ins Wort gebrachte Lebensgeschichte. Bei der Autobiographie ist es nicht anders. Bei ihr stimmen Schriftsteller und Beschriebener mehr oder weniger überein. Es ist aber keine schriftstellerische Dokumentation nötig, um eine Biographie zu haben – jeder hat sie. Es macht geradezu den Menschen aus, ein biographisches Wesen zu sein. Biographie ist nicht bloß Lebensbeschreibung, dieser Aspekt ist viel zu eingeschränkt, passiv und elitär.

Biographie ist Lebensschrift, das durch das Leben Geschriebene. Wer aber schreibt alle diese undokumentierten Biographien, und wohin werden sie geschrieben? Geschrieben werden Biographien in die Welt. Ihre Spuren hinterlassen sie dort als Taten, die in das Leben, in die Entwicklung der Welt eingehen. Sie sind dort ebenso unauslöschbar eingetragen wie alles Geschehen in ihr. Sie werden Bestandteil der allgemeinen Entwicklung und wirken dort weiter fort. Damit dokumentiert das Leben selber alle Lebensläufe. Das Entziffern und Lesen dieser verborgenen, zarten Schrift ist allerdings schwierig. Wirklich ist sie aber allemal.

Wer ist der Schreiber? Niemand anderes als der Lebende, Handelnde selbst! Er schreibt seine Geschichte in die Welt, die Geschichte der Welt gleichzeitig mitschreibend. Der Lebenslauf enthält in einer verborgenen Weise den Schreibenden selbst, jedoch, wie wir gesehen haben, in einer häufig paradoxen Art. Denn entscheidende Situationen des Lebens enthüllen sich uns erst später in ihrer Sinnhaftigkeit und Bedeutung. Wir wechseln von Ablehnung zur Zustimmung, weil wir allmählich erst Belehrte werden. Dann verstehen wir ein früheres Ungemach als glückliches Geschehen, ein scheinbares Hemmnis als Förderung, die wir *selbst nicht besser hätten ersinnen können*. Waren wir dann aber selbst der Verfasser unserer Biographie? Wir entdecken, daß wir gleichsam zwei Schriftsteller in uns tragen. Der eine ist zuständig für Triviales, in dem er sich verstrickt und wohlfühlt. Der andere behält den Überblick, achtet auf die Gesamtperspektive und verliert die höheren Ziele nicht aus den Augen. Ohne Zweifel sind aber beide Schriftsteller wir selbst. Gewöhnlich bezeichnen wir die zentrale Instanz unserer Lebensführung als «Ich». Jetzt entdecken wir, daß es zwei solcher «Ich» in uns gibt. Ein gewöhnliches Ich, agierend und sich verstrickend im Täglich-Alltäglichen, und ein höheres Ich, welches auf das achtet, was uns wirklich um unserer Fortentwicklung willen nottut, und das eingreift, um diese Entwicklung zu sichern. Das niedere Ich ist uns ständig zur Verfügung, das höhere Ich bemerken wir in seiner

Wirksamkeit selten genug. Bringen wir das niedere Ich in Übereinstimmung mit dem höheren, erleben wir Versöhnung und Sinn.

Man kann seinem ganzen Leben so nachspüren, entscheidende Erlebnisse, Schlüsselsituationen, Begegnungen und Weichenstellungen untersuchen. Da zeigt sich nicht nur die Bedeutung der Einzelsituation, vielmehr wird ein Geflecht sichtbar. Das einzelne Geschehen gewinnt ja seinen Sinn erst im Verlauf des ganzen Lebens. Im Lebensüberblick wird ein großer Zusammenhang von Ereignissen als zielvoll aufgebaute Ereignisstruktur auffindbar. Jede Einzelheit hängt mit allen anderen zusammen. Untersucht man eine Einzelheit, stößt man auf viele vorangehende Ereignisse, welche die untersuchte Situation erst ermöglicht haben. Damit zeigt sich dieser Zusammenhang nicht nur als räumliches Geschehen von physikalischer Nähe und Ferne. Er erweist sich zugleich als ein Zeitorganismus, der durch das richtige «Timing» die jeweiligen Begegnungen und Geschehnisse ermöglicht.

Ein junger Kollege hängt uns eines Tages eine etwas ungewöhnliche Hochzeitsanzeige ins Lehrerzimmer. Darauf waren zwei Flüsse abgebildet. Der eine hieß Konrad und entsprang Mitte der fünfziger Jahre; der andere Bettina und war nicht viel jünger. Obwohl die Quellorte nicht allzu fern voneinander lagen, flossen die jungen Bäche doch bald in ganz verschiedene Himmelsrichtungen auseinander. Sie entwickelten sich zu strömenden Flüssen. Jeder hatte eine Fülle an Abenteuern zu bestehen, Wasserfälle, Stromschnellen und Schluchten waren zu meistern. Sie erfuhren Zuflüsse und wuchsen fortwährend. Jeder der beiden Flüsse erhielt durch dieses oder jenes Vorkommnis bestimmte Anregungen, sein Flußbett zu verändern. Es entstanden Altarme und Verlandungen. Allmählich lenkten sie die Strömung entschieden von der Quellrichtung fort. Zuletzt waren sie sich recht nah gekommen und kündigten an, sich an einem Sonntag in wenigen Wochen ganz vereinen zu wollen.

Dieses Bild entspricht einer realen Beobachtung. Die Schrift des Lebens ergibt einen lebendig fließenden Zusammenhang, der weitverzweigt in Beziehung zu vielen Orten, Menschen und Ereignissen steht. Dieser Zusammenhang ist kein fremdes Arrangement und keine Gastinszenierung. Es ist unser Leben mit all seinen intimen Wendungen, Bezügen, Aufgaben und Notwendigkeiten. So lernen wir unser Leben bis zur Geburt hin kennen. Aber auch Flüsse entspringen nicht aus dem Nichts. Ihr Quellwasser sammelt sich auf verborgene Weise und empfängt den speisenden Zustrom aus der in eine andere Dimension transponierten Feuchte. Regen und Dürre, Sand und Gestein sind die Begabungen oder Schwächen der Flüsse. Der Mensch findet sich mit seinem Begabungsgefüge in die Geburt transponiert. Was ihm von daher zukommt, ist sein. Er bringt sich die Voraussetzungen seines Lebensweges mit. Sie stellen Bedingungen dar, mit und aus denen er dann seine weitere Biographie zu schreiben beginnt. Das Einmalige dieses Schreibens ist, daß nichts festliegt. An allem kann noch gestaltet werden. Das ist der große Vorzug gegenüber von Literaten verfaßten Lebensbildern. Sie müssen schreiben über das, was war. Der Mensch als Autor seines Lebens kann über das schreiben, was wird. So beweist er sich als wahrhaft Schaffender. Darin liegt Freiheit, echte Autorenschaft.

Pädagogische Konsequenz

Studienarbeit an Biographien ist kein Selbstzweck. Sie bedeutet für den Beruf des Lehrers viel. Die ganze Komplexität einer kindlichen Lebenssituation kann ihm dadurch deutlicher werden. Er lernt Fragen, die das kindliche Wesen an ihn heranträgt, zu akzeptieren. Dinge, die er an einem Kind noch nicht versteht, wird er nicht einfach weginterpretieren oder verdrängen wollen. Er weiß, daß alles zum Kind gehört, Herausforderungen darstellt und berücksichtigt werden will. Dadurch kann er ein bewußteres, klareres Bild von dem eigenen Auftrag als Erzieher bekommen. Schließlich hängt der mit den Entwicklungsaufgaben des Kindes zusammen. Die Aufgaben des Kindes zeigen sich als Probleme und Begabungen. Dabei gibt es keineswegs allein positive Begabungen. Begabung ist nicht bloß, wenn man für eine Tätigkeit besonders gut geeignet ist. Begabung ist auch, wenn sich etwas als Manko, fehlende Eignung herausstellt. Nur ist das eben negative Begabung. Blickt man so auf den Menschen, erweist sich jeder als reich begabt.

Dieser Blick klärt über die erzieherischen Aufgaben auf. Es wäre unsinnig, immerfort auf die positiven Begabungen zu setzen. Erziehung kann nicht Förderung des schon Gekonnten bedeuten. Dann würden sich die negativen Begabungen ebenso ständig steigern, wie die positiven zum Ruhekissen würden. Bequeme Wege bedeuten für die Entwicklung jedoch nicht selten Stillstand. Die Komplexität der Begabungen gehört zum Kind und will gesehen werden. Der Erzieher muß einen Weg finden, wie sich mit Hilfe der Stärken an den Schwächen arbeiten läßt. Denn gerade die Überwindung der Schwächen stellt ja zumeist die lohnendsten Entwicklungsaufgaben der Biographie dar.

Wir müssen akzeptieren lernen, daß alles zum Kind gehört. Sein So-Sein, seine Begabungen, seine Eltern, sein Milieu, sein Lebensraum und seine Zeit. Das macht die Disposition des Kindes aus. Wir müssen es annehmen, die Aufgaben verstehen lernen, Entwicklungsraum lassen, Anregungen geben. Dann ergreifen wir zugleich die realen Chancen zur Veränderung. Schicksal ist nichts Unveränderliches, aber erst durch Karmaerkenntnis kommen wir in die Lage, Schicksal weiterzugestalten und verändern zu können.

Zu dem Schicksal des Kindes gehört auch der Lehrer. Die Frage, was er mit dem Kind zu tun hat, wird ihn nicht nur als Selbsterkenntnisaufgabe beschäftigen. Sie regt ein Bewußtwerden der Bedingungen und Voraussetzungen des Lehrer-Schüler-Verhältnisses an, das für die Entwicklung eines Kindes unausweichlich von großer Bedeutung ist. Nicht immer bahnen sich die Beziehungen so freundlich an wie bei Roswitha.

Roswitha Homann

Der erste Tag als Berufsanfänger hat etwas Apokalyptisches, Himmel und Hölle stehen gleichermaßen offen. Der Lehrerberuf aus Leidenschaft läßt den Beginn als großes Fest im Range von Geburtstag oder Hochzeit erscheinen. Die unvermeidlichen Ängste und Verantwortungsbürden fügen den euphorischen Weißtönen jedoch die notwendigen Schattierungen hinzu.

Der erste Tag spielt sich hauptsächlich in der Aula ab. Zur Einschulung der Erstkläßler findet dort die große Feier der Schulgemeinschaft statt. Viele Hunderte Menschen, Schüler, Lehrer, Eltern und Verwandte, strömen durch das enge Treppenhaus in den Dachsaal. Für den einsamen Anfänger, der sich linkisch und verlegen am obersten Treppenabsatz herumdrückt, ist da kein Beistand möglich. Er muß sehen, wie er sich schließlich irgendwann irgendwie am richtigen Platz einfindet. Der Menschenstrom, der sich wie ein Sturzbach an ihm vorbei ergießt, ist ihm erschreckend fremd. Beim Anblick von Erwachsenen, welche die Treppe heraufkommen, achtet er darauf, ob sie ihm vom ersten Elternabend zwei Tage zuvor als Mitglieder seiner Klassenelternschaft in Erinnerung geblieben sind. Schließlich war das der Beginn einer auf acht Jahre angelegten Zusammenarbeit. Vorerst kann er jedoch nur hoffen, daß diese Ereignisse, in denen jeder außer ihm seinen genauen Teil zu kennen und einzunehmen scheint, irgendwann beendet sein und auch er das Seinige dann beigetragen haben wird. Aber bis dahin: das reine Inferno!

Wieder tauchen auf den Stufen einige Erwachsene auf. Ihre Anwesenheit auf dem ersten Elternabend hat sich dem Novizen stark eingeprägt. Als es um die Einwilligung der Elternschaft zur Anschaffung bestimmter Blockflöten ging, rettete der Vater die Situation, indem er vorschlug, die Angelegenheit argumentativ gründlich vorbereitet zu einem anderen Zeitpunkt noch einmal zu beraten, und half so, eine kurzschlüssige Entscheidung zu vermeiden. Diese Eltern sind nun also, umgeben von einer lockeren Schar junger Kinder, auf dem Weg in die Aula. Zwischen ihnen spielt sich ein kurzer Dialog ab, Blicke, Fragen, ein kurzes Nicken. Dann schießt ein kleines, rundbäckiges Mädchen mit großem Gesicht, dunklen Locken und fliegenden Kleidern die Treppe herauf, nimmt noch ein paar Schritte Anlauf und springt dem Lehrer um den Hals. Dort sitzt sie nun auf seinen Armen, strahlt, herzt ihn, vergewissert sich bei den herannahenden Eltern noch einmal, daß es sich tatsächlich um den künftigen Klassenlehrer handelt, und leistet ihm Gesellschaft und seelischen Beistand. Der gräßliche Schlund der Leere ist zugeschüttet, die Arbeit hat unversehens begonnen, jetzt kann sich die Hochzeit vollziehen. Die Feier nimmt ihren Lauf.

Kindlicher Umkreis

Roswitha Homann ist das jüngste von vier Kindern. Sie hat zwei Schwestern und einen Bruder, den ältesten in der Geschwisterreihe. Die älteren gelten als die Klugen in der Familie. Jeder zeigt seine Stärken auf markante Weise. Der eine ist lernstark, die andere folgsam und aufnahmefähig zugleich, die dritte lebhaft und aufgeweckt. «Röschen» hingegen gilt als das gemütsstarke Dummchen in der Familie. Sie nimmt an allem mit starken Gemütsregungen Anteil. Dabei ist sie ihrer Umgebung nicht ganz verständlich oder kalkulierbar. Ihre seelische Stimmungslage scheint etwas anders als bei dem Rest der Familie zu sein. Sie reagiert zuweilen heftig, immer eigenwillig und entschieden. Zugleich verfügt sie jedoch auch über eine bezaubernde Sanftmut, unverbrüchliche Zuverlässigkeit und Treue. Auf Roswitha ist immer Verlaß. Einen Bruch von Versprechungen würde sie mit ihrem Gewissen nicht vereinbaren können.

Ein besonderes Verhältnis verbindet Roswitha mit ihrer Klassenkameradin Esther-Mareile Hagner. Sie haben schon vor der Einschulung nahezu ein geschwisterliches Verhältnis zueinander entwickelt. Esthers Mutter ist selber Lehrerin an der Schule, noch dazu die Klassenlehrerin der älteren Schwester von Roswitha. Besondere pädagogische und soziale Fähigkeiten haben Frau Hagner die bewundernde Zuneigung von Roswithas Eltern eingetragen. Daher haben Homanns gern eine gewisse Hilfeleistung für Frau Hagner übernommen. Berufstätigkeit und die Versorgung eines noch jungen Kindes lassen sich nicht immer leicht miteinander vereinbaren. Die beiden Mädchen verbringen also viel Zeit miteinander, und Esther-Mareile schläft häufiger bei Roswitha.

Die beiden sind ein eigentümliches Paar. Sie könnten jederzeit als Geschwister durchgehen. Sie verfügen über starke Kindheitskräfte, sind pausbäckig, phantasievoll, verhalten sich Erwachsenen gegenüber ehrfürchtig und stecken voller Tatendrang. Sie lassen sich leicht anregen und bemühen sich in ihrer Tätigkeit immer um ein tadelloses Ergebnis. Esther-Mareile genießt die Nähe von Roswitha. Deren warme Gemütskräfte und lebenstrotzende Fülle bilden für ihren stark ausgebildeten Hang zur Reflektion einen wohltuenden Ausgleich. Damit stellt sie den wirksamsten Schutz gegen bestimmte Ängste dar, die Esther immer wieder beunruhigen.

Wesensäußerung

In allen Lebensregungen zeichnet sich Roswitha durch eine starke Unbefangenheit aus. Weder beobachtet sie sich selbst in ihrem Tun noch kalkuliert sie dessen Wirkungen. Von ihren Arbeitsergebnissen ist sie überrascht, vor allem, wenn sie Lob der Lehrer hervorrufen. Dann freut sie sich in einer anmutigen Verlegenheit. Ihr Verhalten ist weniger als naiv zu bezeichnen als vielmehr rein und unschuldig. Sie besitzt eine eigentümliche Bescheidenheit, die bewirkt, daß sie im Hintergrund bleiben, auf jeden Fall nicht in den Blickpunkt gezerrt weden möchte. Forderungen stellt sie nie. Wenn etwas in der Klasse ausgeteilt wird, wartet sie, bis sie an der Reihe ist. Wenn es nicht für alle reicht, ist sie am ehesten bereit, zugunsten anderer zu verzichten.

Roswithas Stimme hat eine eigentümliche Färbung, warm klingend und seelisch stark moduliert. Dabei ist eine zart mitschwingende Erregung zu spüren, und vor allem klingt sie immer ein wenig belegt und gedrängt. Die Stimme ist der klangliche Ausdruck ihrer ausgeprägten Bescheidenheit. Zugleich ist sie ein Hinweis auf den inneren Reichtum dieses Mädchens, der in Unbefangenheit leben und sich entwickeln möchte.

Ihre Epochenhefte sind meist etwas schwerer als die ihrer Klassenkameraden und auch etwas dicker. Das liegt an der Art der Illustrationen, die sie ausführt. Ihr Wachsbuntstiftarsenal ist als erstes in der Klasse verbraucht. Die Farbe ist dem Papier wie aufgespachtelt, wobei durchaus Millimeterstärken erreicht werden. Die Bilder besitzen dann eine strahlende Leuchtkraft und glühen dem Betrachter entgegen. Sie liebt die Glanzfarben Rot, Blau und Gelb. Alles, was einen erdigen oder schmutzigen Eindruck macht, verwendet sie nur, insoweit es notwendig ist.

Roswithas Bewegungen sind kraftvoll und schnell, tragen zugleich jedoch einen Zug von Unbeholfenheit. Im Spiel liebt sie es, mit den anderen zu toben. Dabei kennt sie keinen Unterschied von Jungen und Mädchen. Wenngleich ihr das Spiel mit den Mädchen vertrauter und angenehmer ist, hat sie sich doch bald den Respekt auch der größten Raufbolde erworben. Im Zweifelsfall läßt sie sich nämlich nichts gefallen und verteidigt energisch ihre Sache. Dabei zieht mancher Gernegroß den Kürzeren.

Ihr Name erfährt im Laufe der Zeit manche Modifikation. Zum Taufnamen tritt bald das auch in der Familie schon gebrauchte «Röschen». Das wird situationsbedingt zuweilen zur «Rose», neben der sich das «Röschen» jedoch jahrelang hält. Schließlich kommt noch «Rößchen» oder etwas heftiger «Rosse» hinzu. Nach Bedarf kann so jeweils ein bestimmter Zug ihres Wesens aufgerufen werden.

Das Elternhaus

Roswitha lebt in einem Elternhaus mit stark prägender familiärer Kraft. Der Vater ist als Lehrer berufstätig und gerade Schulleiter eines Gymnasiums geworden. Die Mutter kümmert sich mit großem Engagement ausschließlich um den häuslichen Bereich. Die beiden blicken auf keine einfache Lebensentwicklung zurück. Sie mußten sich alles hart erarbeiten. Beide stammten aus den weniger angesehenen Zweigen ihrer Familien. Ihre Eheschließung wurde nicht gutgeheißen. Sie mußten sich gegen Vorurteile und Beeinflussung zur Wehr setzen. So waren sie immer gefordert, ihren Intentionen auf sich selbst gestellt zu folgen. Das führte in manche schwierige Lebenssituation und stärkte die Willenskräfte. Zugleich ließ es auch einen gewissen herben Zug der Genugtuung über das Erreichte entstehen. Die jüngste Tochter ist so etwas wie die Erlösung von diesen Schicksalsaufgaben. Während die älteren Geschwister alle auf ihre Vorbereitung für den bevorstehenden Lebenskampf beobachtet werden, genießt Roswitha eine Ausnahmestellung. Sie ist einerseits Nesthäkchen (obwohl sich später herausstellt, daß sie dem «Nest» relativ früh ade sagt), andererseits in ihrer kindlichen Unbefangenheit und Unbekümmertheit so sehr aller kalkulierenden Sorge fremd, daß die Eltern sie als einen verwunderlichen Sonderfall erleben. Der Klassenlehrer wird mit ihnen kaum je über die Erfolgschancen ihrer Schul- und Lebenslaufbahn sprechen müssen, obwohl das etwas ist, was Mutter und Vater für gewöhnlich sehr beschäftigt. Wenn bei Roswitha eine im bürgerlichen Sinne gehobene Karriere entstünde, wäre das für die Eltern jedenfalls sehr überraschend.

Für die Schule setzen sich beide sehr ein. Der Vater ist Mitglied im Schulvereinsvorstand und begleitet die Schule in dem größten Investitionsvorhaben ihrer Geschichte. Es geht dabei um einen neuen Schulstandort und ein beträchtliches Finanzvolumen. Seiner Vertrauenswürdigkeit, seinem nüchternen Blick, vor allem aber seinem unermüdlichem Einsatz ist zu verdanken, daß dieses Projekt schließlich Wirklichkeit wird.

Auch Frau Homann ist in besonderer Weise mit der Schule verbunden. Ihre vor kurzem an einem überraschend aufgetretenen Krebsleiden verstorbene Halbschwester war dort Klassenlehrerin und galt als einer der Glanzpunkte des Kollegiums. Aus den erwähnten biographischen Umständen beruft sich Frau Homann jedoch fast nie auf diese besondere Beziehung, obgleich sie ihre Schwester sehr bewundert hat. Vielmehr arbeitet Frau Homann überall dort mit, wo es sich aus ihrer Tätigkeit als Mutter und Haushaltvorstand ergibt. So schreckt sie auch vor größeren Kochaktionen in der Schulküche nicht zurück, um in der Bauphase beträchtliche Menschengruppen zu versorgen.

Roswitha bezieht aus dem großen Engagement ihrer Eltern keinerlei gesteigertes Selbstbewußtsein, sondern freut sich, daß sie mit der Schule, in der sie sich selbst außerordentlich wohl fühlt, ebenfalls innig verbunden sind. Im übrigen wäre ihr alles Auffällige peinlich, sie macht darum also nichts her und möchte von ihren Eltern, daß sie sich unauffällig verhalten. Das setzt den Kochkünsten ihrer Mutter hohe Anforderungen.

Das Rätsel

Aus dem Miterleben dieser kindlichen Lebenskonstellation können sich eine Reihe von Fragen ergeben. Solche Fragen treten jedoch nicht unbedingt in der wachen, klar bewußten Form auf, in der Fragen sonst gewöhnlich formuliert werden. Eher gefühlsartig, in einer ahnenden Weise stellen sich die Rätselfragen einer biographischen Figur dem Erzieher. Bezeichnenderweise drängen diese Fragen beim Auftreten nicht in die Vergangenheit des betreffenden Kindes. Dahin geht das erste Interesse des Lehrers nicht. Das in ihm auftauchende ahnende Fühlen fragt vielmehr: «Wohin? Was strebt dieses Kind in seinem Leben an? Was will es?» Als Erzieher möchte er sich mit den tieferen, noch weitgehend verborgenen Intentionen des werdenden Menschen verbünden. Auf einer wachintellektuellen Ebene kann sich dieses Verbünden schon deshalb nicht abspielen, weil eine Kommunikation auf dieser Ebene zwischen Kind und Erwachsenem in der ersten Zeit der kindlichen Entwicklung nicht möglich wäre. Außerdem ist sehr fraglich, ob sich die tieferen

Schichten der Lebensintentionen überhaupt in einer oberflächlich intellektuellen Weise erfassen ließen. Ein sensibles Karma-Ertasten führt daher nicht, wie manche befürchten, zu einer spekulativen Neugierde auf vergangene Inkarnationen. Es bemüht sich zunächst darum, die Nähe zum inneren Strom der Biographie zu finden.

In Roswithas Fall trat dem Lehrer mit besonderer Kraft die merkwürdige Mischung aus einerseits individuellen und andererseits gruppenhaft geprägten Zügen entgegen. Ihre starken Gewissenskräfte, die sich gegen Beeinflussung von außen und wem auch immer vehement zu wehren wußten, ihre Eigenwilligkeit und der ausgeprägte Zug, aus einem inneren Zentrum zu leben, wiesen auf eine stark wirkende Individualität. Auf der anderen Seite zeigte sich das Heranwachsen in einem familiären Zusammenhang von energischer Formkraft, der so viel Wert auf bürgerliche Tüchtigkeit legte und eine ziemlich festgelegte Vorstellung ihrer Begabungen und Fähigkeiten hatte.

Die einschränkende Einschätzung von Roswithas Begabungen konnte der Klassenlehrer nicht teilen. Sie erschien ihm als ein besonders strahlender, in seinen Lebensimpulsen kraftvoller Mensch, der seine Bahn gehen könne. Die Erziehungsaufgabe schien ihm vor allem darin zu liegen, die menschlichen Kräfte, welche in ihrer reinen Kindlichkeit lagen, nicht beeinträchtigen und im Einklang damit auch ihre unegoistische Willensstärke nicht schmälern zu lassen. Alles andere würde sich schon finden. In dem Bild ihrer Persönlichkeit schien etwas zu liegen, das auf energische Individualisierung angelegt war. Das Eigentümliche war, daß gerade in der auf starke Gemeinschaftsbande angelegten Familie diese Individualisierung stärkende Kräfte erfuhr. Das Kind brachte etwas Eigenes in das Leben hinein und fand sich in einer Gruppe, welche eben dieses zu fördern vermochte. Durch diese Konstellation keimte die Frage nach dem Zusammenhang von in die Zukunft weisenden Lebensintentionen und mitgebrachten Vergangenheitskräften, Begabungen und Verbindungen auf. Für das Ermöglichen der Zukunft wurde als Problem der gegenwärtigen pädagogischen Gestaltung ein Verständnis des Vergangenen sinnvoll.

Weitere Entwicklung

Die kindliche Unbefangenheit bleibt Roswitha erstaunlich lange erhalten. Noch in der sechsten Klasse, körperlich inzwischen kräftig herangewachsen, tollt sie beim Badeausflug so unbefangen im Schwimmbecken herum, daß die Klassenkameraden etwas verwundert die Stirn runzeln. Doch bald findet dieser Zug seinen Abschluß. In der siebten Klasse meldet sie sich bei passender Gelegenheit zu Wort und sagt mit zarter, aber tapferer Stimme: «Ich möchte jetzt nicht mehr länger ‹Röschen› genannt werden.»

In der Oberstufe werden ihre Wege immer selbständiger. Äußerlich hüllt sie sich in schlichte, ein wenig derb wirkende Kleider. Eine schwarze Lederjacke Marke «Erich Honecker» wird ihre ausdauernde Begleiterin. Modisches Schmücken ist ihr völlig fremd. Schminkspuren werden niemals an ihr sichtbar. Der Kontakt zu Esther-Mareile beginnt sich zu lockern. Sie entfernen sich voneinander. Das Abitur besteht sie mit besten Noten.

Nach der Schulzeit beginnt sie ein Medizinstudium. Sie verfolgt das konsequent und wird Ärztin. Gehobene Einkommensvorstellungen hat sie nicht einmal entfernt. Sie wird im Sozialdienst tätig. Zuletzt nähert sie sich der evangelischen Kirche und wird in ihr aktiv.

Fragen

Roswithas Lebensweg ist nun über etwa dreißig Jahre sichtbar. Wie wurden darin Kräfte der Individualisierung, des Anknüpfens an Erträgnisse früherer Inkarnationen und des Hineinarbeitens in eine weitere Zukunft mit ihren zu bahnenden Wegen und Aufgaben wirksam?

Die Vergangenheit des Menschen findet sich in den Begabungen und Dispositionen des gegenwärtigen Lebens. Begabungen sind Fähigkeiten, die nicht durch Arbeit der jetzigen Inkarnation erworben wurden. Sie weisen in die Vorgeburtlichkeit, ja über die Vorgeburtlichkeit hinaus auf vorangegangene Inkarnationen. Begabungen sind Arbeitsfrüchte vergangener Leistungen, die in der Gegenwart wie Geschenke erscheinen.

Zugleich ist aber auch das Inkarnationsmilieu eine Konsequenz vorangegangener Leben, um die Aufgabenstellungen der gegenwärtigen bzw. zukünftigen Entwicklung herzustellen. Die in Begabungsstruktur und Inkarnationsmilieu vorliegenden Hinweise auf die Vergangenheit des Menschen weisen gleichzeitig auf den Zukunftskeim des Ichwesens, das sich in ihnen seine Aufgaben sucht.

Die durch das Einbeziehen karmischer Gesichtspunkte sich erhellende Aufgabenstellung des Lehrers besteht also in Analyse und Synthese von Vergangenheits- und Zukunftskräften der Inkarnation. Aus der sich daraus ergebenden Begegnung mit der Individualität des Kindes kann sich schließlich eine an der Wirklichkeit des Menschen orientierte Erziehungspraxis ergeben.

Zeitgemäßes und Unzeitgemäßes

Schnelle Einblicke in vergangene Inkarnationen ergeben sich einem sorgfältigen Studium nicht. Dieser Tatsache steht heute eine Fülle anderer Aussagen gegenüber, die in verschiedensten Formen von Literatur, sogenannten Therapien und zahllosen Veranstaltungen gemacht werden. Diesen Aussagen ist gemeinsam, daß sie auf ein immenses Material an Erfahrungen und Erscheinungen verweisen, auf bestimmten Techniken der «Rückführung» beruhen, daß ihnen aber kein klares Methodenbewußtsein zugrunde liegt. Die Autoren benutzen bestimmte Verfahren, die zu überraschenden Ergebnissen führen, aber tatsächlich wissen sie weder, womit sie es zu tun bekommen, noch warum sich gewisse Ereignisse abspielen. Insofern verhalten sie sich wie der berühmte Zauberlehrling aus Goethes Dichtung. Das hindert sie allerdings nicht, zu allen möglichen Erklärungsstrategien zu greifen und aus einem Wust von fernöstlichen, altmystischen und tiefenpsychologischen Elementen Verwirrung zu stiften. Der bekannteste solcher Autoren ist in Deutschland wohl Thorwald Dethlefsen. An seinem Beispiel sollen hier Grundzüge der Problematik verdeutlicht werden. Seine Bücher haben nach den Angaben des Deutschen Buchhandels Millionenauflagen erreicht.[23] Dethlefsen beschreibt in seinem ersten Werk *Das Leben nach dem Leben – Gespräche mit Wiedergeborenen* seine persönliche «Entdeckung» der Reinkarnation, die sich am 3. Juni 1968 ereignete. Er war damals ein 22jähriger Psychologiestudent, der mit einer älteren Versuchsperson eine hypnotische Rückführung in deren Vergangenheit durchführte. Allerdings ließ er das Experiment nicht, wie üblich, in der Kindheit enden, sondern leitete die Regression immer weiter zurück. Zur Überraschung aller Anwesenden begann die Versuchsperson dann, eine Situation aus dem Deutsch-Französischen Krieg zu schildern, und nannte die Jahreszahl 1870. Das Experiment wirkte auf Dethlefsen wie ein «Schock». Aufgrund seiner damaligen Anschauungen, die sich aus der tiefenpsychologischen Theorie Freuds, einigen behavioristischen Ansätzen und einem psychologischen Atheismus zusammensetzten,[24] war er durch nichts auf eine solche Erscheinung vorbereitet. Er wiederholte daher den Versuch und zeichnete ihn auf. Das Ergebnis blieb gleich. Da sich aus seinem Weltbild keine Erklärung eines solchen Phänomens herleiten ließ, suchte er nach anderen Deutungsansätzen. Er beschäftigte sich mit C. G. Jung, östlichen Weisheitslehren, Kabbalistik, Alchemie und Okkultismus. Schließlich nahm er an, daß sich die Versuchsperson in Hypnose an ihre letzte Inkarnation erinnert hatte. Die Reinkarnationslehre schien ihm die einzig überzeugende Deutung seiner Entdeckung zu geben und «die Methode der hypnotischen Altersregression die wahrscheinlich einzige, ... die zu einer eindeutigen Beantwortung dieser Frage führt.»[25]

Tatsächlich war die Entdeckung der hypnotischen Altersregression keineswegs neu. Im Anschluß an den seit Mitte des 19. Jahrhunderts in Nordamerika, später in England und dem weiteren Europa stark verbreiteten Spiritismus mit seinem massenhaft praktizierten Mediatismus waren schon relativ früh hypnotische Altersregressionen durchgeführt worden. Am bekanntesten sind hier die Rückführungen des französischen Oberst Albert de Rochas (1837 – 1914), des Präsidenten des militärischen Polytechnikums von Paris, die bereits um die Jahrhundertwende erfolgten. Aber auch aus der Sowjetunion sind solche Forschungen bekannt, und vor allem gab es in den USA schon in den fünfziger Jahren eine erhitzte öffentliche Diskussion, als eine von Morey Bernstein durchgeführte Altersregression publik wurde. Er berichtete damals von einer 1923 in Iowa geborenen Hausfrau, die sich unter Hypnose als Bridey Murphy bezeichnete und von einem Leben erzählte, das sich 1798 bis 1864 in Irland zugetragen habe.[26]

Die Fülle der durch die einschlägige Literatur vorgetragenen Fälle mit ihren zum Teil in äußerster Konkretheit ausgemalten Lebenssituationen forderte natürlich zu einer Überprüfung heraus. Das Einprägsame der Angaben lag in ihrer realistischen Unmittelbarkeit. Dadurch mußten sich aber durch entsprechende historische Überprüfung auch die Spuren dieser Angaben in der Vergangenheit finden lassen. Also wurden Chroniken durchforstet, Bevölkerungsanalen durchgesehen und die Geschichten auch ganz kleiner Dörfer erforscht. Die Reinkarnationsidee sollte «kritisch durchleuchtet» bzw. «handfest» bewiesen werden. Zur mehr oder weniger großen Enttäuschung der Autoren scheiterten jedoch bisher alle diese Versuche.

Für die klassische psychologische Forschung stellt das keine Überraschung dar. Sie kennt das Problem der unbewußten Übertragung von Bewußtseinsinhalten bei herabgedämpftem oder ausgeschaltetem Bewußtsein, wie es bei der Hypnose vorliegt. Solche Übertragungen können von der versuchsleitenden Person herrühren, sie können aber auch aus der Umgebung des Hypnotisierten stammen, schließlich ist sein Bewußtsein einerseits schlafähnlich herabgedämpft und andererseits offen, ein Einfallstor für vielerlei Einflüsse. Hypnotische Verfahren enthalten immer das Moment der Lenkung. Der Hypnotiseur stellt Fragen, macht auf etwas aufmerksam, verweilt bei bestimmten Motiven, regt zur Verfolgung bestimmter Linien an. Daneben kennt die Psychologie das Aufsteigen von ins Unbewußte abgesunkenen Bewußtseinsinhalten. Ob es sich dabei um frühere Erlebnisse, scheinbar vergessene Informationen oder anderes handelt – eine Fülle an Baumaterial für Fabulation liegt vor, aus der sich vielerlei «Inkarnationen» erfinden lassen.

Überprüfen an Erfahrungen und Einsichten

Wer sich in diesen Fragen nicht einfach abwenden, verwirren oder nur glauben bzw. spekulieren will, der sucht nach Wegen der Prüfung und Bewußtheit. Dabei kann er sich einiges deutlich machen.

Die angewandten Mittel von hypnotischen Regressionen, Plausibilitäten und Sensationen sind zu diesseitig, um dem thematisierten Gegenstand gerecht zu werden. Wer dem Sinn des Lebens und den tiefsten Geheimnissen des Daseins mit den simplen Methoden psychischer Hantierung auf den Grund kommen will, der greift zu kurz. Er greift zu kurz, weil er Seelenkunde an die Stelle von Geisteswissenschaft setzt; er greift zu kurz, weil er wie der Zauberlehrling mit Dingen umgeht, von denen er selbst nichts versteht, und er greift zu kurz, weil er den inneren Sinn von Biographie und ihre Gesetzmäßigkeiten nicht verstanden hat. An ihre Stelle setzt er Sensation, Wunder und Offenbarungsglauben, kurz Unüberprüfbarkeit und falsche Mystik. Das ist deshalb besonders tragisch, weil es auf diesem Gebiet um die tiefsten Lebensfragen geht, deren Beantwortung dem Menschen Sicherheit und Kraft geben könnte. Besonders bedenklich ist, daß bei den erwähnten Angeboten zumeist eine «führende» Persönlichkeit oder eine «wirksame» Handhabung auftreten, denen man sich anvertrauen muß, ohne Verfahren von Überprüfbarkeit oder echter Selbständigkeit zur Verfügung gestellt zu bekommen.

Der Entwicklungsgedanke

Wer sich einen Sinn für den Vollzug des Lebens mit den sich darin stellenden Aufgaben, Prüfungen und Schwierigkeiten angeeignet hat, der entwickelt auch ein Gefühl für das Tempo des großen Lernens, d. h. von Wandlungen und Veränderungen über die gesamte Biographie hin. Er sieht, in wie allmählichen Schritten die Pfade des Werdens gegangen werden. Er wird darin nichts Beklagenswertes finden. Vielmehr wird sich ihm gerade in den behutsamen Fortschritten des Selbst die Möglichkeit zur eigenen Wirklichkeit bzw. zur Freiheit verbürgen. Ein unentwegtes Hineingerissen-Werden in Inkarnation auf Inkarnation würde das Verarbeiten und Lernen aus einem abgeschlossenen Leben verhindern. Welt und

Leben sind kein absurdes Theater, das sich den Mitteln circensischer Unterhaltungsarrangements bediente.

Entwicklung folgt einem inneren Gesetz, vollzieht sich in bestimmten Schritten. Sie wird zunächst angebahnt und beruht auf entsprechenden Voraussetzungen. Ohne diese Vorbedingungen handelte es sich bei einem Prozeß nicht um Entwicklung, sondern um Überraschung, Willkür oder Zufall. Sind die notwendigen Voraussetzungen erfüllt, kann das eigentliche Geschehen beginnen. Eine bestimmte Grundstruktur läßt sich dabei stets beobachten.

Am Anfang erfolgt eine Impulsierung. Etwas Neues wird in Gang gebracht. Substanz fließt in sich eröffnendes Geschehen ein. Ohne solche Anstöße könnte Entwicklung kein eigenes, von einem konkreten Inhalt bestimmtes Werden ausbilden.

Eine derartige Initiierung steigert sich und durchläuft ein Wachstum. Dabei führt das ursprünglich Neue allmählich zu einem sich selbst tragenden Prozeß. Das Geschehen wird sicherer und in seiner Abfolge anschaubar. Dennoch schließen sich zunächst noch Phasen von Krisen und Konsolidierungen an. Sichere Fortschritte und bedrohte Etappen wechseln einander ab. Erneuerungen des ursprünglichen Impulses werden immer wieder notwendig. So strebt der Prozeß seinem Höhepunkt entgegen. Da offenbart er in größter Entfaltung sein Ziel, das neu Errungene, welches durch ihn ausgebildet wird.

Nach diesem Stadium beginnt sich die Ausgestaltung zurückzunehmen. Die Entfaltung überschreitet ihren Zenit. In einer gewissen Rückläufigkeit verinnerlichen sich die gemachten Erfahrungen. Das Ergebnis dieser Vorgänge tritt als Reifung in Erscheinung. Damit verbunden ist ein Zuwachs an Befähigung, ein Gewinn an Eigenständigkeit. Die durchgemachten Schritte werden verinnerlicht und selbständig handhabbar. Das Erworbene bedarf nicht mehr des Anstoßes von außen. Es ist eigenständig initiierbar.

So vollzieht sich in jeder echten Entwicklung zugleich eine Wandlung. Das ursprünglich Anregende ist überflüssig geworden. Es hat seine Mission erfüllt. Sein Anstoß war Geschenk oder Opfer. Was zunächst ihm allein eignete, hat sich als Fähigkeitsvermittlung einem anderen Wesen übertragen, das nun autonom über dieselbe Substanz verfügt.

Zuletzt stellt sich ein solchermaßen bewältigter, abgeschlossener Vorgang als erfüllte Zeit dar. Er zeigt Beginn und Abschluß, Aufstieg und Rückbezug, prometheische und epimetheische Züge.

Das gilt für die ganze kreatürliche Welt. In der mineralischen Welt nur über lange Zeiträume als Geschehen beobachtbar, vollziehen sich die geschilderten Schritte im Pflanzenreich mit organischer Objektivität und Ruhe, im Tierreich rascher und dramatischer. Die physikalische, organische bzw. seelische Welt haben ihre je eigenen Gesetze, und daher vollziehen sich die Ereignisse auf spezifisch eigene Art, immer aber dem grundlegenden Prozeß von Entwicklung folgend.

Das ist beim Menschen nicht anders. Der Mensch tritt seine Biographie mit einer bestimmten Lebensthematik an. Die Voraussetzungen sind sehr komplex in den verschiedenen Schichten seiner Existenz veranlagt. Dazu gehören der Bau und die Befähigung seiner physischen Leiblichkeit genauso wie die vitalen Kräfte seiner lebendigen Konstitution, seine seelische Konfiguration und die Gestalt seiner geistigen Identität. Die Voraussetzungen und das Entwicklungsmaterial des Menschen sind komplex. So ist seine Lebensthematik in der Regel auch zunächst noch ganz verborgen und weder ihm noch seiner Umgebung wahrnehmbar. Aber sie drängt. Der Mensch richtet seine Schritte so ein, daß er ihr nachkommen kann. Mit ihr unternimmt er die Schritte ins Leben, und an ihr zieht er allmählich die Summe seines Lebensplanes. Er sieht sich vor gelungene und mißlungene, vor abgeschlossene, halb bewältigte und gerade begonnene Lebensvollzüge gestellt. Das macht gelebte Zeit aus.

Was beim Menschen gegenüber den anderen Naturreichen dazukommt, ist die individuelle Wirksamkeit seines Ich. Er schreibt seine Biographie im Sinne eines Erfindens, eines schöpferischen Vorganges selber. Das bedeutet, daß er mit seiner Lebensthematik frei umgehen kann. Er kann an ihr arbeiten, sie erfüllen und weiterführen. Er kann sie aber auch vergessen, übersehen und versäumen. Das macht die Wirklichkeit des Lebensdramas aus, das immer zwischen die Polaritäten von Weihespiel und Satire, Komödie und Tragödie gespannt ist. Eines aber ist es niemals: triviale Unterhaltung bzw. Seifenoper. Das Erreichte steht ja immer neben dem, was möglich gewesen wäre. Das Leben war auf vielerlei Voraussetzungen gegründet. Das Arrangement der Inkarnation geschieht nicht aus eigener Willkür, für sein Zustandekommen ist es auf unendlich viele Grundlagen und Hilfen angewiesen. Daher braucht das im Leben Errungene, Erlittene und Versäumte auch immer den Rückblick, die Verarbeitung und den Ansatz für einen Neubeginn im Nachtodlichen. Eine Angelegenheit von kurzer Zeit ist das nicht. Schließlich geht es dabei um Lebenslernen. Die Schwierigkeiten sowie Versäumnisse im Leben zwischen Geburt und Tod zeigen, welch hohe Hürden dabei zu überwinden sind. Des Menschen Geist braucht, wenn er wachsen soll, Zeit. Diese Zeit macht das Leben im Nachtodlichen aus. Daher ist es absurd – sieht man von Ausnahmesituationen ab –, sich rasant aufeinander folgende Inkarnationen im Ablauf weniger Jahrzehnte vorzustellen. Man muß zunächst das Leben nach der Geburt verstehen, wenn man das Leben nach dem Tod erfassen will.

Karmisches Geflecht und Sinn

Neben den bereits ausgeführten Umständen gehört zum ganzen Umfang des Reinkarnations- und Karmagedankens auch der quantitativ wie qualitativ ungeheuer vielfältige Bereich von Zusammenhängen und Geschehnissen. Wiederverkörperung in dieselbe Situation macht ja gar keinen Sinn, sie wäre eine bloße Wiederholung des Gleichen ohne die Merkmale von Entwicklung. Das Karma, welches das eine Leben mit dem anderen verbindet, verbindet auch die Menschen miteinander, die etwas miteinander zu tun haben. Jeder ist aber nach seinem gelebten Leben nicht mehr da, wo er vorher war. Alle haben sich weiterentwickelt. Wer miteinander zu tun hat, wird sich also in veränderter Situation und unter veränderten Bedingungen treffen. Dazu müssen nicht nur die betroffenen Menschen reif sein in dem Sinne, daß sie mit den verarbeiteten Erfahrungen des vergangenen Lebens und mit dem Entschluß eines neuen Beginns in eine nächste Inkarnation eintreten. Dazu muß, so seltsam es klingt, auch die Welt reif sein. Denn was ein Mensch in einem Leben tut, wirkt sich ja nicht unmittelbar und sofort aus. Die Wirkungen bestimmter Taten zeigen sich womöglich erst nach Jahrhunderten. Die Gedanken etwa, welche René Descartes 1637 in seinem *Discours de la méthode pour bien conduire sa raison et chercher la vérité dans les sciences* hinsichtlich einer rationalen Erkenntnismethode niederlegte, zeitigen erst nach Jahrhunderten ihre Folgen in dem neuzeitlichen Umgang des Menschen mit sich und seiner Umwelt. Vor dem Eintreten dieser Folgen kann sich Descartes kaum mit der Konsequenz seiner vergangenen Inkarnation konfrontieren. Er ist auf das Reif-Werden der Situation angewiesen. Diese Situation gibt auch ein Empfinden dafür, mit welchem Ernst eine künftige Inkarnation vorbereitet wird und was der Mensch nachtodlich durchmacht, bis er in eine neue Vorgeburtlichkeit eintritt. Im leibfreien Zustand bleiben ihm die Folgen seiner vergangenen Inkarnation nicht verborgen. Sie werden ihm vielmehr unmittelbar und ganzheitlich bewußt, da er in der Leibfreiheit umkreishaft erlebt. Auf jeden Fall ist die neue Inkarnation nicht einfach eine Anknüpfung oder Fortsetzung der vergangenen. Ein neues Leben erfordert neue Bedingungen. Hastiges Eilen von Leben zu Leben ist da nicht möglich.[27]

Das vergangene Leben wird in der Nachtodlichkeit verarbeitet. Schon der Durchgang durch einen leibfreien Zustand, der mit der «Verwesentlichung» unmittelbar nach dem Tode beginnt, zeigt, daß dabei eine völlige Umwandlung geschieht. Diese Umwandlung betrifft sowohl die Konstitution des Menschen als auch seine Leistungen und Fähigkeiten. Dabei werden nicht nur die Stoffe seiner physischen Leiblichkeit in die Welt der Stofflichkeit aufgelöst, auch seine vitalen Kräfte gehen in die Lebenssubstanz des Umkreises, seine Seelenkräfte in die Seelenwelt des Umkreises auf. Was bleibt, ist dasjenige, was vom Wesenskern des Menschen her ergriffen und durchlebt, durchindividualisiert worden ist, und dieser Wesenskern selber. Wir haben ihn früher als das höhere Ich bezeichnet. Durch die mit dem Tod einsetzende Umwandlung wird nun im Rückblick gesichtet, später bewertet, durchlitten und überwunden. Ist dieses vollzogen, ist die vergangene Inkarnation vollkommen durchgearbeitet. Das Leben wurde verwandelt und seine Erfahrungen auf eine neue Stufe gehoben. Was in einer bestimmten Ebene gelebt wurde, das tritt nun metamorphosiert auf einer anderen Ebene auf. Nahm ein Mensch besonders aufmerksam Anteil an den Erscheinungen des Lebens, freute er sich und litt er die Ereignisse seines Lebenshorizontes intensiv mit, so bleiben die Früchte dieses Tuns nicht in der Ebene seelischer Haltung. Sie werden für die nächste Inkarnation zu geistiger Befähigung verdichtet und erhoben. Aus ihnen wird die Möglichkeit zur geistigen Anteilnahme, wird die Begabung einer beweglichen, in das Wesen der Erscheinungen eindringen könnenden Intelligenz. Daher stellen sich die neuen Lebensaufgaben anders dar als die vergangenen. Die Aufgaben haben sich ebenso verwandelt wie der Mensch selbst. Erst wer den Umfang des Reinkarnationsgeschehens sieht, versteht die Vorgänge tatsächlicher Entwicklung, die mit dem Leben des Menschen verbunden sind. Verwandlung ist kein flüchtiges, angenehmes Geschäft. Mit Wandlung ist Überwindung, das Aufgeben des einmal Erreichten verbunden, bei dem die Bequemlichkeit so gern verharren möchte. Wandlung hat mit Opfer, Tod und Auferstehung zu tun. Anders kann sich Entwicklung nicht vollziehen. Sie erfordert die völlige Identität mit der Aufgabe. Sowohl der die Entwicklung unmittelbar Vollziehende als auch alle mittelbar daran wirkenden Kräfte handeln mit intensivster Hingabe. So zeigt sich im großen Geflecht karmischer Zusammenhänge nicht nur eine unvorstellbare Weisheit, sondern auch der Geist wirkender Liebe. Durch ihn wird dieses Geschehen für den Menschen annehmbar und tragbar.

Zeitgemäße Grundlagen

Es ist von großer Bedeutung, die verschiedenen Darstellungen über Reinkarnation und Karma wach und kritisch aufzunehmen. Leicht kann das Überzeugende des Grundgedankens über Widersprüchliches oder sogar in die Irre Führendes hinwegtäuschen. Eine zu leicht entflammte Begeisterung kann hier großen Irrtümern erliegen. Der Gedanke von Reinkarnation und Karma ist geeignet, den Sinn des Lebens und damit auch die Lebenstüchtigkeit des Menschen zu stärken. Schwärmerei und Hirngespinste oberflächlicher Anschauungen führen jedoch zum Gegenteil.

Gerade esoterische Angelegenheiten sind in besonderem Maße geeignet, Fehlentwicklungen zu steigern und Abwegiges zu fördern. Das liegt nicht an den esoterischen Dingen selber, sondern an ungesunden Dispositionen des Seelenlebens, welche der betreffende Mensch zunächst nicht korrigiert hat. Zur Korrektur entsprechender Zustände sind vor allem die Entwicklung eines kraftvoll-lebendigen, wirklichkeitsgemäßen Denkens und nüchterne Seelenstimmung zu nennen. Der Erfolg mancher Angebote auf esoterischem Gebiet ist allerdings nur vor dem Hintergrund existierender Bedürfnisse, welche sich als Sinnsuche äußern, und der mangelnden Vorbereitung der Interessenten zu verstehen. Dadurch kommt es noch am Ende des 20. Jahrhunderts zu Erscheinungen, welche man in dieser Zeit am allerwenigsten mehr erwartet hätte.

Ein bezeichnendes Beispiel ist der erwähnte Thorwald Dethlefsen. Auf die Frage nach dem Anfang des Menschenlebens, nach dem «Punkt, an dem individuelles Leben beginnt»,[28] wird Dethlefsen «klar», daß die Methode der hypnotischen Altersregression die wahrscheinlich einzige sein müßte, die zu einer eindeutigen Beantwortung all dieser Fragen führt.[29] Nachdem er seine Grundauffassungen dargestellt hat, greift er zu anderen Mitteln der Diagnose. Sie führen den Patienten in Verfahren zur Reise in die Seele ein, als deren Ergebnis sich schließlich der Rückblick auf Inkarnationen über Inkarnationen ergibt. Viele von ihnen spielen im deutschsprachigen Raum des 19. und 20. Jahrhunderts. Aus der inneren Anschauung der Lebensentwicklung erweist sich diese Darstellung, wie wir oben gesehen haben, als falsch. Aus verständlichen Gründen werden aber auch äußere Nachforschungen über die so verlockend konkreten Angaben angestellt. R. Fuchs berichtet darüber: «Es sollte nicht verschwiegen werden, daß die Ergebnisse bisher enttäuschend negativ ausgefallen sind.»[30] Das führt Dethlefsen allerdings selbst dann nicht dazu, seine forsche Behauptung über die wahrscheinlich einzige Methode der Reinkarnationsforschung und ihre zweifelhaften Ergebnisse grundlegend zu überdenken, als er schließlich auf die Anwendung von Hypnose verzichtet. Vielmehr baut er auf seine unsoliden Fundamente ein Gebäude ärztlicher Theorien und Handhabungen. Damit wird er zu dem «Reinkarnationstherapeuten» schlechthin. Bezüglich seiner Tätigkeit macht er geltend: «Jede rationale Analyse muß jedoch bei unserer Methode strikt unterbunden werden.»[31] Schließlich baut er seine Arbeit aus, versteht sich neben seiner Tätigkeit als Arzt auch als Lehrer und Seelsorger. Das von ihm vermittelte Weltbild führt dabei in ferne östliche Vergangenheiten zurück. «Reinkarnationstherapie ist ein harter Weg zur Läuterung. In den ständigen Reinkarnationen sehen wir keinen Trost, sondern die Aufforderung, durch Entwicklung zur Vollkommenheit frei zu werden vom Rad der Wiedergeburt.»[32] Damit wird zugleich, wie es für die entsprechenden alten Anschauungen üblich war, der Blick von der Erde weggerichtet. «Wir bejahen das irdische Leben, solange es für unseren Entwicklungsweg notwendig ist, unser Ziel jedoch liegt jenseits der materiellen Welt, ist jene Einheit, aus der wir uns einmal lösten und zu der sich jeder Mensch letztlich zurücksehnt.»[33]

Mit dieser Äußerung zeigt sich noch einmal, daß grundlegende Bewußtseinsschritte, wie sie für das Erfassen karmischer Zusammenhänge in der heutigen Zeit Voraussetzung sind, hier nicht erfolgt sind. Zum Karma gehören der Mensch und sein gesamter Umkreis – auch die Erde. Der Mensch ist nicht nur das Schicksal der Erde, sondern die Erde ist auch das Schicksal des Menschen. Sie gehören zusammen, jetzt und in Zukunft. An die Stelle des veralteten Bildes vom Rad der Wiedergeburt gehört heute das Verständnis von der Zusammengehörigkeit, das Gefühl der Dankbarkeit für unsere Entwicklungsgrundlagen und der Wille zur gemeinsamen Verwandlung von Mensch und Erde.

Es muß heute der unbewußte Dualismus überwunden werden, der in so vielen Menschen verhängnisvoll lebt. Auf der einen Seite ist man voll im Materialismus befangen, und auf der anderen Seite entwickelt man Sehnsüchte nach einer spirituellen Nebenwelt. Diese Spaltung führt zu den absurden Fabulationen von Inkarnationsmassen, und sie führt zu der eigentümlich naturalistischen Ausgestaltung ihrer Schilderungen. Die erinnern stark an eine bestimmte Ära von Historienfilmen aus Hollywood. Egal, um welche Epoche es sich handelte, immer war es das zwanzigste Jahrhundert, das da ein bißchen verkleidet auf der Leinwand erschien. In den fünfziger Jahren sahen alle Hollywoodgrößen ein wenig aus wie Elvis, auch wenn sie Samson, Spartakus oder Odysseus verkörperten. In der Sprache der Werbung hieß es dann: Kirk Douglas *ist* Erik der Wikinger. Von wegen. Immer war Kirk Douglas niemand anderer als Kirk Douglas, und so war eben auch Erik nur Kirk und Kirk niemals Erik. Die geschichtlich anderen Orte, die anderen Menschen mit ihrer uns heute so fremden Art zu fühlen, zu handeln und zu denken traten jedenfalls nie in Erscheinung.

Zu den verhängnisvollsten Wirkungen gehören für viele nach Orientierung Suchende aber die Strukturen, die zwischen den falschen Lehrern und ihnen selbst etabliert werden. Dabei geht es stets um Vertrauen auf eine außerordentliche Kapazität und die Befolgung bestimmter Hinweise, Methoden oder Anweisungen, die nicht rational überprüft werden sollen. Dadurch werden die Mitteilungen der entsprechenden Lehrer zu Offenbarungen einer höheren Einsicht, die dem Schüler verborgen bleiben muß. An die Stelle von Geisteswissenschaft tritt der vorwissenschaftliche Anspruch, Quelle besonderer Inspirationen zu sein, die dem Schüler eine exklusive Nähe zum Geiste verschafft. Mit der Etablierung alter hierarchisch-autoritärer Strukturen geht dabei ohne weitere Skrupel die Verhöhnung oder Abqualifizierung anderer Formen der Sinnsuche und ihrer Vertreter einher. Die Verhaltensübereinstimmung der Verhöhnten mit den neuen Führern wird dabei von den Betroffenen selbst nicht bemerkt. Dies trifft insbesondere für alte Formen der Seelsorge zu. Was da auf der einen Seite den überkommenen Kirchen abgetrotzt wird, soll auf der anderen Seite in neu etablierten Gemeinschaftsformen von Abhängigkeit und Unmündigkeit vereinnahmt werden.

Ein zukunftsfähiges Verständnis von Seelsorge findet man darin nicht. Das kann heute nur danach streben, den Menschen mündig und zum verantwortlichen Sorger seiner Seele werden zu lassen. Seelsorge muß allgemein werden. Mit der Sorge um die Seele anderer muß immer selbstverantwortlich die Besorgung des eigenen Seelisch-Geistigen einhergehen. Die Wege zum Geist müssen eigenverantwortlich gesucht werden. Der Geist sorgt dann schon selbst dafür, daß der ehrlich Suchende auch der Gnade des Findens teilhaftig wird. Das aber ist Sache des Geistes. Menschliche Seelsorge kann nur im Befähigen, in der Hilfe zum Selbstwerden liegen. Wer sich in diesen Vorgang als unverzichtbarer Führer hineindrängen will, verhindert das Angestrebte und von ihm selbst Versprochene.

Weiter zu verfolgendes Ziel bleibt also, die Wirklichkeit von Reinkarnation und Karma überprüfbar aufzuhellen und Wege der Eigenverantwortlichkeit und Bewußtheit dorthin zu finden. Dieser Weg kann auch nicht im Kombinieren plausibler Annahmen liegen. Dadurch kommt man zwar zuweilen zu hübsch klingenden Vermutungen und angenehmen Überzeugungen, Wahrheit ist jedoch eine scheue und anspruchsvolle Freundin. Sie will angemessen umworben und erobert sein. Dazu notwendig ist ein waches und konsequentes Verfolgen der Lebenserscheinungen, die in so intensiver innerer Anschauung durchdrungen werden, daß sie ihr Geheimnis im stimmigen Gedanken enthüllen. Wer auf diese Weise in anschauender Kraft des Denkens die auftretenden Probleme verfolgt, wer nicht bequem bloße Meinung für Evidenz gelten läßt, der wird schließlich zur Erkenntniserfahrung in den aufgeworfenen Fragen gelangen. Aus der Art seines Forschens weiß er, wie er zu seinen Ergebnissen gelangt ist, und er weiß, womit er umgegangen ist. Damit halten seine Arbeitsergebnisse kritischer Beleuchtung stand, er kann sie zwecks Überprüfung darstellen und die Bedingungen ihrer Gültigkeit angeben.

Grenzüberschreitungen

In der griechischen Mythologie gilt Hypnos, der Schlaf, als Zwillingsbruder von Thanatos, dem Tod. Er wird dargestellt als Jüngling mit Flügeln an der Stirn, mit Mohnstengel und einem Horn in den Händen. Auch in der deutschen Sprache gibt es das Wort vom Schlaf als dem kleineren Bruder des Todes. Ein Blick auf sein geheimnisvolles Wesen kann für das Verständnis von Reinkarnation und Karma viel bedeuten, immerhin stellen beide Zustände eine Grenzüberschreitung über die unserem gewöhnlichen Bewußtsein zugänglichen Territorien dar. Während jedoch der Tod endgültig scheint, erwachen wir aus dem Schlaf fortwährend, die Berührung seines Grenzgebietes ist uns vertraut. Allerdings muß uns die geheimnisvolle Selbstenthebung, die mit dem Schlaf verbunden ist, als ein tägliches Mysterium erscheinen.

Beschäftigt man sich mit dem Schlaf, begegnet man einer schwer zu überwindenden Problematik. Man weiß, wann man Schlaf nötig hat, auch, wenn man in Kürze einschlafen wird, auch, wenn man geschlafen hat. Eine unmittelbare Beobachtung des Schlafes selber aber ist einem nicht ohne weiteres möglich. Daher beschäftigt sich die gewöhnliche Schlafforschung auch vorzugsweise mit dem Schlaf anderer. Sie beobachtet Schlafende, erhebt alle möglichen Daten über Leibvorgänge während der Schlafphase und versucht sie mit Erinnerungen der untersuchten Personen bzw. deren Befinden im Wachzustand zu vergleichen, in Übereinstimmung zu bringen und zu interpretieren. Zu einer direkten Erfahrung der Zustände während des Schlafens kann man auf diese Weise nicht gelangen. Die Forschungen sind also auf Mutmaßungen und Kombinationen angewiesen. Die Aussicht auf überzeugende Ergebnisse wäre größer, wenn der Schlafzustand unmittelbar beobachtet und beschrieben werden könnte. Das würde allerdings bedeuten, ein paradoxes Ziel – das Wachen im Schlafen – anzustreben, von einem Zustand wissen zu wollen, der sich dem bewußten Zugang hartnäckig widersetzt. Mit diesem Ziel dürften folglich keine somnambulen oder medialen Zustände verbunden sein. Vielmehr müßte es sich um ein klares, gesundes, seiner selbst bewußtes Wachen handeln. Das scheint ein in der Sache selbst liegender Widerspruch zu sein. Dennoch mag es lohnend sein, auf diesem Wege einige Schritte zu versuchen.

Übersehene Dimensionen des Schlafes

Bevor man dabei auf den «richtigen» Schlaf schaut, ist es aufschlußreich, einige wohlbekannte Erfahrungen aus seinem Vorfeld heranzuziehen. Wie sieht es mit der geforderten Wachheit des Erlebens im Alltag aus? Da treten nämlich bereits vor dem bezeichneten paradoxen Zustand Schwierigkeiten auf. Bei sorgfältiger Beobachtung stellt man fest, daß es schon im gewöhnlichen Tagesleben mit der Wachheit nicht so weit her ist. Da versäumt man eine Menge Dinge, weil man nicht ganz aufmerksam war. Man sagt dann, daß man einen Augenblick «geträumt» habe, einen Moment «abwesend», «mit den Gedanken woanders» gewesen sei oder schlicht etwas «verpaßt» oder eben «verschlafen» habe. Die meisten Menschen haben wohl schon während der Schulzeit Erfahrungen mit solchen Zuständen gemacht. Aber auch in späterer Zeit ergeben sich unzählige solcher Ereignisse. Man kann mit offenen Augen träumen und schlafen. Dazu braucht es weder eine horizontale Lage noch besonders bequeme Sitzmöbel oder unbedingte Stille. Es geht überall. Für die Mitmenschen entstehen dabei im allgemeinen keine Beeinträchtigungen, weil es weder zu Schnarchgeräuschen noch überhaupt auffälligen Ereignissen kommt. Der Betroffene selbst hat bisweilen das Erleben, ganz weit weg zu sein, ein leichter Zustand, der aus der Konkretheit und Enge des Wachzustandes in die Weite führt, die eigenartigerweise innere Erfüllung mit sich bringt. Wir verschlafen also vieles, während wir doch angeblich wachen.

Mit Recht sprechen wir auch für diese Zustände vom Schlafen. Denn Schlafen liegt nicht erst da vor, wo es zum vollen Vollzug dessen kommt, was wir gemeinhin Schlaf nennen. Schlaf bezeichnet vor allem einen Bewußtseinszustand, und dieser Bewußtseinzustand tritt eben gleichfalls in den zahlreichen täglichen Geistesabwesenheiten ein, auf die wir hingewiesen haben. In der Nachbarschaft dieser Bewußtseinszonen liegt das Träumen. Auch beim Träumen gibt es neben den großen Übergangszuständen während des Einschlafens und Aufwachens die kleinen Eilande des Tagträumens, die wir unversehens berühren, für einige Augenblicke dort verweilen und wieder in das Tagesgeschehen zurückkehren. Schlafen, Träumen und Wachen lösen sich häufiger ab, als es ein einfaches Schema vom Tageslauf weismachen will. Selbst in der Nacht durchläuft ja der Mensch verschiedene Schlafphasen, die tiefer und weniger tief sind. Intensivere Abschnitte des Schlafes sind unterbrochen von wacheren Abschnitten. Diese wacheren Zeiten werden, vor allem, wenn sie über längere Zeit auftreten, auch als leichter Schlaf bezeichnet. Die Nacht ist ebenso wenig reine Nacht, wie der Tag reiner Tag ist. Entsprechend wechseln die diesen Phasen entsprechenden Bewußtseinszustände. In den Wechsel hinein mischen sich die verschiedenen Traumphasen. Die einen führen in den Schlaf hinein, die anderen geleiten aus ihm heraus, denn es gibt Aufwach- und Einschlafträume, die von ganz unterschiedlicher Natur sind.

Der Mensch schläft also immer wieder auch in der eigentlichen Wachzeit, die wir Tag nennen. In diesen Phasen gelingt es allerdings verhältnismäßig leicht, die entglittenen Vorgänge in die Wachheit des Bewußtseins zu heben. Wir können uns rückbesinnen auf das, was sich vor unserer inneren Abwesenheit ereignet hat, und an den unterbrochenen Ereignisstrom anschließen. Zugleich ist uns aber häufig auch das noch nicht entfallen, was uns zugleich «schlafend» erfüllt hat. In solchen Momenten haben wir bewußt an beiden Zuständen Anteil, und wir erwerben mit derlei Aufmerksamkeiten erste positive Erfahrungen bei dem Versuch, im Schlafen zu wachen.

Kinder unterscheiden sich diesbezüglich beträchtlich von Erwachsenen. Einer meiner Schüler zeigte während der ersten Schuljahre verblüffende Fähigkeiten. Über weite Strecken des Unterrichts wirkte er völlig geistesabwesend. Er saß mit offenen Augen da und hatte sich offensichtlich ganz anderen Dingen zugewendet. Insgesamt war er das, was häufig ein träumerisches Kind genannt wird. Bei ihm gab es allerdings eine deutliche Steigerung zum Schlaf hin. Immer freundlich und den Lehrer mit einem verlegenen Charme anlächelnd, zeigte er leicht somnambule Züge.

Ich war hin- und hergerissen. Ihn in diesem Zustand anzusprechen, brachte ich kaum fertig. Unmöglich konnte er an das im Unterricht Behandelte anschließen. Er würde nur vor den Klassenkameraden bloßgestellt und blamiert werden. Andererseits konnte ich ihn nicht einfach diesen Zuständen überlassen. Er mußte doch allmählich wacher werden. Und so suchte ich immer wieder Gelegenheiten, ihn taktvoll in den Unterricht einzubeziehen und auf die gerade behandelten Dinge anzusprechen. Zu meiner großen Überraschung gab er dann stets verblüffend aktuelle Antworten. Er konnte im Abwesendsein zuhören und das Geschehen mitvollziehen! Fragte man ihn anschließend, womit er sich denn gerade beschäftigt habe, dann lächelte er entweder verschmitzt oder er antwortete: «Mit etwas Schönem!» Im Laufe der Zeit haben wir uns dann einen Spaß daraus gemacht, seine Geistesgegenwart zu überprüfen. Er freute sich, wenn er ganz überraschend auf die Probe gestellt wurde und seine Anteilnahme unter Beweis stellen konnte.

Später entwickelte er dann allmählich eine ganz gewöhnliche Wachheit. Die erstaunliche Kindheitsfähigkeit verschwand, und wenn er innerlich abwesend war, dann war er es gründlich. Er war länger und deutlicher als andere Kinder ein Bürger zweier Welten gewesen. Im Diesseits kam er erst allmählich an. Als erwachsener Mensch zeigt man einen deutlicheren Unterschied zwischen Wachen und Schlafen. Was am Tage erlebt wird, begleitet den Menschen in die Nacht, und dort verarbeitet er es, ohne viel davon zu bemerken. Die Wirkungen der Nacht werden nur allzu leicht übersehen. Vielmehr stürzt sich der Erwachsene nach dem Aufwachen in der Regel sofort wieder in das wache Leben und übersieht die feinen Impulsierungen aus dem Schlaf. Daher ist bei ihm auch der Abstand zwischen den beiden Welten größer. Er kann nicht so fließend hin- und herüberwandeln, wie es Kinder noch vermögen. Genauer besehen ist es allerdings so, daß auch die Kinder mehr auf einer der beiden Seiten sind. Bei ihnen ist es allerdings die andere, und sie kommen erst allmählich hier an. Gerade darin lag ja die diebische Freude des Jungen, zu zeigen, daß er durchaus schon hier präsent sein konnte, auch wenn das nach außen hin nicht so sehr sichtbar wurde.

Eine andere Erfahrung mit solchen Gegebenheiten ist an der Betrachtung von Lebensrückblicken zu gewinnen. Man bemerkt ja oftmals erst nach langer Zeit, was sich zu einem bestimmten Zeitpunkt im Leben folgenschwer anbahnt, vorbereitet, in Gang setzt und erst viel später in seinen Folgen sichtbar wird. Das können außerordentlich wichtige Ereignisse des Lebenslaufes sein, und dennoch verschlafen wir sie bei ihrem Zustandekommen. Solche Geschehnisse kann man sehr häufig bei der Begegnung von Menschen beobachten. Von dem einen Menschen gehen bestimmte Wirkungen auf den anderen aus. Man fühlt sich angezogen, interessiert sich füreinander und kommt sich näher. Wie oft entwickeln sich solche Begegnungen ins Unfruchtbare, weil die Beteiligten nicht bemerken, was in ihrer Begegnung vor sich geht. Sie entwickeln ihre Beziehung nicht ins Produktive, weil sie ihre Möglichkeiten, Aufgaben und Entscheidungen nicht erkennen. Unter Umständen bleiben diese Momente sogar das ganze Leben über verborgen, denn das Erwachen für diese Vorgänge geschieht nicht von allein wie das tägliche Aufwachen. Es muß geleistet werden. Dann aber kann durch intensives Aufarbeiten der vergangenen Situation, ihrer Bedingungen und Umstände allmählich Licht in die Verhältnisse kommen. Sie werden klar. Das betrifft nicht nur das Arrangement der Situation und des äußeren Ablaufs, dazu gehört auch die Erinnerung an die eigenen Gefühle, mit denen man damals erlebt, die Gedanken, mit denen man interpretiert hat. Schließlich kann das Nachtdunkel des Vergessens, das kein anderes ist als das des Schlafes, aufgehellt und die Konstellation in ihrem ganzen Umfang erkannt werden. Auch da haben wir Situationen «verschlafen», an denen wir am Tage aktiv beteiligt waren. Zweifellos läßt sich die Aufmerksamkeit für solche entscheidenden Momente steigern. Man wird dann sensibel für Entwicklungen, die sich anbahnen wollen, für Tendenzen, die dem unaufmerksamen, «verschlafenen» Blick entgehen. Die Wachheit im Vollzug des Lebens wird gesteigert, im Untergrund sich abspielende Wirkungen werden wahrgenommen.

Unser Bewußtsein ist also der Schauplatz von Vorgängen des Wachens und Schlafens, die sich im steten Wechsel vollziehen. Ein wesentlicher Bereich dieser Vorgänge ist das Gebiet von Erinnern und Vergessen. Im Erinnern werden Bewußtseinsinhalte wach vom Ich wahrgenommen, im Vergessen sinken sie in den Schlaf des Unbewußten. Der Wechsel dieser beiden Seelentätigkeiten geschieht nicht nur in ausführlichen Perioden. Auch in ganz kurzen Abschnitten folgen Augenblicke des Wachseins solchen des Schlafens und umgekehrt. Das ist z.B. der Fall, wenn sich die innere Aufmerksamkeit von einem Gedanken ab- und einem neuen Gedanken zuwendet. Der alte Gedanke sinkt mit dem Abwenden des Bewußtseins ins Vergessen, während der neue in die Wachheit tritt. Das Verfolgen einer Gedankenlinie bringt bereits ein allmähliches Einschlafen der ersten Motive, während das Ergebnis der Überlegung womöglich noch gar nicht sichtbar ist. Um hier nicht den Überblick über das zu verlieren, was man im Laufe einer bestimmten Zeitspanne gedacht hat, muß man lernen, die Abläufe und Inhalte in einer gewissen Überschau aufzunehmen. Die Bedingungen eines einleitenden Motives müssen dann in ihrer Verwandlung während der Durchführung und Konsequenz für das Ergebnis bewußt gemacht werden können. Das heißt wiederum, ein Element des Wachens in etwas zu bringen, was sonst in den Schlaf absinkt.

Auch über längere Zeiträume kann man eine Umwandlung von «schlafenden» Gedanken in «wache» beobachten. So etwas geschieht beispielsweise bei Gedanken, die man nicht befriedigend zu Ende denken kann. Schwierige Probleme bringen solche Erfahrungen häufig mit sich oder tiefe Angelegenheiten, bei denen man nicht vorschnell zu einem Ergebnis kommen will. Man nimmt sich sogar etwas, wenn man nicht warten kann. Manche Angelegenheiten müssen ausreifen und vertragen keine raschen, stets wachen Urteile. Notgedrungen wendet man sich anderen Dingen zu, weil die Tagesaufgaben es verlangen oder eine gewisse Lebensweisheit dies nahelegt. Man kann dann beobachten, daß die liegengelassenen Gedanken weiter wirksam sind. Kommt man nach einiger Zeit auf das Problem zurück, hat sich die Ausgangssituation verändert. Man sieht die Sache anders an, hat neue Einfälle oder ist in der Argumentation vorangekommen. Da erfährt man, wie die Gedanken ein geheimnisvolles Nachtleben führen, dessen Wirkungen man auf diese Weise aufspürt, und wie sie zu neuer, verwandelter Wachheit aufsteigen.

Aber auch zu Ende gedachte Gedanken, gelöste Probleme, Erkenntnisse üben eine untergründige Wirkung aus. Sie beflügeln, verschaffen Sicherheit und verändern die gesamte Lebensfigur des Menschen. Man sieht einem Menschen an, ob er durch ungelöste Probleme bedrängt oder durch gefundene Antworten getragen wird.

Zuletzt wird, einerlei ob es sich um abgeschlossene oder noch werdende Gedanken handelt, deutlich, daß schon das Denken allein, die besondere Art, wie jemand denkt, dessen spezielle Motivik und Inhalte ebenso auf der Nachtseite des Daseins wirksam werden. Sie prägen den Menschen, ohne daß er selbst dessen unbedingt gewahr wird. Man kann ihm ansehen, ob, womit und wie er sich in innerer Aktivität beschäftigt. Die Wirkungen steigen an die Oberfläche und können dort wahrgenommen werden. Das ist nicht auf die Wahrnehmung bei anderen Menschen beschränkt. Man kann auch selbst für die genannten Erscheinungen erwachen und so den zunächst unbewußt bleibenden Zusammenhang von Tag- und Nachtseite der Gedanken erleben.

Diese Überlegungen können ermutigen, die Untersuchung auch auf den großen, den eigentlichen Schlaf auszudehnen und so noch weiter in den Bereich jenseits der gewöhnlichen Bewußtseinsschwelle vorzudringen. Wir suchen nach einer Brücke zwischen den uns so selbstverständlich gegenwärtigen Tages- oder Lebenserscheinungen, die uns Hinweise geben kann auf die Geschehnisse um Thanatos, des Hypnos Zwillingsbruder. Eine Brücke allein wird uns allerdings bei dieser Suche noch kaum weiterhelfen können. Was wir brauchen, ist eine Kenntnis des Weges von dem einen Reich – dem Leben hier im Diesseits – in das andere – dem jenseitigen – und weiter zu dem vorigen Diesseits.

Das eigentliche Reich des Schlafes

Ein Fundamentalgeheimnis des Schlafes enthüllte sich mir glücklicherweise schon in der Schulzeit. In meiner Schule waren durchaus noch die großen Aufgaben im Auswendiglernen üblich. Zwar beklagten die Lehrer oftmals und ausführlich, daß die Dinge leider nicht mehr so liefen, wie sie in der guten alten Zeit üblich waren, aber sie bemühten sich redlich, uns Schüler diesen Verlust nicht allzu spürbar werden zu lassen. In der guten alten Zeit, so erfuhren wir auch von Eltern und Großeltern, hatte man in der Schule noch richtig auswendiggelernt. Die Beispiele waren immer dieselben. Sie bestanden in ellenlangen Balladen, und der Lieblingsverfasser der Lehrer hieß Friedrich Schiller. Auch wir bekamen unseren Anteil am ewigen Bildungsgut des Abendlandes, dessen ausschließlicher Wert offenbar darin bestand, auswendig aufgesagt zu werden. Besprochen oder gestaltet wurde daran jedenfalls nie etwas. Einige «fortschrittliche» Lehrer versicherten den höheren Jahrgängen sogar, daß sie das «Wie» selbstverständlich keiner Beurteilung unterziehen könnten. Diese Intimität müsse Privatangelegenheit bleiben. Der genaue Wortlaut sei entscheidend. So blieb also nichts als das sture Auswendiglernen. Die Schulzeit war dafür offenbar zu kostbar, und deshalb bestanden die Hausaufgaben monatelang zu einem Gutteil aus dem Lernen von soundsoviel Strophen als Heimarbeit.

Das war nun allerdings die elendeste Plackerei, die man sich denken konnte. Sie wurde verschoben, solange es ging, unterbrochen, so oft es möglich war, und morgens auf dem Schulweg klamm weitermemoriert, um allzu schlimme Folgen in den folgenden Stunden zu vermeiden. An einem dieser Morgen kam mir dann allerdings die blitzsaubere Entdeckung: Ich konnte den Text jetzt viel besser, als ich ihn am Abend liegengelassen hatte. Über Nacht hatte sich die Sache weiterentwickelt! Von diesem Tag an verlor das Auswendiglernen einiges von seinem Schrecken. Allmählich wurde eine neue Technik erprobt, ausgearbeitet und vervollkommnet, die ganz auf Effektivität und Ökonomie zielte – ein frühes Beispiel von «lean management» in der Schule. Am Vortag wurde nur so viel an den Texten getan, daß sie am nächsten Morgen ausreichend saßen. Eine Kunst des fragmentarischen Memorierens wurde geboren, welche die Hürde des Abgefragtwerdens mühelos meisterte. Der Umgang mit der eigentlichen Kunst läßt mich allerdings auch heute noch schaudern.

Die Entdeckung der Nachtwirkungen beim Lernen haben mich aber immer wieder beschäftigt und mir oft geholfen, mich ermutigt und vorangebracht. Bei einer anderen Gelegenheit entdeckte ich, daß sich dieser Effekt nicht auf kognitive Leistungen allein beschränkt. Besonders dankbar dafür war ich, als ich mir als werdender Klassenlehrer das Flötespielen und das Stricken beibrachte, kaum zu beschreibende Hürden. Wie schwer war es, auch nur den einfachsten Ton sauber hervorzubringen, geschweige denn Melodiefolgen und Rhythmen zu spielen. Aber auch hier stellte sich etwas ganz Ähnliches ein wie beim Auswendiglernen. Am nächsten Tag ging es besser. Ich konnte mich an einem Tag noch so sehr mühen das Lied «An der Saale hellem Strande», das relativ früh in meiner Flötenfibel auftauchte, auch nur annähernd identifizierbar zu gestalten, am nächsten Tage ging es. Was ich am Tag zuvor immer und immer wieder geübt und nicht zustande gebracht hatte, machten die Finger am nächsten Tag von allein. Es gab also nicht nur kognitives, sondern auch haptisches Lernen über Nacht. Nur – wer hatte eigentlich gelernt? Ich ja wohl nicht! Denn ich hatte ja am Vortag ermattet aufgegeben. Ich hatte die Sache gerade nicht gelernt, mich als unbelehrbar erwiesen. Über Nacht aber konnte ich es – Ich. Also mußte Ich irgendwie über Nacht belehrt worden sein. Durch wen oder was? Auf jeden Fall gab es eine Kontinuität des lernenden Individuums, und die Wirkungen der Nacht hatten an seiner Entwicklung einen entscheidenden Anteil.

Es liegt in der Natur des Schlafes, daß man so wenig von ihm weiß. Nicht umsonst trägt Hypnos, der Jüngling aus der griechischen Mythologie, seine besonderen Insignien. Die geflügelte Stirn weist in eine andere Welt, aus dem Füllhorn bestreuen Träume blütenhaft seinen Weg, und aus dem Mohnstengel träufelt er betäubenden Saft. Sein Wesen ist Vergessen und geheimnisvoll sein Wirken. Nicht leicht ist es, seine Geheimnisse zu entschleiern, ohne seine wunderbare Wirkung zu zerstören. Behutsam und mit großer Aufmerksamkeit lassen sich dennoch seine Wege verfolgen. Von deren Anfang und Ende her kann man seine Spuren entziffern.

Zu den elementarsten Schlaferfahrungen gehört die Erholung, die er gewährt. Ein ausführlicher, gesunder Schlaf erfrischt und verleiht neue Kräfte. Die Welt sieht anders aus, und man schaut sie auch anders an, nachdem man gut geschlafen hat. Dieser Zuwachs an Vitalität und guter Gestimmtheit ist von großem Umfang. Physisch ist manches am Morgen in Ordnung gebracht, was am Abend heruntergewirtschaftet war. Die Gesundheit hat sich verbessert. Das gilt nicht nur für Extremzustände wie z.B. akute Krankheiten. Im alltäglichen Ablauf des Tages ist unsere Konstitution morgens verbessert und wiederhergestellt. Aber auch der Bereich des Lebendigen erfährt eine solche unterstützende Wirkung. Die Lebenskräfte sind am Morgen geschmeidiger und frischer als abends. Nie fühlt man sich so wohl und in seinem Leib so gut eingerichtet wie zu diesem Zeitpunkt. Im seelischen Leben hat sich ein neues

Gleichgewicht hergestellt. Man ist ruhiger und sieht Probleme, die noch am Abend sehr bedrohlich wirkten, nun gelassener. Der Elan, neu in das Leben einzutreten, hat zugenommen. Die Lebensfreude ist gestiegen. Das ist bei sogenannten Morgenmuffeln nicht anders. Bei ihnen liegt nur der Morgen etwas später, bzw. sie richten sich eine längere Zeit des Aufwachens ein. Haben sie diese Übergangszeit überwunden, dann erfahren sie die beschriebenen Wirkungen genauso wie andere Menschen. Schließlich kann man noch die bereits angedeutete, geheimnisvolle Belehrung beobachten, die während des Schlafes eintritt. Man ist ein anderer geworden, hat sich weiterentwickelt und sieht seine Ziele klarer. Die Individualität des Menschen kommt deutlicher zur Erscheinung und findet sich in verbesserten Voraussetzungen ihres Wirkens.

Was hier geschildert wird, gilt natürlich nur für einen gesunden und ausreichenden Schlaf. Da kann jeder Mensch diese Erfahrungen machen. Einwände über abweichende, weniger aufbauende Wirkungen zielen meistens auf krankhafte Unterbrechungen dieses Geschehens hin. Bei Schlafstörungen ragt der Wachbereich beeinträchtigend in den Schlaf hinein. Sie verhindern gerade den Eintritt des Schlafgeschehens und halten den Menschen zwanghaft im Wachsein. Das gilt auch für alle anderen Zustände, in denen man aus Kummer, Sorgen oder Erregtheit nicht in den Schlaf findet.

Allen genannten wohltuenden Wirkungen des Schlafes, die am Morgen wahrgenommen werden können, stehen entsprechende komplementäre Zustände am Abend gegenüber. Der Wiederherstellung der Physis ging ein Verbrauchtsein voraus. Nicht nur die Längenstatur des Menschen staucht sich zum Abend hin. Der Leib altert sichtbar bis in die Gesichtszüge hinein. Erfrischung der Lebensprozesse und Aufbau des Organismus tut ihm dringend not. Was sich hier am Morgen als Wohlbefinden kundtut, zeigte sich noch am Abend als Zermürbung und Ermüdung. Im seelischen Bereich tritt nicht immer ein Matterwerden der Lebensäußerungen ein. Gerade die Abendstunden bringen ja häufig die schönsten und differenziertesten Erlebnisse überhaupt. In der Phase der Ermüdung ist aber zu beobachten, daß sehr leicht Verzerrungen des Seelenlebens geschehen. Die Dinge verlieren ihren rechten Maßstab oder werden einseitig und übersteigert erlebt. Die innere Ausgeglichenheit ist verlorengegangen. Das ruft nach Harmonisierung und neuen Impulsen. Wenn morgens von der geheimnisvollen Belehrung des individuellen Kernes des Menschen gesprochen werden kann, dann liegt am Abend tendenziell eine gewisse Unsicherheit und Orientierungslosigkeit vor, die schwächend wirkt. Auf die Fragen, die sich im Laufe des Tages dem Menschen stellen, sucht er neue Perspektiven aus einer erweiterten Sicht. Da verhalten sich Abend und Morgen wie Frage und Antwort in einem geistreichen Dialog.

	Morgenerleben	Abenderleben
Individualität	Erfüllung, Wachstum, Anwesenheit	Verengung, Schwäche, Verlust
Seelische Konstitution	Harmonie, Lebensfreude	Einseitigkeit, Ermüden
Lebensorganisation	Frische	Zermürbung
Physis	Wiederherstellung	Verbrauchtsein

Schaut man sich die beschriebenen Vorgänge im Überblick an, so fällt auf, daß es eine gewisse Symmetrie der Ereignisse zwischen Morgen- und Abenderleben gibt. In jeder Schicht des Menschseins findet sich ein Zusammenhang von Morgen und Abend, und auf der Ebene des Individuellen erscheinen die drei übrigen Bereiche in transformierter Art. Harmonie in der seelischen Konstitution ist die Voraussetzung für Erfüllung im Geistig-Individuellen. Frische der Lebensorganisation hängt mit dem Wachstum des Individuums zusammen, und die Wiederherstellung der Physis ermöglicht seine reale, eigenständige Anwesenheit. Das gilt gleichermaßen für die Erscheinungen des Morgens und Abends.

Zugleich kann man die beobachteten Vorgänge als bestimmte Eigenschaften des Schlafes festmachen und bezeichnen. Der Schlaf ist ein *Heiler*. Er stellt wieder her, ergänzt, mildert. Er ist aber auch ein *Verjünger*. Mit der Erfrischung des Schlafes ist immer eine verjüngende Wirkung auf den Organismus verbunden. Gestraffte, frische Gesichtszüge geben davon sichtbar Auskunft. Daneben ist der Schlaf ein *Befrieder*. Er beschwichtigt die Stürme des Seelenlebens und schafft Ausgleich und innere Ruhe. Außerdem ist der Schlaf ein *Lehrer*. Er vermittelt neue Einsichten und Fähigkeiten. Dabei faßt er wie ein guter Pädagoge täglich das Erarbeitete zusammen und führt es stetig weiter in neue Erfahrungen hinein.

Der Mensch tut also gut daran, sich den Schlaf zum Freund zu machen und etwas von seinem Wesen zu kennen. Er macht uns rundum zu einem besseren Menschen. Auf jeder Stufe des Daseins führt er uns zu so etwas wie unserem Idealbild zurück, denn wenn wir uns recht betrachten, bejahen wir den durch den Schlaf herbeigeführten morgendlichen Zustand. Der Schlaf, so geheimnisvoll sein Wirken ist, bewirkt etwas in uns, was mit unseren besten Absichten zusammenhängt. Wir allerdings verlieren diese Absichten immer wieder aus dem Auge oder vermindern sie. Wir bleiben hinter dem zurück, was unsere Ideale sind. Der Schlaf jedoch verbindet uns mit ihnen neu. Daraus ergibt sich die Frage, wie man sich den Schlaf zu seinem Freund machen kann.

Das Einschlafen – Vorbereitung auf die Nacht

Auf den Besuch eines guten Freundes bereitet man sich vor. Auch in die Begegnung mit dem Schlaf sollte man nicht einfach hineinschlittern oder sein Nahen als unabwendbares Schicksal betrachten. Wie das Zusammensein mit einem Menschen intensiver, angeregter und erfüllter wird, wenn man sich auf den Gast eingestellt hat, so sollte man auch dem Schlaf bewußt entgegenleben. Mit einem Freund beschäftigt man sich innerlich im Vorblick. Man gewährt ihm Raum und schließt andere Angelegenheiten rechtzeitig ab, damit sie ruhen können. Man läßt sich auf das Wesen des anderen ein und versucht einen Einklang herzustellen. In die Begegnung bringt man sich durch Inhalte und Anteilnahme ein, wodurch das Erlebnis einer erfüllten Zeit möglich wird.

Mit dem Schlaf ist es nicht anders. Wer bis zum Umfallen an Tagesgeschäften klebt, der wird keinen so ertragreichen Schlaf finden. Im Gegenteil, er schläft dann «wie ein Klotz», «ein Stein» oder er ist «völlig gerädert». Nun ist der Schlaf milde genug, diesen Zustand bei sinnvoller Beschäftigung, notwendiger Handlung bzw. selbstloser Tätigkeit hinzunehmen und seine segensreiche Wirkung dennoch zu entfalten. Handelt es sich jedoch um Nichtigkeiten oder Sinnloses, dann verlieren sich viele seiner wunderbaren Impulse.

Es ist also gut, auf den Schlaf zuzugehen. Das geschieht in einer bestimmten Weise ganz selbstverständlich. Es setzt nämlich im Verlaufe des Tages allmählich und zunehmend die natürliche Ermüdung ein. Sie ist ein Vorbote des Schlafes, der durch ihn an sein Reich erinnert. Wir hatten schon gesagt, daß Nichtigkeit und Leere dem Schlaf einen Gutteil seiner Wirkensmöglichkeiten rauben. Daher ist es müßig zu betonen, daß Faulenzerei und unmäßige Schlaffreude ihm nicht entgegenkommen. Auf den Schlaf zuzugehen, soll nicht heißen, sich ihm bei jeder wohlfeilen Gelegenheit hinzugeben. Nein, die verdiente Müdigkeit leitet einen Prozeß ein, der zum Schlaf allmählich hinführt. Man wird dann z.B. im allgemeinen keine neuen Projekte mehr starten, die man nicht bis zu einem gewissen, zumindest etappenartigen Ende bringen kann. Vielmehr wird man die ganze Tätigkeit so einrichten, daß begonnene Dinge zu einem – und sei es vorläufigen – Abschluß kommen. Mit diesem Abschließen der Tagesgeschäfte kommt der Mensch zur Ruhe. Diese Ruhe sollte er zu einem Raum der inneren Stille werden lassen, in der ein innerer Abschluß des Tagewerkes geschieht, in der ein Rückblick und Rückbesinnen auf das am Tage Erlebte durch die Seele zieht. Ein Tagesrückblick, wie wir ihn früher geschildert hatten, womöglich sogar in rückläufiger Weise, erfüllt diesen Raum fruchtbar.

Dann schließt sich eine neue Qualität an. Mit ihr ist ein gewisser Umschlag verbunden. Die innere Bezogenheit des Menschen verändert sich nämlich. Von der Orientierung auf sich selbst bzw. dem Erleben seiner selbst als Zentrum allen Geschehens löst sich der Mensch, und er beginnt sich für den Umkreis zu öffnen. Die Gedanken wandern in den Raum. Auch Hörwahrnehmungen z. B. steigern sich und werden noch aus großer Ferne aufgenommen. In ihrer Qualität können sie etwas Riesenhaftes, Verfremdetes annehmen. Dieser Zustand der Öffnung ist in alten Zeiten vorbereitet bzw. in einer ganz bestimmten Weise gepflegt worden. Er war nämlich die Zeit für das Abendgebet. Durch ein Gebet sollte die Umorientierung, das Öffnen in den geistigen Raum des Schlafes eingeleitet und gerichtet werden. Echtes Beten hat diese Wirkung. Es wendet sich um zu dem Verehrungswürdigen, Göttlichen. Das Betteln um eigenes Wohlergehen und Vorteile im täglichen Konkurrenzkampf ist eine Verzerrung wahren Betens. Es soll eine Art göttlicher Lebensversicherung bewirken, die jedoch den Sprechenden wie Angesprochenen beleidigt. Im wahren Beten hingegen liegt die volle besonnene Konzentration, eine starke, gebändigte Willenskraft, welche von sich selbst absieht und loskommt. Fort von der Selbstbezogenheit strebt sie zur Vereinigung mit dem Göttlich-Geistigen, das alldurchdringend den Umkreis erfüllt. Damit führte das Gebet unmittelbar an die Pforte des Schlafes heran und bahnte den Übergang in sein Reich.

Was man noch ohne große Mühe aus den Anfängen des Schlafes erfahren kann, ist die Weitung der Seele, die alsbald eintritt. Schon das Liegen, Entspannen und Ausruhen tragen diese Wirkung in sich. Das Gewicht des Erdenlebens fällt ab und Er-Leichterung wird spürbar. Es ist wie das Ausatmen des Tagesgeschehens und Getragenwerden in einen Raum ohne Schwere und Begrenzung.

Das Reich der Träume

In diesen Raum hinein begleiten Träume die menschliche Seele. Sie stellen sich immer da ein, wo der Übergang Spuren beider Welten enthält. Der Mensch kann dann noch in inneren Bildern sehen, empfinden und erleben. Die Bilder gehorchen aber nicht mehr den Gesetzen des Irdischen. Sie unterliegen weder den Zwängen der Schwere noch der Zeitabfolge oder räumlichen Kontinuität des alltäglichen Lebens. Motive und Schauplätze folgen einander, ohne der gewöhnlichen Logik zu gehorchen. Sie verbinden sich nach untergründigen Gesetzen, die dem Träumenden nicht deutlich sind, auf geheimnisvolle Weise mit ihm. Erst wenn es ihm gelingt, sie in die wache Welt hinüberzutragen und er kundigen Zugang zu ihrem kunstvollen Leben gewinnt, kann er die Chiffren ihrer Zauberwelt entziffern.

Träume haben verschiedenen Charakter. Einer der elementaren Unterschiede liegt darin, ob es sich um Einschlaf- oder um Aufwachträume handelt. Aufwachträume sind sehr bezeichnend. Kinder mit der entsprechenden Lebenserfahrung träumen häufig von Treppenhäusern, durch deren Schächte sie hinunterstürzen, oder sie fallen von hohen Türmen herab. Eine Schülerin aus der ersten Klasse erzählte mir einst einen anmutigen, weniger martialischen Traum dieser Kategorie. Sie flog als Vogel mit gebreiteten Schwingen hoch über dem Meer. Dann tauchte ein Segelboot auf, das über die Wellen dahinglitt. Sie umkreiste die Spitze des Mastes und sah auf das Deck hinab, wo sie das Leben auf dem Schiff wahrnahm. Dann stürzte sie plötzlich hinab. «Und dann bist du aufgewacht», sagte ich ihr damals zuversichtlich. Darauf lächelte sie mich erleichtert und ein wenig stolz an, wobei sie meine Vermutung bestätigte. Alle diese Traumbilder gehören zum Aufwachen. Sie begleiten das Erleben der Seele, wenn sie aus der geistigen Welt herabsteigt und sich mit ihrer Leibesgrundlage wieder verbindet. Bezeichnend für die hier genannten Übergänge ist, daß sie ein wenig abrupt sind und daher eine rasch eintretende Wachheit mit dem

Erleben des Schreckens zusammenhängt. Schrecken und rasches Erwachen sind dieselbe Sache auf verschiedenen Ebenen. Das eine vollzieht sich objektiv-organisch, das andere seelisch-bewußt. Daher werden diese Träume auch leichter behalten als andere.

Einschlafträume haben demgegenüber etwas auflösend Begleitendes. Oft werden sie vom Einschlafenden absichtlich beeinflußt. Schöne Erlebnisse, angenehme Orte, interessante Fragen, Rätsel oder Probleme, bevorstehende Unternehmungen und Ereignisse spielen häufig eine Rolle dabei. Die Konturen der äußeren Realität lösen sich in diesen Träumen bald auf. Sie verlieren ihre bestimmende, begrenzende Macht, und der Schläfer entfaltet jene Schwingen, welche unsere Erstkläßlerin am Morgen zurück zu ihrem Schiff getragen haben.

Von dem nun folgenden Schlaf wissen wir wenig. Aber auch er ist mehrfach von wacheren Phasen unterbrochen, in denen der Mensch wieder träumt. Diese Träume zu bemerken ist eine größere Kunst. Eine ältere Kollegin gab mir dazu vor langer Zeit einen wertvollen Hinweis. Ihr Ehemann war ebenfalls Lehrer an unserer Schule und verstand eine Menge von Holzverarbeitung. Folglich war ihre gesamte Wohnung mit Produkten aus seiner Herstellung bestückt. Eines Tages bat sie ihn, ihr ein neues Bett zu tischlern. Es sollte gerade so hohe Beine haben, daß sie darin gut liegen, bei Bedarf einen Arm herunterbaumeln lassen und dabei exakt den Fußboden erreichen konnte. Nachdem ihr werkfreudiger Mann das gewünschte Stück hergestellt hatte, legte sie ein kleines Notizbuch mit einem Stift genau dort auf den Fußboden, wohin ihr herabschwingender Arm reichte. Die Einrichtung hatte den Sinn, ein Traumtagebuch führen zu können. Wer das je versucht hat, kennt die Schwierigkeiten und weiß die Klugheit der erwähnten Kollegin zu schätzen. Träume drohen nämlich zu entschwinden, wenn nur ein wenig Wachheit durch Aufstehen oder aufwendiges Hantieren mit Utensilien erzwungen wird. Andererseits sinken Träume auch nur allzuleicht zurück in den Schlaf des Vergessens, wenn erst die Entspannung wieder zunimmt. Wer sich in dieser Sache allerdings ein wenig übt, der gewinnt besondere Fähigkeiten. Er lernt nämlich eine bestimmte Art von Bewußtsein auszubilden. Er lernt, eine Sache anzuschauen, ohne sie anzuglotzen oder analytisch zu zergliedern. Er konstatiert lediglich. Er nimmt zur Kenntnis, und diese Kenntnis beschränkt sich nicht auf das Kognitive allein. Er erlebt in Bildern, Gefühlen und Inhalten. Schließlich kann er diese Erlebnisse tatsächlich notieren, ohne sie zu zerstören oder zu verlieren. Er lebt mit ihnen und läßt sich weder in sie hineinsaugen und gefangen nehmen, noch weicht er vor ihnen zurück. Er schaut sie an und lernt sie zu ertragen. Das Notieren kann dabei ganz leicht und skizzenhaft geschehen. Merkwürdigerweise läßt sich dann später anhand dieser Notizen der Traum ohne große Schwierigkeiten lückenlos rekonstruieren. Hat man darin einige Fertigkeit erlangt, braucht man auch keine besonderen Bettanfertigungen mehr. Vielmehr ist man erwacht für den Bereich der Traumwelt und weiß sich darin als Wesen unter Bildern, Zeichen und Wirkungen zu behaupten.

Die Träume des späteren Schlafes unterscheiden sich erheblich von den Einschlafträumen. In ihren Bildern und verborgenen Inhalten verraten sie etwas über die Vorgänge des tiefen Schlafes selber. Der Schlaf vollzieht sich ja nicht kontinuierlich während der Nacht, sondern verläuft in verschiedenen Phasen, die immer wieder von wacheren Abschnitten unterbrochen werden. In diesen Abschnitten träumt der Mensch wiederum häufig, und eine Beobachtung dieser Träume ist möglich. Dabei wird bemerkbar, daß die Inhalte der Träume ihre je eigene, auf die bestimmte Phase des Schlafes bezogene Charakteristik haben. Aus der Unbewußtheit des Schlafes bleiben Reminiszenzen in den benachbarten Träumen erhalten. Drei Stationen mit spezifischen Grundtypen von Träumen lassen sich dabei unterscheiden.

Drei Grundtypen von Träumen

Die erste Phase ist eine Zeit des Rückblickes und Verarbeitens. Als ich einmal während der Weihnachtsferien ein Traumtagebuch führte, stand am Ende mein ganzes Kollegium vor mir. Es hatte mich zutiefst beschäftigt, und in jeder Nacht tauchte ein Kollege zentral darin auf. Die Bilder, in denen die Kollegen sich bewegten und lebten, waren zunächst erstaunlich, oft verwunderlich, manchmal erschreckend. Beschäftigte man sich jedoch eingehender mit ihnen, erwiesen sie sich als geistreiche Analysen, die scharfsinniger nicht sein konnten. In ihnen bündelten sich die Erfahrungen eines ganzen Arbeitsjahres, und vieles wurde deutlich, was dem Tagesbewußtsein längst entglitten oder unscharf geblieben war. Zugleich war mit diesen Träumen eine gewisse Entspannung verbunden. Fixierungen auf Erlebnisse und Personen lockerten und verwandelten sich. Das Alte wurde durchgearbeitet und abgelegt, Raum für Neues geschaffen.

Diese Träume aus der Rückblickphase des Schlafes beschäftigen sich häufig auch mit Tageserlebnissen. Unterlassene Handlungen, versäumte Gelegenheiten tauchen da auf. Das erwachende Bewußtsein erschrickt und schämt sich ob der da auftretenden Einsichten. Aus einem geweiteten Blick, der objektiv und gerecht ist, wird das vergangene Leben betrachtet. Aber das ist nur der erste von drei Schritten.

Die zweite Phase führt zu einem Abstieg in die tiefsten Untergründe der Seele und ihrer individuellen Impulse. Ich erinnere mich an einen Traum aus länger zurückliegenden Jahren meiner Lehrertätigkeit. Unsere Schule steckte damals in einer schwierigen Entwicklungsphase. Unterrichtsräume und Grundstück hatten dem Zustrom neuer Schüler nicht standgehalten. Wir mußten uns erweitern. Die seit längerer Zeit an der Schule arbeitenden Kollegen vertrauten darauf, daß schon von irgendwoher Hilfe kommen und die Dinge sich irgendwie klären würden. Sie bildeten in dieser Haltung eine Art Kokon, der nicht leicht zu durchdringen war.

Fragen, Anregungen und Initiativen prallten an ihm ab oder wurden resorbiert, ohne irgendwelche Spuren zu hinterlassen.

In diesem Kokon gab es einen strahlenden Mittelpunkt. Gisela Berger war der ob seiner Intelligenz, vielseitigen Begabung und Geschicklichkeit bewunderte Stern einer größeren Gruppe von Kollegen. Immer hatte Frau Berger einen flinken Einfall, wenn es galt, knifflige menschliche Probleme zu lösen. Dabei war ihr Verständnis für andere nahezu unbegrenzt, und eine wohltuende Atmosphäre der Toleranz umgab sie. Befragt, warum sie ihm in die abgelegenste Wüste des nordamerikanischen Kontinents gefolgt seien, ohne zu wissen, wohin es ging und worauf sie sich einließen, antworteten Mitarbeiter Robert Oppenheimers, er habe über «intellektuellen sex appeal» verfügt. Den besaß Gisela Berger gleichfalls. Was ihr abging, war ein Verständnis sozialer Prozesse im Größeren. Verschiedene Aufgabengebiete der Schulverwaltung, die zu den Selbstverwaltungskompetenzen einer Waldorfschule gehören, blieben ihr immer fremd. Daher gingen von ihr auch keine Impulse zur Lösung der großen Schulproblematik aus. Im Gegenteil, alle diesbezüglichen Notwendigkeiten versanken zu Bedeutungslosigkeit oder Nichtexistenz angesichts ihrer bezaubernden Persönlichkeit. Wenn für Frau Berger kein Problem existierte, gab es kein Problem. Fatalerweise wurde diese Einschätzung dann unbemerkt zur Einstellung vieler, und die vielen umringten als Kavaliere einer galanten Szenerie ihren inspirierenden Mittelpunkt.

Für mich als jüngeren Kollegen war die Situation nicht einfach. Ich brannte darauf, die Bauproblematik zu lösen. Das aber konnte nur in Gemeinsamkeit geschehen. Viele Kollegen waren jedoch aus dem genannten Grund einfach nicht erreichbar. Wenn sie sich den Fragen doch einmal zuwandten, träumten sie von einer eleganten Lösung. Der Staat würde schon für Abhilfe sorgen, schließlich sei er ja auch für eine Waldorfschule irgendwie verantwortlich. Zuweilen war ich über den Einfluß von Frau Berger, den ich weder teilte noch verstehen oder nachvollziehen konnte, regelrecht verzweifelt. Zuletzt schlug dieser in mir selbst ausgefochtene Konflikt in tiefe Selbstzweifel um. Warum konnte Frau Berger so viel Einfluß gewinnen und wieso war es mir nicht möglich, wirksam zu werden? In dieser Situation kam mir ein Traum aus der erwähnten mittleren Etappe des Schlafes zu.

Ich ging im Abendlicht am Ufer des Meeres entlang. Der Spiegel des Wassers lag ruhig und weit zur Linken, in die dunkler und tiefer werdenden Farben der hereinbrechenden Nacht getaucht. Nicht weit zur Rechten stand eine Fischerhütte. Von ihr ging eine warme Stimmung aus, etwas Inniges lebte in ihr. Ich wußte, es war mein Haus. Gegenüber, schon recht fern zum Horizont gerückt, erhob sich ein Schloß. Die dunkler werdende Nacht wurde durchdrungen von allerlei Lichtpunkten, die aus dem entlegeneren Hinterland zum Schloß wanderten. Um sein Tor herum konzentrierte sich das Licht, und auch aus den sichtbar werdenden Fenstern leuchtete es golden heraus. Musik, heiteres Gelächter und reges Treiben drangen in die Nacht. Im Schloß wurde ein Fest gegeben. Aus dem Umland kamen die Bewohner und Untertanen, um die Herrlichkeit seiner Bewohner zu bewundern und zu feiern. Frau Berger war der gekrönte Mittelpunkt dieser Gesellschaft, ihr größter Bewunderer im Kollegium als Prinzregent an ihre Seite gerückt. Die Anwesenden lebten in dem Glück auf, das ihnen durch den Witz der Königin, ihre Geschicklichkeit im Musizieren und in verschiedenen Gesellschaftsspielen zufloß. Die ganze Szene atmete Reichtum. Ich schaute sie intensiv an. Sie blieb mir verschlossen und fremd. Ich hatte keinen Zugang.

Als ich am Morgen erwachte, war ich glücklich. Ich hatte meinen Frieden mit Gisela Berger und ihrem Kreis gemacht. Natürlich beschäftigte ich mich ausführlich mit diesem Traum und analysierte ihn immer wieder, versuchte, seine Bilder zu verstehen. Viele Schichten wurden deutlich. Sie hatten nicht nur mit flach auf der Hand liegenden Fragen zu tun. Ich sah in Frau Berger endlich eine reiche, alte Seele, die ihre bezaubernde Wirkung auf einen mit ihr verbundenen Umkreis ausübte. Dieser Kreis bemerkte den Reichtum ihrer Fähigkeiten und verehrte sie. Frau Berger war eine Königin, und die Bewunderung kam ihr aus dieser Tatsache zu. Die Bewunderung war aus ihrem Sein gedeckt. Genausosehr waren bestimmte andere Tätigkeiten nicht ihre Sache. Das entsprach nicht ihrem Sein. Mich hingegen verstand ich als eine jüngere Seele, die mittellos in jenen Herrschaftsbereich gekommen war. Zunächst schien mir das keine so angenehme Erkenntnis. Später konnte ich mich mit dem Bild des Fischers jedoch gut anfreunden. Es enthielt für mich etwas Aktives, eine Aufgabe. Und diese Aufgabe entsprach ziemlich genau dem, was ich als das Urideal meines Lebens ansehen würde. So brachte mir dieser Traum also nicht nur Frieden mit der störenden Kollegin, sondern auch mit mir selbst. Dieser Friede entstand aus dem Tiefenblick auf die Erlebnisse des Tageslebens und dem Gang bis zu den Urimpulsen der eigenen Individualität. Er entspricht dem, was die Seele in der mitternächtlichen Stunde des Schlafes durchmacht, in der Zeit ihrer tiefsten Erdabgewandtheit und innigsten Verbundenheit mit dem Weltenall. Die Seele arbeitet hier auf, was sie am Tage erlebt hat, und vergleicht es, setzt es in eine Beziehung zu dem, was ihre eigentlichen Impulse von Anfang an waren. Das tägliche Tun wird gemessen an den vorgeburtlichen Entschlüssen, mit denen der Mensch sein gegenwärtiges Erdenleben angetreten hat. Diese Phase des Schlafes verbindet also den Zenith des Tagesgeschehens mit dem Zenith der Tiefe des Weltenalls in der menschlichen Seele.

Die dritte Phase des Schlafes wendet sich schließlich dem Morgen zu. In ihr wird der zukünftige Weg vorbereitet. Die Seele bereitet sich auf das Tagesleben mit seinen Aufgabenstellungen vor. In den Träumen aus dieser Zeit finden sich häufig genaue Antworten auf Lebensfragen. Man sieht dann die Lösung bestimmter Aufgaben vollkommen klar vor sich. Diese Klarheit hat etwas genial Einfaches. Sie ist reduziert auf die wirklichen Probleme und durch nichts Äußeres oder Unwichtiges abgelenkt. In diesem Zustand sind schon manche Erfindungen gemacht und gordische Knoten durchschlagen worden. Alte Zeiten sahen Menschen, denen die Wirkung aus dieser Zeit des Schlafes anzumerken war, als von der Muse geküßt oder einem Engel geleitet an. Schwieriger ist es, die Beratung aus diesem Abschnitt des Schlafes nicht zu vergessen. Die

Übereinstimmung und Selbstverständlichkeit der Anregungen mit Bezug auf die eigenen Intentionen sind zwar so groß, daß sie felsenfest verankert scheinen. Am Morgen ist dann aber womöglich doch alles wieder in den Nebel des Vergessens versunken. Im besten Fall tauchen sie dann unvermerkt als geniale Einfälle wieder auf. Oft bleibt es bei einem diffusen Gefühlseindruck, manchmal treten sie als Déjà-vu-Erlebnis rätselhaft in Erscheinung.

Dieser dritten Phase des Schlafes schließt sich dann die Welt der Aufwachträume an, mit denen wir uns bereits beschäftigt haben. Sie begleiten den Übergang in die hiesige Welt, die Verschmelzung von leiblicher Grundlage und Seelisch-Geistigem des Menschen. Sie zeigen zuweilen eine Merkwürdigkeit. Als Träumender fährt man beispielsweise mit dem Auto durch eine schöne Mittelgebirgslandschaft mit blühenden Auen, sanft murmelnden Bächen und vergnügt zwitschernden Vögeln. Der Fahrtwind strömt sanft durch das geöffnete Seitenfenster herein und trägt den Duft frühlingshafter Milde mit sich. Über allem scheint strahlend und wärmend die Sonne. Die Straße wird kurvig und unübersichtlich. Plötzlich kommt ein anderes Fahrzeug entgegen. Wir reißen das Steuer herum, dem unvermeidlichen Zusammenstoß auszuweichen, und krachen gegen einen Begrenzungspfahl. Da wachen wir auf und stellen fest, daß wir die Lampe vom Tischchen neben dem Bett gestoßen haben.

Zunächst ist das ein Traum wie viele. Rätselhaft wird er erst, wenn man sich auf seine Mechanik einläßt. Ohne Zweifel hat die herabfallende Lampe etwas mit dem Traum zu tun. Ihr Aufprall am Boden entspricht dem Unfall im Auto. So weit scheint die Sache einleuchtend. Wie verhält es sich aber mit Anfang und Ende? Haben wir gemütlich von einem Ausflug geträumt und beim Fall der Lampe blitzschnell umgeschaltet auf Unfall? Wohl kaum, denn dem Unfall ging ja die Fahrt über eine kurviger und enger werdende Straße voraus. Da haben wir schon mit etwas bangerem Gefühl die Ereignisse verfolgt, die viel länger andauerten als der Sturz einer Lampe aus 60 Zentimeter Höhe. Der Unfall wurde also bereits vorbereitet und nicht plötzlich eingeschaltet.

Offenbar ist die Lampe Ursache der Traumgeschichte gewesen. Dann steht sie am Anfang des Traumes. Jedoch erinnern wir ihn in der gewöhnlichen Zeitreihenfolge. Erst machen wir eine Fahrt, dann taucht eine Gefahr auf, und der Unfall ereignet sich. Tatsächlich müssen sich die Dinge aber andersherum abgespielt haben. Erst fiel die Lampe als Auslöser und Beginn, dann konnte sich die schwierige Wegstrecke anschließen, dann konnte der angenehme Ausflug davorgesetzt werden. Unsere Erinnerung an den Traum ist allerdings umgekehrt. Wir sehen, daß mit dem Geschehen der Nacht auch ein geheimnisvolles Spiel mit der Zeit verbunden ist. Vor- und rückläufige Zeitenströme sind gleichermaßen wirksam. In der Nähe des Morgens, kurz vor dem Erwachen, erwischen wir sie zuweilen an einem Zipfel.

Die Kunst des Erwachens

Auch das Erwachen ist eine Kunst. Es kommt darauf an, sich nicht zu schnell in das Tagesleben hineinreißen zu lassen. Wie am Abend beim Einschlafen so ist auch am Morgen beim Aufwachen eine Zeit des Überganges sinnvoll. Man sollte dem Schlaf mit seinen Erlebnissen und Wirkungen ein wenig nachlauschen. Das Gefühl der Weitung sollte nicht zu rasch weichen, die gesundende und verjüngende Kraft gespürt werden. Diese Erlebnisse sind in eine Farbstimmung des Pfirsichblüt gehüllt, und mit ihnen ist eine Art idealer Richtungsweisung für den Tag verbunden. Wer auf die Beratung der Nacht zu hören versteht, weiß, in welche Richtung er seine Schritte am Tage lenken will. Man muß sich in dieser Übergangszeit zwei großen Saugwirkungen widersetzen können, die beide eine starke suggestive Wirkung ausüben. Das eine ist der Sog des zwangsläufigen Zeitverlaufes, der uns in das Nacheinander des Geschehens, in die scheinbaren Notwendigkeiten des Tages reißen will. Das andere ist der Sog des Gegenstandsbewußtseins, das uns sofort im veräußerlichten Hier und Jetzt ansiedeln will. Beide Ströme führen nur in einen Ausschnitt der Welt. Das

Gegenstandsbewußtsein führt uns in das irdische Raumerleben und trennt uns von dem kosmisch-geistigen Raumerleben der Nacht. Das Zeiterleben der voraneilenden Folgerichtigkeit trennt uns von dem Erleben der Überschau und des inneren Zusammenhanges. Beides sind gewaltige Suggestionen, denen man sich nur durch gesteigerte geistige Aufmerksamkeit und sinnendes Üben widersetzen kann. Unsere Zeit ist eher eine Zeit der Wachheit, auch wenn sie für so viele Regionen des geistigen Erwachens verschlafen wirkt. Am gegenständlich äußeren Ablauf der Ereignisse ist sie jedenfalls sehr wach, und daher fällt es ihr schwer, ein fruchtbares Verhältnis zu den Geschehnissen der Nacht zu gewinnen. Um diese Geschehnisse zu erreichen, muß man loslassen können. Man muß Vertrauen üben und lauschen können. Die heute vielfach auftretenden Schlafstörungen und Einschlafängste zeugen von den hier vorliegenden Problemen.

Übersicht über den Tages- und Nachtweg

Abend	Morgen
zur Ruhe kommen	Besonnenheit
das Tagesgeschehen abschließen	Vergewisserung
rückblicken	Vorblick auf die Aufgaben
die Nacht vorbereiten	den Tag vorbereiten
öffnen	Kräftigung
Weitung	Erfrischung
Leichtwerden	mit der Leiblichkeit verbinden
Einschlafträume	Aufwachträume
Schlafen	

Durch eine solche Beschäftigung mit dem Schlaf gewinnen wir eine Menge an Grenzerfahrungen des Bewußtseins. Diese Erfahrungen erscheinen uns deshalb wohl nicht so relevant, weil sie alltäglich sind und wir uns an sie gewöhnt haben, was seiner Wirklichkeit nach ganz und gar beunruhigend sein müßte. Jede Nacht bringt uns das Erlebnis eines Eintrittes in eine andere Welt. Ohne geisteswissenschaftliche Beleuchtung bleibt die Nacht ein Abgrund des Schreckens. Sie scheint die Identität des Menschen auszulöschen. Selbstbehauptung ist dem rational-materialistischen Bewußtsein nicht möglich. Ihm müßte, wenn es konsequent wäre, jeder Morgen als das Wunder einer Neuschöpfung aus dem Nichts des Unbekannten erscheinen. Erwachen wir jedoch durch gesteigerte und weiterentwickelte Bewußtseinskräfte für die Geschehnisse der Nacht, dann gewinnen wir die Gewißheit eines Lebens jenseits der Grenzen des Tagesbewußtseins. Der Schlaf wird uns dann der vertraute Zwillingsbruder des großen Thanatos sein und uns ermutigen, dessen Reich zu betreten.

Ziegelsteine

Zu den wenigen Übereinstimmungen in der Pädagogik heute gehört die Überzeugung, daß sich die Erziehung immer stärker individualisieren müsse. Eine Vielzahl an beobachteten Symptomen wird für diese Ansicht herangezogen. Immer weniger lassen sich Kinder in großen Scharen einheitlich von einem Erwachsenen ansprechen und lenken. Die sinkenden Klassenfrequenzen tragen dem seit Jahrzehnten Rechnung. Wo aus finanziellen Gründen eine geringfügige Aufstockung der Schülerzahlen versucht wird, stellen sich gravierende disziplinarische Probleme ein. Da ist das Verhalten der Kinder, welche schon früh Rechte einfordern und sich auf andere schlecht einstellen können. Lehrer beklagen eine zunehmende Rücksichtslosigkeit in den Klassen. Konzentration ist, wenn überhaupt, nur für kurze Zeit und da möglich, wo das persönliche Interesse des einzelnen Kindes angesprochen und erhalten wird. Mit allgemeinen Unterrichtszielen und Lektionen ist nicht viel zu erreichen. Über neue Formen des Unterrichtes wird nachgedacht. Neben der etablierten Leistungsdifferenzierung werden weitreichende Binnendifferenzierungen installiert, die den einzelnen Schüler mit eigens für ihn gestalteten Inhalten und Methoden ansprechen sollen. Skeptiker befürchten, daß da eine Drachenbrut heranwächst, die unverträglich und selbstbesessen über sich selbst herfallen und den Untergang aller zivilisierten Lebensformen herbeiführen wird.

Gründe für dieses apokalyptische Szenario lassen sich leicht und massenhaft finden. Da wird auf die veränderten Kindheitsbedingungen aufmerksam gemacht. Die meisten Kinder wachsen als Einzelkinder heran und finden sich früh dem Kommunikations-, Gefühls- und Reflektionsmilieu von Erwachsenen ausgesetzt. Eine Kindersprache kann da nicht entwickelt werden. Erlebnisse, die nur in der eigenen Welt der Kindheit gemacht werden könnten, fallen aus. Früh werden Überlegung und rationale Begründungen gefordert. Die Kinder sind von der Elke und dem Wolfgang, nicht aber von Mutter und Vater umgeben. Vertikale Strukturen kommen kaum vor, es überwiegt das kameradschaftlich Horizontale. In vielen Fällen handelt es sich tatsächlich nicht um Mutter und Vater. Die komplizierter werdenden Verhältnisse haben ja längst die Elterngeneration ergriffen. Die Kinder finden sich wechselnden älteren Lebensabschnittsgefährten gegenüber, die oft alles andere als pädagogische Anliegen im Auge haben. Kontinuität liegt nicht in den sozialen Strukturen, sondern in dem Erleben der Eigenpersönlichkeit – eine Totalumkehr früherer Verhältnisse. Da wuchs ein Kind aus der Stabilität der sozialen und kulturellen Verhältnisse zum Abenteuer des eigenen Lebens heran. Heute ist es von der Wiege an dem Ozean der Risiken ausgesetzt und hofft, später einmal festes Land unter die Füße zu bekommen.

Zu den veränderten Kindheitsbedingungen gehört aber auch die schöne neue Welt des Überflusses und der Sofortbefriedigungen. Probleme und Schmerzhaftes sind aus ihr verbannt. Alles geht instant und schmeckt süß, ohne dick zu machen. Fehlender Sinn wird durch Rasanz, Design und Körperkult kompensiert. Was schick aussieht, besitzt zumindest die Attraktion der Stimulanz. Schale ist austauschbar und ihre Halbwertzeit unendlich minimierbar.

Längst hat der Schein die Welt ersetzt. Erlebnisse aus dritter und vierter Hand ersetzen eigene Erfahrung. Aber der Schein steht rund um die Uhr und auf Knopfdruck zur Verfügung. Die Abteilung für geistige Verwirrung trällert dazu ihr «Ich bin so frei» und «Die Freiheit nehm ich mir». Die Welt verwandelt sich in einen gigantischen Konsumtempel, in dem jeder Kunde alleiniger und absoluter König zu sein vorgibt. Ihr einziger Zweck scheint in seiner Bedürfnisbefriedigung zu liegen. Das Individuum als Mittelpunkt, Anfang und Ende allen Geschehens.

Der Beispiele sind viele und die Übereinstimmungen groß. Auf Individualisierung weisen sie dennoch nicht hin, vielmehr auf ihr Gegenteil, auf Entmündigung und Vermassung. Individualisieren heißt, auf das Individuum zu schauen, sich auf es einzulassen. Was aber ist ein Individuum? Die Philosophie des Mittelalters gelangte zu dem Satz «individuum est ineffabile», das Individuum ist unaussprechlich. Wenn ein Mensch wirklich Individuum, d.h. dem lateinischen Wortsinn nach unteilbar, einheitlich ganz ist, dann ist er seinem Wesen nach unverwechselbar und einzigartig. Dann wird er auch nicht dadurch zutreffend beschrieben, daß man ihn nach Ähnlichkeiten mit anderen analysiert oder gleichsetzt. Partielle Übereinstimmungen sind immer nur Teile eines im Ganzen anderen. Jeder ist eine Identität mit und für sich. Kein anderes menschliches Wesen gleicht ihm völlig, und daher kann auch kein anderer Mensch ihn ganz umfassen und aussprechen. Wenn man aber schon ein Individuum nicht ohne weiteres fassen kann, dann wird man auch nicht ohne weiteres die wahre Kunst des Individualisierens in der Pädagogik verstehen.

Auf der Suche nach dem Individuum

Es gibt ein Sprichwort, welches uns mahnt, es sei später, als wir denken. Dieses Sprichwort hätte keinen Sinn, wenn wir nicht zumeist von einem anderen Lebensgefühl erfüllt wären. Tatsächlich gehen wir fortwährend davon aus, noch Zeit zu haben, Zeit, etwas anderes zu tun, Zeit, die Welt zu verändern, uns zu verändern. Unsere Handlungen sind von der Gewißheit begleitet, daß wir auch anders könnten. Alles Gewordene betrachten wir als vorläufig. Das Gewordene beschränkt sich dabei nicht auf äußere Tatsachen allein. Wir glauben nicht nur, von uns ausgeführte Werke verbessern und bei einem nächsten Mal vollkommener ausführen zu können. Wir glauben auch, uns selber jederzeit allen möglichen Veränderungen unterwerfen zu können.

Die Spanne der Möglichkeiten reicht dabei von der Veränderung der Gewichtsverhältnisse über das Ablegen lästiger Gewohnheiten – «irgendwann höre ich mit dem Rauchen schon auf» – bis zur Veränderung der innersten Überzeugungen und Ansichten. Im großen und ganzen verfügen wir über eine ziemlich uneingeschränkte Zuversicht, alle möglichen Schwächen bei genügender Anstrengung abstellen zu können. Diese Hoffnung wird auch mit zunehmendem Alter nicht geringer, wenngleich sich allmählich eine nüchterne Selbsteinschätzung ergibt, die sich darüber klar ist, daß bestimmte Lebensziele unrealistisch wären. Dieses Alter weiß um den Unterschied zwischen Zielen, die in Übereinstimmung mit dem Selbst sind, und abstrakt-irrealen Wünschen, welche mit der eigenen Lebenslinie nichts zu tun haben. Es ergibt wenig Sinn, vom Leben eines Mozart oder Beethoven zu träumen, wenn Gehör und Tonempfinden schwach ausgeprägt sind und einer intensiven Ausbildung hartnäckigen Widerstand leisten. Dem Selbstwertgefühl und der Aussicht auf Entwicklungsfähigkeit tut das jedoch keinen Abbruch. Der gereifte Mensch schaut gelassen auf das Erreichte und erkennt den Wert des gelebten Lebens mit seinen Erreichnissen und offenen Möglichkeiten. Er weiß, daß er nicht alle denkbaren, sondern die ihm gestellten Aufgaben zu bewältigen aufgerufen ist.

Dieses Gefühl für das Eigene und die Möglichkeiten der Entwicklung hängen mit unserer Individualität bzw. unserem Ich-Sein zusammen. Wir erfahren uns als Wirkende in der Welt, und wir wissen, daß niemand anderer als wir selber an diesem Innersten unseres Selbst verändernd und schaffend arbeiten kann. Damit ist die Möglichkeit der Souveränität oder Selbstbeherrschung gegeben, die einen unbegrenzten Horizont der Entwicklung eröffnet – wenn uns nur die Zeit bleibt. Zugleich ist damit eine Aufgabenstellung verbunden, die sich so nur dem Menschen ergibt, nämlich er selber zu werden. Individuum bedeutet, ein Unteilbares, d.h. ein Einzelwesen zu sein, das in und aus sich selbst Bestand hat. Ein solches Einzelwesen wird zerstört, wenn es zergliedert, manipuliert oder umarrangiert werden soll. Es ist in seiner Art und Beschaffenheit einzig. Es trägt ein unverwechselbares Antlitz, ist Wesen unter Wesen. Dynamik und Kreativität gehören zu den Bedingungen seiner Existenz. Deshalb muß Individualität immer *werden*. Sie entwickelt sich, ist nicht als Zustand gegeben. Wo Bequemlichkeit dieses Werden unterbricht, treten Manierismus, Austauschbarkeit und Klischee auf.

Allerdings ist zunächst nur wenig am Menschen individuell. Seine Ohren, Arme, Füße sind Körperorgane wie die aller anderen Menschen auch. Sein physiologischer Bauplan ist in den Grundzügen so originell wie der ihre. Er ermöglicht Individualität, garantiert sie aber nicht. Das Individuelle des Menschen wird man hier kaum finden, höchstens die Spuren, welche es in seiner Wirksamkeit hinterlassen hat. Die graben sich im Laufe des Lebens immer kräftiger und ausdrucksstärker beispielsweise den Zügen seines Gesichtes ein. So kommt es schließlich zu der eindrucksvollen Physiognomie des alten Menschen. Da gibt es tatsächlich Spuren der Unverwechselbarkeit, die nicht von Natur aus gegeben sind. Aber das sind Spuren des gelebten, erlittenen, besorgten Lebens, Lebensäußerungen vom Ich her. In ihnen liegt der Hinweis zur Individualisierung des Leibes. Dieser will ergriffen werden und als Instrument des Denkens, Fühlens und Handelns dienen.

Auf der Ebene der wie selbstverständlich ablaufenden Lebensvorgänge ist es nicht anders. Da werden nicht nur die Elemente der physischen Welt in einen gewissen Ablauf gebracht, zu lebendigen Gestaltungen erhoben, Wachstum und Fortpflanzung organisiert. Da verlaufen auch viele Prozesse der seelischen Randbezirke nach den Merkmalen des naturhaft Geprägten. Manche Neigung oder Gewohnheit vollzieht sich im menschlichen Leben so unbesehen wie die gesetzmäßige Abfolge der Blätter an einem Pflanzenstengel oder der biochemische Mechanismus der Verdauungsvorgänge. Da folgt der Tasse Kaffee die Morgenzeitung, dem Sonntagmorgen der Ausflug und dem Feierabend der Entspannungstee. Sogar kompliziertere Vorgänge verlaufen häufig in diesem Automatismus. «Das macht man so» bzw. «das haben wir immer so gemacht» sind die stereotypen und inhaltsleeren Kommentare auf Fragestellungen nach dem Sinn von Hausaufgaben, der Gestaltung eines Sommerfestes, neuen Ideen für eine Abschlußfeier oder anderen Arbeitsabläufen. Die Lebensvorgänge mit ihrem typischen Merkmal der Wiederholung und Befestigung leisten der Durchdringung vom Ich aus einen beharrlichen Widerstand. Ihr Bereich läßt sich nur mühsam und allmählich ergreifen. Wo dies geschieht, wird er zum Ausdruck eines frischen, sich selbst tragenden Lebens. Neuimpulsierung und Stetigkeit verbinden sich zu gesunder Entwicklungsfähigkeit.

Manche Eltern freuen sich darüber, wenn in der Erziehung alles so richtig «klappt». Wenn die Kinder ganz den Vorstellungen der Eltern entsprechend heranwachsen, sich zu benehmen wissen, sich für die richtigen Dinge interessieren und «vernünftig» sind. Abgesehen davon, daß solche Verhältnisse heute die absolute Ausnahme sind und kaum oder allenfalls als propagandistische Nachbarschaftsveranstaltung passieren, wären solche Kinder beklagenswerte Geschöpfe. In einem bestimmten Alter, das in der Regel nicht erst mit vierzehn beginnt, lösen sich die Kinder aus dem Gewohnheits-, Empfindungs- und Urteilsleib der Eltern. Das ist auf dem Wege der Individualisierung auch notwendig. Wer nie ausbricht, wird kaum zu sich selber kommen. Vorher aber sind Kinder eingemeindet in die Lebensverhältnisse des engsten Umkreises. Daraus gewinnen sie Sicherheit und erste Belehrung. Sie übernehmen zu einem Großteil wie selbstverständlich die Regungen und Anschauungen ihrer Eltern, und auch die Krisen der Reifezeit lösen diese Bindungen keineswegs total auf. Mancher Erwachsene ist verblüfft, wenn ihm vom Lebenspartner ein Verhalten vorgeworfen wird, das er selbst bei seinen Eltern aufs heftigste getadelt hat. Mit geöffnetem Blick bemerkt er da manches, was keineswegs Ausfluß seiner eigenen Individualität, sondern Ergebnis von Erziehung, Anpassung oder Milieu ist.

Pestalozzi prägte den Begriff der «Individuallage» und meinte damit die Summe der besonderen gesellschaftlichen, wirtschaftlichen und politischen Bedingungen, in die der einzelne Mensch gestellt ist. Dies müsse bei der Erziehung berücksichtigt und gepflegt werden.

Jeder findet sich in ganz besonderen Lebensumständen wieder, die als solche schon einmalig genug sind. Als Milieu des Heranwachsens prägen sie nicht unerheblich die Entwicklung. Sie wirken stark in die unbewußten Gewohnheiten und bestimmte Anlagen hinein. Das beginnt mit dem Profil einer bestimmten Landschaft, den Wirkungen einer besonderen geographischen Situation und zieht sich bis in die Spuren des kulturgeschichtlichen Werdens hinein. Man befindet und fühlt sich nicht nur an jedem Ort anders – ein Mensch der Ebene ist ein anderer als der des Hochgebirges –, man urteilt und denkt auch verschieden je nach der wirksamen Individuallage, in der man aufwächst. So individuell verschieden diese Situationen auch sind, Individualität vermitteln sie noch nicht. Individuell wird der Mensch erst, wenn er all das durcharbeitet, was ihm im Umkreis des Milieus begegnet. Er muß aus seiner Lage etwas machen, nicht das Leben hindurch automatisch als Mensch der Berge handeln, fühlen und denken, sondern seine Möglichkeiten als Bergler ergreifend *selbst* handeln, fühlen und denken. Die Individuallage wird dann nicht zur Matrix, die sämtliche Lebensäußerungen steuert, sondern zur Grundlage oder Chance, auf der ein Individuum wachsen kann.

Der Raum des Unindividuellen ist unbegrenzt groß. Er bietet den sentimentalen Gefühlsregungen der allgemeinen Klischees ebenso Platz wie den gängigen Ansichten und Meinungen. Die fetischisierte «politische Korrektheit» ist einer der großen Tummelplätze entkernter Auffassungen. Aber nicht nur die vielbelächelten, leicht durchschaubaren Hindernisse sind Stolperschwellen der Individualisierung. Auch sehr edel und hochentwickelt klingende Ideen können schablonenhaft sein. Selbst Vorstellungen wie die Emanzipation der Menschheit, das Gute, das man immer tun sollte, oder der Dienst am Fortschritt sind sehr allgemeine Ideen, die in ihrer Absolutheit den Menschen zwingen können bzw. beliebig reproduzierbar sind. Das Allgemein-Abstrakte ist nie individuell. Was *man* gerade denkt, was von allen im Munde geführt wird, übt den leisen Zwang des anonym Verallgemeinerten aus. Nur was selber ergriffen und durchgearbeitet ist, worin der einzelne Mensch selber steckt, weil er es sich anverwandelt hat, das ist individuell. Dazu gehört auch, den Unterschied zwischen eigenen und fremden Urteilen zu kennen, zu wissen, was man verstanden hat und was nicht. Zwar wird die Welt nicht erst dadurch wahr, daß der Einzelne sie ganz erkannt hat. Der Einzelne wird aber erst durch das wahr, was er eingesehen hat. Insofern ist das Leben die große Schule, die den Menschen zum Selbst-Werden, zur Individualisierung führen will. Diese Individualisierung ist jedoch nicht mit Bequemlichkeit und Beliebigkeit, sondern mit der harten Arbeit des Werdens und Sich-Verwandelns verbunden.

Nur durch echte Individualisierung läßt sich auch der geheimnisvolle Zusammenhang von Individualität und Individuallage erkennen. Die Individuallage bedingt zunächst nur die Fülle der verschiedenen Milieu-Einflüsse. Insofern ist sie alles andere als individuell. Sie bietet bei genauerem Hinsehen aber genau jene Konstellationen und Möglichkeiten, die dem biographischen Werdegang in der Ausbildung von Individualität notwendig sind. Insofern ist die Individuallage bis in die gesellschaftlich-kulturellen, wirtschaftlichen und politischen Verhältnisse hinein potentiell individuell. Das Individuum findet sich in dem Kreis, in und aus dem heraus es sich fruchtbar entwickeln kann.

Zusammenhänge finden

Der Zusammenhang von Individuallage und Individualität läßt sich im Konkreten des Lebens nicht immer ohne weiteres einsehen. Wie leicht fühlt man sich zur falschen Zeit am falschen Ort und in die verkehrte Gesellschaft geboren. Manche Menschen stehen ihr ganzes Leben über mit den Fügungen ihrer Biographie auf Kriegsfuß. Manchmal erinnern sie dabei an den unglücklichen Don Quixote und seinen Kampf mit den Windmühlenflügeln. Ist der Blick auf das Leben nicht klar, verschwimmt auch die Kontur seiner Sinnhaftigkeit. Der eine findet, daß er nie die Aufgaben bekommt, die ihm angemessen wären, der andere sieht sich niemals bestätigt oder angenommen, der dritte will immer etwas anderes als das, was andere von ihm erbitten. Es ist nicht einfach, sich mit den Bedingungen des eigenen Lebens anzufreunden.

Für glückliche Fügungen gilt das allerdings weniger. Die werden in der Regel als angemessen und verdient eingeschätzt oder als selbstverständlich hingenommen. Manches Glück wird auch einfach übersehen. Andere scheinen es meistens besser zu haben.

Bei den unangenehmeren, weil schwereren Zusammenhängen gelingt es uns jedenfalls nicht so ohne weiteres, sie anzunehmen. Manchmal haben wir den Eindruck, daß uns solche Dinge häufiger treffen als andere, und können den Grund nicht einsehen. Wir halten das für ungerecht, sprechen von unglücklichen Zufällen und nennen sie Pech. Wir hatten aber schon im Betrachten der menschlichen Biographie gesehen, daß ein solcher Eindruck trügerisch sein kann. Zuweilen bringen uns gerade die Widerstände am weitesten voran. Wir sind später u.U. für Hindernisse dankbar, die wir zunächst völlig abgelehnt haben. Was wir benötigen, ist eine Methode, die uns hilft, das zu uns Gehörige zu sehen und anzunehmen. Damit würden wir uns im Leben erheblich besser zurechtfinden können. Wir bekämen eine gewisse fundamentale Sicherheit, weil wir das Übereinstimmende von Impulsen der Individualität mit den Voraussetzungen der Individuallage erkennen würden. Wir würden sowohl uns selbst als auch die Situationen besser verstehen.

An verschiedenen Stellen seines Werkes hat Rudolf Steiner eine bestimmte Karma-Übung angegeben, die für dieses Problem hilfreich ist.[34] Für Steiner gehörte die Thematik von Reinkarnation und Karma zu den zentralen Anliegen seines Werkes. Nachdem er am 29. September 1900, dem Michaelitag des neuen Jahrhunderts, seinen ersten esoterischen Vortrag über «Die geheime Offenbarung in Goethes Märchen» gehalten hatte[35], übernahm er schon bald die Leitung der deutschen Sektion der Theosophischen Gesellschaft. Von Beginn an versuchte er in diesen Kreisen, das Verständnis von Reinkarnation und Karma durch Ideenbildung und praktische Übungen zu entwickeln. Über den Erfolg dieser Bemühungen war er ziemlich niedergeschlagen. Man wollte lieber Mitteilungen aus der geistigen Welt in großen Erzählungen, Bildern und Begriffsschemata angeliefert bekommen und in großem gesellschaftlichen Rahmen philiströs diskutieren, als Geistiges in praktischer Handhabung zu erarbeiten. Wie alles Anthroposophische lassen sich auch die Inhalte von Wiederverkörperung und Schicksal nur durch aktive innere Durchdringung zur Anschauung bringen.

Die besagte Übung nennt Rudolf Steiner eine Gedankenübung. Das bedeutet, daß sie rein gedanklich durchgeführt werden soll. Sie stellt eine Art inneren Experimentes dar, das durch seinen gedanklich fiktiven Charakter vollkommen in der Willkür des Übenden bleibt und ihn frei läßt. Man solle sich vorstellen, ein Ziegelstein wäre auf unsere Schulter gefallen und habe uns verletzt. Diese Vorstellung ist natürlich keineswegs angenehm, und stieße uns ein solches Ereignis im wirklichen Leben zu, würden wir wahrscheinlich sagen, es sei ein Zufall, noch dazu ein höchst unwahrscheinlicher. Steiner fordert aber dennoch dazu auf, diese Vorstellung konsequent durchzuführen und in eine bestimmte Richtung weiterzutreiben. Wir sollen uns nämlich vorstellen – er betont immer wieder, daß es sich dabei um eine ganz und gar künstliche Konstruktion handle –, daß wir selbst auf das Dach gestiegen seien und dort den Ziegelstein in einer so raffinierten Weise gelöst hätten, daß er uns dann im richtigen Moment beim Vorübergehen auf die Schulter fallen und verletzen konnte. Die Vorstellung geht also dahin, daß wir selber der Verursacher des scheinbaren Zufalles sind. Das extreme Beispiel verdeutlicht, in wie abgelegen erscheinenden Situationen sich dieser Gedanke durchexperimentieren läßt. Bei den Beispielen des wirklichen Lebens liegen die Dinge näher und zeitigen eine merkwürdige Wirkung.

Was zunächst als eine ziemliche Zumutung erscheint und vielleicht sogar absurd anmutet, verändert sich da nämlich nach einiger Zeit. Bei vielem, was einem im Leben widerfährt gewinnt man den Eindruck, daß man tatsächlich selber verursachend mit den scheinbaren Zufällen zusammenhängt. Dieser Eindruck beruht bei nüchternem und genauem Üben nicht auf Selbstsuggestion. Vielmehr wird man auf einen Ursachenzusammenhang aufmerksam, zu dem man zunächst keine Neigung hat und der unterhalb der Bewußtseinsschwelle liegt. Entwickelt man den hier aufsteigenden Eindrücken gegenüber die notwendige Gelassenheit, dann tritt jenes Evidenzerleben auf, das Zutreffendes von Unzutreffendem unterscheidet. Folglich regt Steiner im weiteren auch an: «So machen wir es in bezug auf alle Ereignisse, von denen uns einfällt, daß sie zufällig in unserem Leben eingetreten sind. Einen künstlichen Menschen konstruieren wir, der alles verschuldet oder herbeiführt, wovon wir im gewöhnlichen Leben nicht einsehen können, wie es mit uns zusammenhängt.»[36] Auf diese Weise können wir versuchen, Zusammenhänge aufzuspüren, die uns ansonsten verschlossen bleiben. Antwortet etwas in uns auf ein solches Experiment, taucht ein tief untergründiges Gefühl auf, das zu einer begründeten Ahnung wird, dann sind wir nahe jener Bestätigung, die uns im weiteren zur Erkenntnis werden kann. Der Zusammenhang bestimmter Ereignisse mit unserem innersten, manchmal verschütteten Streben wird deutlich, und die Vorgänge sind keineswegs mehr so zufällig für uns, wie sie vorher schienen. Vielmehr erweisen sie sich als folgerichtig und nicht zuletzt hilfreich.

Das gilt vor allem für Ereignisse, die uns in schwierige Situationen geführt, uns Schmerzen und Leid zugefügt haben. Solche Erlebnisse sind wir in der Regel geneigt abzuwehren. Wir wollen sie vermeiden. Das ist eine natürliche und gesunde Regung. Blicken wir jedoch auf solche Erfahrungen zurück und betrachten sie im ganzen Umkreis ihrer Auswirkungen, dann gewinnen sie eine andere Wertigkeit. Gerade die Proben, die mit derartigen Erlebnissen zusammenhängen, bringen uns nämlich zumeist weiter. Sie fordern unsere ganze Kraft und verlangen mehr von uns als die Behaglichkeit des gewöhnlichen Alltags. So führen sie uns oft in die Tiefe unserer Seele, machen uns offen für Wendungen oder Neuorientierungen in unserem Leben. Insofern verdanken wir ihnen meistens viel mehr als den glücklichen Fügungen und angenehmen Zufällen. In der Gegenwart der Ereignisse ist das aber nicht zu entdecken.

Es ist klar, daß mit dieser Entdeckung nicht eine ungesunde Vorliebe für das Erleiden von Schmerzen vorliegt. Es geht ja nicht um ein Vergnügen am Schmerzerleben und ein künstliches Aufsuchen davon. Ausgangspunkt ist die Frage nach dem Grund bestimmter Ereignisse und das Bedürfnis, unverständliche Vorkommnisse auf ihren Sinn hin zu überprüfen. Dabei werden nicht aktuelle Schmerzen, gegenwärtiges Leid genossen, sondern vergangene schwere Erlebnisse auf ihre Auswirkungen hin untersucht. Der Schauder bleibt vielleicht allgegenwärtig, er raubt dem Übenden aber nicht die Besinnung, weder durch erschreckte Abkehr noch durch lustvolle Hinwendung.

In einer meiner Klassen hatte ich einen Schüler mit verhältnismäßig alten Eltern. Er war der mit großem Abstand folgende Nachkömmling einer größeren Geschwisterschar. Sein Verhalten war nicht immer einfach. Er stürzte sich gern in unüberlegte Abenteuer und geriet dadurch in schwierige Situationen. Seinen Lehrern gegenüber benahm er sich nicht anders als zu Hause den Eltern gegenüber, er galt als ziemlich frech. Mit diesem Verhalten war eine gewisse Stumpfheit verbunden. Dadurch wirkte, was er tat, immer ein wenig plump, manchmal sogar brutal. Man konnte das im Zusammenhang seiner Lebenssituation sehen und Verständnis dafür aufbringen. Der Vater hatte schon etwas Derbes in seiner Gestalt wie im Verhalten. Die Mutter hingegen war besonders in jüngeren Jahren leicht für alle möglichen Schwärmereien zu haben gewesen. Auch wenn dieser Zug einer gewachsenen Lebensweisheit Platz gegeben hatte, so lebte in ihrem Wesen doch etwas stets Verständnisvolles und mild Sprunghaftes. Die Cholerik des Vaters hatte im Laufe der Jahre gleichfalls manches an Eruptivität verloren. Ein immerfrommes Lamm war er dadurch aber nicht geworden. Sein Alter lag ein beträchtliches Stück höher als das seiner Frau. Das führte zu allerlei absurden Eifersüchteleien, die äußerlich zwar jeder Grundlage entbehrten, seelisch aber permanent befeuert wurden. Beiden war der kleine Manuel Sonnenstrahl und Augapfel zugleich.

Daß Manuel zuweilen die Rolle des Tunichtgut spielte, konnte da nicht wundern. In seinem Wesen lag jedoch zugleich etwas gemüthaft Tiefes und Treues, und so konnte er einem in seiner Putzigkeit leicht ans Herz wachsen. Die Mutter hatte nun eine merkwürdige Fähigkeit ausgebildet. Sie kannte die eigentümliche Lage ihres Sohnes und hatte ein sensibles Verständnis für das Leben in einem Elternhaus, das ebensogut ein Großelternhaus hätte sein können. Aus diesem Grund hatte sie bei sich sogar eine kindergartenartige Spielgruppe eingerichtet. Manuel sollte auch von jüngeren Menschen umgeben sein. Das veränderte die Situation natürlich dennoch nicht grundlegend. Manuel stand immer im Mittelpunkt, und das behinderte seine Entwicklung. Die Mutter war dem gegenüber sehend machtlos. Sie tat das ihr Mögliche und erlebte die Grenzen ihrer Wirksamkeit. In dieser Ohnmacht hatte sie aber ein genaues Gespür dafür ausgebildet, was in Manuels Entwicklung ging und was nicht. Sie hatte erfahren, daß die Turbulenzen, in die er sich steigerte, stets von irgendeinem kleinen Unglück gebremst wurden und er dann Gelegenheit hatte, wieder zu sich zu finden. Einmal stürzte er mit dem Fahrrad, das andere Mal fiel er vom Baum. Bei einem Elternbesuch sagte sie mir voraus, daß in der nächsten Zeit etwas eintreten müsse, denn er sei gegenwärtig wieder ganz von Sinnen. Tatsächlich fehlte er zwei Tage später in der Schule wegen einer schweren Scharlacherkrankung.

Diese Mutter hatte also ein ziemlich aktuelles Gespür für den Zusammenhang von scheinbaren Hindernissen, Schmerzen und Leid mit der positiven Entwicklung ihres Kindes ausgebildet. Von dem Erschrecken und Mitleiden einer Mutter befreite sie das nicht. Sie konnte ihren Sohn aber sehr viel wacher und verständnisvoller begleiten, als ich das bei anderen Eltern erlebt habe. Ihr Sohn dankte ihr dieses Verständnis übrigens mit tiefer Zuneigung und starkem Vertrauen.

Dies zeigt, wie positiv Leid und Hindernisse im Leben auftreten können. Die Mutter hätte ihr Verständnis für diesen Zusammenhang vielleicht nicht so klar ausbilden können, wenn sie nicht mit der Ziegelstein-Übung vertraut gewesen wäre. Jetzt jedenfalls war ihr dieses Üben nicht nur für ihre ganz eigene Situation, sondern auch für die Entwicklung ihes Sohnes zur Hilfe geworden. Sie war aufmerksamer für Lebensfiguren und besaß mehr Verständnis für andere Menschen. Die bei ihrem Sohn auftretenden Schwierigkeiten waren Hilfen für das Herausbilden seiner Individualität. Wo die Mutter bei bestem Willen nicht weiter helfen konnte, da traten solche Einschläge auf. In ihrem Sohn wirkte ein gleichsam befähigterer Pädagoge als sie selbst. Und dieser Pädagoge wirkte ganz im Interesse ihres Sohnes. Wenn er allzu ruppig wurde, wenn er die Klassenkameraden oder sein übriges Umfeld tyrannisierte, dann trat der geheimnisvolle Erzieher mäßigend auf. Diese Erfahrung kleidet Steiner in die Worte: «Da drinnen in uns ist ein gescheiterer Mensch, der uns zu Leiden und Schmerzen hinführt, zu etwas, was wir im Bewußtsein am liebsten vermeiden möchten. ... Der uns zu dem uns Unsympathischen hinführt, damit wir vorwärtskommen.»[37]

Wer aber ist dieser geheimnisvolle Erzieher, der uns auf so energische Weise voranbringt, auch wenn unsere Neigungen sich verweigern und wir lieber bequem beim status quo verweilen würden?

Dieses Geheimnis beginnt sich uns zu enthüllen, wenn wir auf eine Erfahrung unseres Ich schauen. Wir hatten oben auf das Verhältnis des Menschen zur Zeit geschaut und das Vertrauen auf weitere Entwicklungsmöglichkeiten festgestellt. Wir glauben, daß wir immer noch Zeit haben. Das hängt mit einer Erfahrung unseres Ich in bezug auf seinen eigenen Entwurf zusammen. Der Mensch betrachtet sich nicht als fertig. Er sieht sich unabgeschlossen und offen, als Werdenden. Insofern lebt das Ich des Menschen gar nicht in der Gegenwart, denn hier ist es noch nicht vorhanden. Es lebt vielmehr als geistiges Projekt in der Zukunft. Auch deshalb ist das Individuum «unaussprechlich». Den ganzen Umfang unseres gegenwärtigen Seins betrachten wir immer nur als vorläufig. Wollte uns jemand darauf festnageln und behaupten, daß wir das seien, was bisher von uns sichtbar geworden ist, dann würden wir rebellieren. Wir wissen, daß wir uns noch verändern können, wenn wir nur wollten und uns die Zeit bliebe. Wenn ich bis heute geizig war, dann könnte ich doch morgen großzügig werden. Und wüßte ich, daß morgen die Welt untergeht, dann könnte ich heute noch einen Apfelbaum pflanzen.

Es gibt aber noch eine weitere Zeiterfahrung des Ich. Es lebt nicht in der Zukunft allein. Sobald wir in der Welt als Ich auftreten, uns als Ich fühlen und denken, gehen wir immer von uns aus. Wir sind schon da. Als Ich entstehen wir nicht erst augenblicklich und neu, sondern wir bauen auf etwas Gewordenem auf. Das ist die Vergangenheitserfahrung des Ich. Wir bringen uns mit. Dieses Mitgebrachte hat Substanz. Es macht nicht nur einen geometrischen Punkt aus, der in seiner unendlichen Konzentration lediglich zu denken, aber nie zu realisieren ist. Es trägt die Essenz eines Selbst-Gewordenen, eben von Individualität in sich. Dieser individuelle Kern ist uns jedoch verborgen. Was wir da mitbringen, kennen wir in bezug auf seine genaue Identität ebensowenig, wie wir die Zukunftsgestalt unserer Individualität bereits realisiert haben. Die Affinität mit der Gegenwart, die Erlebnisse in der irdischen Welt ziehen uns mit der Geburt in ihren Bann. Wir vergessen, wer wir waren im Zauber der gegenwärtigen Erfahrungen. Dadurch genießen wir die Welt und genießen uns. Wir beginnen, die Welt in einer eingeschränkten punktuellen Perspektive von uns aus zu sehen. Diese Perspektive nennen wir dann Ich, genauer sollten wir von Egoität sprechen. Denn von der großen Perspektive wahrer Individualität oder höherer Ichheit ist diese Egoität himmelweit entfernt. Das Ich eines Menschen wächst mit seinen verarbeiteten Erfahrungen. Das macht ja gerade die Substanz von Individualität aus, daß ein Stück Welt Mensch geworden ist, d.h. ein Individuum sich Welt anverwandelt und als schöpferischen Vorgang zu etwas Neuem, nämlich individuell Menschlichem gemacht hat. Die Werdeperspektive des Menschen ist dabei durch den Entwicklungsgang seiner Inkarnationen hindurch unbegrenzt groß. Diese Tiefendimension der Individualität aber entgleitet uns mit der Geburt. Es bedarf geistiger Anstrengung, zu entdecken, daß unser Ich, unsere Individualität nicht von dieser Welt sind. Das Leben in der Gegenwart bedeutet, immer stärker die Identität unserer wahren Individualität mit unserem aktuell erlebten Ich zu suchen. Das gelingt uns aber nur sehr eingeschränkt. Im allgemeinen haben wir im Geistigen von der wahren Individualität lediglich zuweilen eine Ahnung, gewinnen eine umrißhafte Anschauung. Unmittelbar anwesend ist sie im Irdischen jedoch zumeist nicht. Manchmal werden wir von ihr berührt. Dann sind wir einmal ganz wir selbst, leben in echter Geistesgegenwart und erfahren das als Augenblicke der Ewigkeit oder Überzeitlichkeit. Gewöhnlich aber erleben wir nur einen Abglanz dieses reinen, höheren Ich in der alltäglichen Ichheit des gewöhnlichen Lebens.

Insofern ist die Individualität oder das eigentliche Ich des Menschen jenseits der Zeit. Wir kommen des Nachts in seine Sphäre, wenn wir den Weg zurück zu unseren vorgeburtlichen Entschlüssen gehen, und wir verbinden uns mit ihm in der Nachtodlichkeit, wenn wir im Geistigen leben und die Erfahrungen unseres Erdenlebens verarbeiten. Dann sind wir mit ihm in Deckung. In die Welt des Diesseits mit ihren begrenzten Raum- und Zeitbezügen kann es nicht hinein. Es muß vor dem Tore der Geburt stehenbleiben und kann erst nach dem Tode wieder eins mit uns werden.

Der Tag bzw. das Erdenleben aber ist die Zeit, in der wir Erfahrungen machen, arbeiten, um dem Ich und seiner Entwicklung Nahrung zu geben. Wir verdauen diese Nahrung in den verborgenen Sphären von Hypnos und Thanatos, von Schlaf und Tod. So hängen kleines und großes Ich, Tages- und Nacht-Ich zusammen. Unser Entwicklungsweg geht dahin, die beiden in eins zu bekommen, mit uns selbst identisch zu werden. Geistesgegenwart in ihrer tiefsten Bedeutung meint diesen Zusammenhang von aktiv wirkendem Ich mit dem Ich des Umkreises, das mit dem All ebenso verbunden ist wie mit sich selbst.

Die Ziegelstein-Übung geht dahin, dieses verborgene Ich, das aus dem Überbewußten in das Leben eingreift, besser kennenzulernen und dieses Identisch-Werden zu verstärken. Es zeigt sich dann, daß wir nicht nur den wirkenden «Klügeren» in uns gewahrwerden. Der Klügere hat mit der Zukunftsperspektive der Individualität zu tun. Er will uns fortwährend zu einem vollkommeneren Menschen machen. Wir lernen auch den Gewordenen, Alten in uns kennen. Der hängt mit der Vergangenheitsperspektive des Ich zusammen. Das höhere Ich vereinigt diese beiden in sich und versucht, sie im Leben zusammenzubringen. Durch die Ziegelstein-Übung lernen wir uns viel besser und tiefer kennen, als das gewöhnlich der Fall ist. Wir entdecken ja manche Seite in uns, die uns nur allzugern lieber verborgen bliebe. Wer entdeckt schon gern, daß er selber Ziegelsteine auf sich wirft – und auch noch notwendigerweise! Ohne solche Vorkommnisse ginge es ja häufig nicht weiter. Wir bewerfen uns also mit Ziegelsteinen und sind bei rechter Besinnung auch noch dankbar dafür. Das ist schon reichlich verrückt, aber noch weniger gescheit wäre es, wenn man solche Verhältnisse nicht durchschauen würde! Wir beginnen uns also zu durchschauen. Dieses Durchschauen geschieht aber auf keine oberflächlich psychologisierende Art. Die Übung verläuft ja außerordentlich diszipliniert, in ruhiger Besonnenheit und gedanklicher Exaktheit. Sie will nicht auf rasche Enthüllungen und Sensationen hinaus. Man läßt sich mit ihr Zeit. Man geht mit großer Sorgfalt solche Situationen des Lebens durch, die einem in ihrem Zusammenhang unverständlich sind und von denen man nicht weiß, wieso sie gerade einem selbst passieren. Da wird einmaliges Versuchen nicht viel ausrichten. Man muß auf die Dinge zurückkommen und beobachten, wie sie sich verändern. Diese Veränderungen sind nicht leicht zu bemerken. Man nimmt sie vielleicht zunächst nicht wahr, sie entgehen einem. Oder man fällt sogleich interpretierend über sie her. Dann können sie sich nicht rein aussprechen, oder sie werden abgeschnitten.

Erst allmählich beginnt durch solches Üben etwas hindurchzusprechen. Das sind keine bloßen rational analytischen Vorstellungen mehr. Vielmehr beginnt sich uns etwas von der Evidenz des Realitätszusammenhanges mitzuteilen. Was sich da kundtut, äußert sich über die Gemütstiefen des Menschen, nicht über flinke Urteile. Und diese Mitteilung betrifft uns selbst. Steiner formuliert diese Erfahrung folgendermaßen: «Ja, da ist etwas, was mit einem anderen als deinem jetzigen Erdenleben einiges zu tun hat. Eine Art Besinnung auf ein anderes Erdendasein, *der* Gedanke tritt ganz bestimmt auf. Es ist mehr ein Gefühl als ein Gedanke, eine Empfindung, aber eine solche, wie wenn wir das, was im Gemüt auftritt, so fühlen wie das, was wir selber einmal in einer früheren Inkarnation auf dieser Erde waren.»[38]

Damit stehen wir vor etwas, was mit der Substanz unserer wahren Individualität zusammenhängt. Die Wirkungen vergangener Inkarnationen treten auf als Früchte verarbeiteten Lebens, die ihre Zukunftstendenzen in sich tragen. Die Bemühung um ein Verständnis von Reinkarnation und Karma geht ja, wenn sie verständig angestellt wird, nicht darum, zu erfahren, wer und was Aufregendes man in einer vergangenen Inkarnation gewesen ist. Sie geht darum, sich selbst, das Leben, die Zusammenhänge besser kennenzulernen und zu verstehen, um Gegenwart und Zukunft besser zu bewältigen. Wer weiß, unter welchen Bedingungen und mit welchen Vorhaben er angetreten ist, kann eher hoffen, seinen Weg nicht aus den Augen zu verlieren. Er wird auch für manches Schwere in seinem Leben leichter Verständnis entwickeln und Trost empfinden können. Seine Neigung wird wachsen, sein Kreuz auf sich zu nehmen und zu tragen, denn er weiß, seine Aufgaben treffen ihn nicht willkürlich. Genauso wird er unterscheiden lernen, was nicht zu ihm gehört, und nicht die Böcke mit den Schafen verwechseln. Reinkarnation und Karma vernebeln nicht das

Bewußtsein des Menschen, sie klären es. Sie schaffen nicht falsche Dulder-Mentalitäten, sondern helfen dem Menschen zu sich und zu einem gesunden Verhältnis zur Welt.

Verschiedene Stufen von Klugheit

Was mit einer kleinen Übung beginnt, kann zu außerordentlich großen Resultaten führen. In unserer Schule hatten wir einen Klassenlehrer, der mit seinem Klassenzug an das Ende der achten Klasse herankam. Das bedeutete, daß er mit dem Ende des Schuljahres diese Klasse an die Betreuer der Oberstufe abgeben würde. In den Verwaltungskonferenzen der Schule wurde seit einiger Zeit über die Besetzung der beiden neuen ersten Klassen mit Klassenlehrern gesprochen. Die Angelegenheiten lagen erfreulich klar, da der genannte Klassenlehrer bereit war, sofort wieder die Führung eines neuen Klassenzuges zu beginnen, und für die Parallelklasse ein neuer Kollege bereits gewonnen war. Der neue Kollege sollte vom Seminar kommen. Er war mit dem anderen Lehrer bekannt und hatte durch dessen Vermittlung bereits eine Vertretungsepoche in der Schule gegeben, mit der er recht gut zurechtgekommen war, so daß er beim Kollegium einen positiven Eindruck hinterlassen hatte.

Die Schule stand zu diesem Zeitpunkt vor einem bedeutenden Abschnitt ihrer Entwicklung. Die Einrichtung der Fremdsprachen sollte umgewandelt werden. In einer Waldorfschule werden ja zwei Fremdsprachen von der ersten Klasse an als lebendige Sprachen unterrichtet. Dabei gab es bis auf wenige Ausnahmen in Deutschland eine klassische Kombination, die auch bei uns eingerichtet war. Die eine Sprache war Englisch, die andere Französisch. Daran sollte nun etwas verändert werden. Anfang der achtziger Jahre war Europa noch starr geteilt durch den Eisernen Vorhang. Es zerfiel in einen Ost- und einen Westteil. Im Kollegium lebte der Eindruck, der auch von der Elternschaft geteilt und in den folgenden Entscheidungen mitgetragen wurde, daß mit dem Unterrichten zweier westlicher Sprachen ein Ungleichgewicht in der Entwicklung des Sprachgefühls bei den Schülern entstünde. So fiel der Blick auf das Russische. Das wurde eingehend untersucht, linguistisch analysiert und hinsichtlich seiner Grammatik, des Klanges, seiner Sprachbilder, Lautdifferenzierungen und Struktur als den westlichen Sprachen komplementär erkannt. Daher sollte nun Russisch das Französische ersetzen. Darin schien eine reizvolle Figur zu liegen. In Deutschland als Ort der Mitte konnten Kinder neben ihrer Muttersprache künftig mit dem westlichen Englisch und dem östlichen Russisch heranwachsen. Dieses Bild der Waage schien uns Zukunft zu enthalten. Es griff nach unserem Verständnis etwas von der kulturgeschichtlichen Mission Deutschlands auf, Brücke und Ausgleich zu bilden zwischen West und Ost. Einfach zu realisieren war diese Entscheidung allerdings keineswegs. Es gab aus politischen Gründen heftige Widerstände gegen diese Konstellation. Das Russische war manchen zu abwegig, es kam ihnen zu abgelegen und nicht nützlich vor. Immerhin schien eine ewige Spaltung den russischen Sprachraum von dem eigenen Lebensgebiet abzuriegeln. Im Zusammenhang mit der Sowjetunion verlor die russische Sprache für viele auch ihre frühere Schönheit und ihren Reiz. Dostojewski und Tolstoi gehörten einer unwiederbringlichen Vergangenheit an. Jetzt wirkte ihre Muttersprache kalt, brutal und bedrohlich.

Glücklicherweise war die Schule zweizügig, und so gab es eine Lösung für alle Bedürfnisse. Der Entschluß ging dahin, eine Klasse in der Kombination Englisch/Russisch und die andere in Englisch/Französisch zu unterrichten. Die Eltern sollten bei der Aufnahme die Gelegenheit bekommen, eventuelle Vorbehalte gegen eine der beiden Möglichkeiten mitzuteilen, und diese sollten gegebenenfalls bei der Zusammenstellung der Klassen berücksichtigt werden. Dabei war an gewichtige Gründe gedacht, denn im Prinzip stellte jede Einschränkung bei der Klasseneinteilung für die Aufnahmelehrer eine Behinderung des Bemühens dar, ausgewogene Klassen zusammenzustellen.

Auch die Verteilung der beiden Klassen auf die künftigen Klassenlehrer war frühzeitig gelöst worden. Der erfahrene Klassenlehrer hatte sich darum beworben, die Russischklasse übernehmen zu dürfen, und sowohl sein zukünftiger Kollege als auch die Gesamtkonferenz hatten dem zugestimmt. Der genannte Kollege verband viel mit der neuartigen Konstellation. Er hatte zu den treibenden Kräften bei der Einrichtung des Unterrichtsfaches gehört und glaubte, daß damit etwas Bedeutendes geschähe. Die östliche Seite der europäischen Kultur würde hier wiederbelebt werden. Auch war er ein unternehmender Mensch, und so malte er sich die Möglichkeit aus, im siebten oder achten Schuljahr eine Klassenreise in die Sowjetunion zu unternehmen, um neue menschliche Verbindungen anzuknüpfen und eine Initiative zur Überwindung der großen Trennung zu schaffen. Die Chancen dafür waren nicht so gering einzuschätzen. Immerhin hatte es immer einmal wieder kräftiges Tauwetter in den politischen Beziehungen der beiden Länder gegeben. Immerhin war die Schule nichtstaatlich und besaß daher größere Bewegungsfreiheit als andere Schulen. Zudem hatte der Kollege Erfahrungen mit Auslandsreisen. Für seine alte Klasse hatte er einen vielwöchigen Klassenaustausch mit einer französischen Schule organisiert, welcher erfolgreich verlaufen war. Alle Probleme, die mit der folgenreichen Entwicklung der Schule zusammenhingen, schienen also bestens gelöst. Man hatte sogar die notwendigen Lehrer für das neue Fach bereits auf etwa fünf Jahre im voraus.

Die allseitige Zufriedenheit wurde in einer der letzten Verwaltungskonferenzen vor Ende des Schuljahres jäh gestört. Die Aufnahmelehrer hatten sich mit einem dringenden Anliegen in die Tagesordnung aufnehmen lassen. Sie erklärten sich außerstande, ihrem Auftrag entsprechend zwei arbeitsfähige erste Klassen zusammenzustellen. In den vergangenen Wochen waren sie von immer mehr Eltern mit bestimmten Wünschen bezüglich der Fremdsprachenwahl konfrontiert worden. Dabei zeichnete sich eine bestimmte Tendenz ab. Alle erfahrenen Eltern der Schule, die bereits

Geschwister in höheren Klassen hatten, meldeten sich für Russisch oder waren in ihrer Entscheidung offen. Eine andere Gruppe von Eltern hingegen, die neu an die Schule kamen, sich aber vom Kindergarten oder der gemeinsamen Wohngegend her kannten, brachten Argumente gegen die neue Fremdsprache vor. Die Aufnahmelehrer vermuteten eine verborgene Absprache unter den neuen Eltern. Die wollten offenbar zusammenbleiben und sahen dafür allenfalls bei der Wahl von Französisch eine Chance. Manche Gründe ähnelten sich zu sehr. So viele Vertriebene und durch das Sowjetsystem Verfolgte konnte es in einer einzigen Waldorfschulklasse nicht geben.

Man hätte die Dinge womöglich so laufen lassen können, wenn nicht ein anderer Umstand dazugekommen wäre. Die Aufnahmelehrer stellten das Berufsprofil der Eltern in der Französischklasse dar. Daraus ergab sich eine nahezu rein akademisch gebildete Elternschaft mit einem guten Drittel Staatsschullehrern, fast einem weiteren Drittel Ärzten, mit Rechtsanwälten, Ingenieuren und Wirtschaftsführern. Sie fragten, wie ein Neuling mit dieser Klientel zurechtkommen, Elternabende halten und in Ruhe unterrichten solle. Das intellektuelle Potential dieser Melange wirkte allzu bedrohlich. In den Gesprächen mit den Eltern hatten sich offenbar recht massive Festlegungen ergeben. Daher trauten sich die Aufnehmenden jetzt nicht mehr, eine Einteilung aus eigenem Gutdünken vorzunehmen. Die Gefahr eines Zerwürfnisses war zu groß.

Die Konferenz war angesichts dieser Situation ratlos. Sollte man den Krach riskieren und die Wahlmöglichkeit der Eltern wieder zurücknehmen? Müsse man überhaupt ganz andere Kriterien bei der Aufnahme der Kinder entwickeln und die Auswahl verändern, bestimmte Schüler – eigentlich Elternhäuser – ablehnen? Ein langwieriges und höchst emotionales Gespräch begann.

Ein Kollege hatte noch eine andere Idee. Die äußerte er aber nicht, weil sie einen inneren Kampf in ihm auslöste. Auch für die anderen Kollegen mußte eigentlich eine weitere Möglichkeit leicht sichtbar sein. Sie schwiegen jedoch ebenfalls. Der für die Russischklasse vorgesehene erfahrene Kollege war für die Entschiedenheit seines Einsatzes bekannt. Er spielte in der Schule eine gewisse Rolle und besaß eine geschliffene Gabe der Argumentation. Das hatte sich schon in seiner frühen Kindheit gezeigt, als er noch den Kindergarten besuchte. Da grenzte an das Gelände des Kindergartens ein Garten mit Kirschbäumen an. Die Grundstücke waren durch einen hohen Zaun voneinander getrennt, und selbstverständlich war es streng verboten, den Verlockungen des Sommers zu erliegen. Wirksamer als das Verbot der Kindergärtnerinnen war aber der grimmige Besitzer dieses Schatzes. Einigen Kindern erschien er wie die leibhaftige Inkarnation des Drachens, der ihnen im Märchen begegnet war. Ihr Übermut bzw. ihre Begehrlichkeit waren jedoch größer als die drohenden Gefahren. So kletterte eines Tages eine kleine Schar von Jungen über den Zaun und tat sich an den Früchten gütlich. Es dauerte nicht lange, bis der Drache dieses Frevels gewahr wurde und sich mit lautem Schnauben gegen die Räuber stürzte. Dem besagten Kollegen sagte ein rascher Blick, daß nicht mehr alle Mitglieder der Bande heil über den Zaun entwischen könnten. Also blieb er stehen, half den voraneilenden Kameraden über den Zaun und begann mit dem Drachen zu sprechen. Er suchte Verständnis für den an und für sich tadelnswerten Wunsch der Kinder zu wecken und stellte mit Erstaunen fest, daß sich der mächtige Feind tatsächlich zu besänftigen begann. Am Ende durfte auch er unversehrt, ja gestützt durch die mächtige Hand des alten Mannes, über den Zaun steigen.

Diesem Kollegen etwas Unangenehmes abzuverlangen, hütete man sich, wenn es nicht unumgänglich war. Klugheit und Willenskraft mischten sich in ihm zu einer zuweilen furchteinflößenden Wucht. Jetzt aber schwieg er und wartete offenbar ab, ob die Dinge irgendwie an ihm vorübergehen würden.

Zuletzt meldete er sich endlich doch zu Wort und bot an, aus der Russisch- in die Französischklasse zu wechseln. Im Handumdrehen war der Tagesordnungspunkt beendet. Das Angebot wurde angenommen, und alle die vielbeschworenen Schwierigkeiten der diffizilen Klientel waren wie weggewischt. Jetzt mußte nichts mehr an den Verhältnissen geändert werden. Die Konferenz ging zum nächsten Punkt über.

Der gefaßte Entschluß fiel dem besagten Kollegen nicht leicht. Es war immerhin eine Entscheidung für acht Jahre. Er trauerte den entgangenen erträumten Möglichkeiten durchaus zuweilen nach. Allerdings fuhr die Russischklasse auch mit dem anderen Kollegen schließlich nach Rußland, und er selbst gewann ein sehr freundschaftliches Verhältnis zu den Eltern und Schülern der eigenen Klasse.

Diese Ereignisse boten ihm eine fruchtbare Gelegenheit zur Anwendung der Ziegelstein-Übung. Denn solange in seiner Seele noch etwas an Hader mit der getroffenen Wahl lebte, konnte er nicht völlig verstehen, warum diese Entscheidung sinnvoll war. Sie hatte zwar den Frieden in der Schule und dem befreundeten Kollegen einen besseren Berufsstart ermöglicht – aber hätte es nicht doch noch andere Wege der Problemlösung gegeben? Wog der geschlichtete Konflikt eines Augenblickes die entgangenen Möglichkeiten von vielen Jahren auf? Diese Fragen waren nicht belanglos. Solange sie in ihm lebten, war er nicht wirklich einverstanden mit dem Eingetretenen, und er identifizierte sich nicht ganz mit der übernommenen Aufgabe. Das aber konnte weder für die Schüler noch für die Eltern noch für ihn gut sein.

Er begann also zu konstruieren, daß er selbst die Notwendigkeit dieser Entscheidung so herbeigeführt habe. Durch das Forcieren des Russischen mußte ja eine Opposition entstehen, eben jene Gruppe intellektuell anspruchsvoller Eltern, die für den anderen Kollegen unzumutbar war. Ihm fiel dabei die merkwürdige Sicherheit ein, mit der das Kollegium der Ansicht war, daß ihm diese Aufgabe zumutbar wäre. Noch mehr ging ihm auf.

Er war sicherlich nicht dumm. Dennoch mußte er hart ackern, um den stets genauen Erwartungen dieser Elternschaft begegnen zu können. Es ging nie ohne Argumentation ab. Selbstverständlich-Allzuselbstverständliches wie «Das macht man in der Waldorfpädagogik so» konnte er sich nicht erlauben. Überzeugende Pädagogik war jedoch jederzeit erwünscht. Neues, Unkonventionelles war immer möglich, die Eltern hatten geradezu eine Sehnsucht danach, nie aber ohne Begründung und Begeisterung des Lehrers. Seine Kollegen wunderten sich zuweilen, was diese Elternschaft an Abenteuern alles mitmachte. Immer aber wollten sie nicht bloß schöne Erlebnisse haben, sondern auch einsehen können, inwiefern solche Erlebnisse menschlich bzw. pädagogisch gerechtfertigt seien.

Der Lehrer merkte dann, daß bestimmte Eigenschaften seiner Eltern auch bei ihm nicht gering ausgebildet waren. Er entdeckte, daß die Eltern durch ihr Bohren verlangten, daß auch er sich weiterentwickele und über eine zur Genüge ausgeprägte Klugheit hinauskäme. So regten sie seine Entwicklung an und wurden zur Belehrung für ihn. Zugleich entdeckte er aber auch, daß die Eltern durch ihn belehrt werden wollten über das Mitgebrachte hinaus. Er entdeckte bestimmte Fähigkeiten und Verantwortlichkeiten in sich, die ihn mit dieser Menschengruppe verbanden. Das alles ging nicht ohne erhebliches Ringen und manchmal harte Auseinandersetzungen ab.

Mit den Schülern dieser Klasse war es nicht anders. Gegenüber den Kindern seiner ersten Klasse stellten sie unvergleichlich höhere Anforderungen. Hatte seine alte Klasse einer Unterrichtsdarstellung andächtig gelauscht und sie für lange Zeit still weiterbewegt, so blickten ihn die Schüler jetzt nach fünf Minuten fragend an, die er bei einem Thema verweilt hatte, ob er nicht allmählich etwas Neues bringen wolle. Sie besaßen eine rasche Auffassungsgabe und wenig Neigung, sich gemütstief mit den Dingen zu verbinden. Einmal erzählte er eine ganze Woche lang das Märchen von Jorinde und Joringel, um ein wenig Mitleid bei ihnen zu erwecken. Eigenartigerweise stellte es sich dann am Ende dieser ungewöhnlichen Kur tatsächlich ein.

Was er sich bis dahin in seinem Beruf erworben hatte, mußte er neu erarbeiten. Bewährtes gab es nicht. Er mußte stets über Altes hinaus, Routine war nicht möglich. Die Kinder, welche jede Art von Routine mittels ihrer Intelligenz augenblicklich beherrscht hätten, wollten mehr. Es war, als ob eine Schar kluger Römer mit scholastischem Schliff das in der Vergangenheit Eingeübte überwinden wolle. Dafür hatten sie ihren Lehrer aufgesucht, der das Problem aus seiner eigenen Entwicklung kannte. Formal ordnende Intelligenz genügte ihnen nicht. Darin waren sie befangen. Sie jubelten nicht über dieses Vergangene. Oberflächlich zeigten sie zuweilen einen gewissen Stolz, im Grunde ihrer Seelen war es ihnen jedoch karg geworden. Sie trugen daran und suchten neue Wege. Der Lehrer begriff, daß er durch diese Aufgabe mit dem Ziegelstein zu hantieren hatte, den er einst sich selbst und nicht nur sich allein auf den Kopf geworfen hatte. So verstand er auch, daß er sich für die richtige Klasse entschieden hatte. Leicht war ihm die Entscheidung in der lange vergangenen Konferenz nicht gefallen. Sie kostete Überwindung und erforderte für einen Augenblick die Anwesenheit des Höheren in ihm, die wir als die eigentliche Individualität angesprochen haben.

Karmischer Umkreis

Zu den schönsten Eigenschaften des Lehrerberufes zählen die vielfältigen menschlichen Begegnungen, die sich dabei einstellen. Diese Begegnungen sind in der Regel alles andere als flüchtig. Vielmehr sind sie existentiell wichtig und haben ein Anliegen. Man will etwas voneinander und miteinander. Es dürfte nicht viele Berufe geben, in denen sich ein solcher Reichtum an menschlicher Erfahrung ergibt. Haben diese Begegnungen heute in der Regel ein einseitiges Schwergewicht bei den Kindern, so ist das in der Waldorfschule anders. Wegen der freien, gemeinsamen Trägerschaft der Schulen durch Eltern und Lehrer kommt es zu viel mehr Begegnungen unter Erwachsenen, als das sonst in Schulen der Fall ist. Auch sieht man die Verantwortung für die Entwicklung der Kinder nicht einseitig bei den Eltern oder der Schule. Beide tragen in spezieller Weise zu ihrer Förderung bei. Man hat sich zur Zusammenarbeit gefunden, weil man einen Erziehungsauftrag der Schule bejaht. Sie soll nicht bloß Fertigkeiten einüben und nützliche Informationen vermitteln, sondern im besten Sinne bilden, d.h. an der Ausformung des individuellen Menschen mitwirken. Daher sucht man die Verständigung zwischen Elternhaus und Schule. Die Eltern greifen zwar nicht in die Gestaltung des Unterrichtes ein, aber sie haben an der Entwicklung des pädagogischen Konzeptes Anteil, tragen die rechtliche und wirtschaftliche Verantwortung für die Schule mit und entfalten ein soziales Leben in der Schulgemeinschaft. Daher sind die Elternabende in der Regel gutbesuchte und häufiger stattfindende Veranstaltungen. Man trifft sich aber auch zu anderen Gelegenheiten, bei Mitgliederversammlungen, Arbeitskreissitzungen, Fortbildungskursen oder Festen.

Treffen finden auch außerhalb der Schule statt. Die Klassenlehrer bemühen sich innerhalb eines gewissen Zeitraumes, jedes Elternhaus persönlich zu besuchen und das Kind auch in seiner eigensten Umgebung kennenzulernen. Dabei werden unter den Erwachsenen mancherlei Angelegenheiten besprochen, die in einem größeren Kreis kaum zur Sprache kämen. Man hat Zeit für einander und versucht, eine Sphäre des Vertrauens entstehen zu lassen.

In einer Klassen- und noch mehr in der Schulgemeinschaft kommt es so zu einer Vielzahl neuer Begegnungen, von denen manche sogar zu tieferen Freundschaften werden. Für die Eltern ergeben sich häufig ganz neue gesellschaftliche Beziehungen, die das Leben reicher und farbiger machen. Der Schwerpunkt dieses Lebens entfaltet sich allerdings in den jüngeren Klassen. Mit dem Älterwerden der Kinder nimmt die Regsamkeit bei den Eltern im allgemeinen ab. Seltener sind freundschaftliche Kontakte zu beobachten, welche über die gemeinsame Schulzeit der Kinder hinausgehen.

Das ist innerhalb des Kollegiums anders. Waldorfschulen werden ohne direktoriale Leitung verwaltet. An die Stelle einer pyramidalen Verwaltung, mit ihrer von oben nach unten verlaufenden Kompetenzstruktur, tritt das Prinzip des Verwaltungskreises als Verantwortungsgemeinschaft. Natürlich sind damit auch Delegationen und Einzelkompetenzen verbunden. Die werden aber von der Gesamtheit beschlossen und nur auf festgelegte Zeit verliehen. Dadurch arbeiten die Kollegen gleichberechtigt in einer Vielzahl von Beratungs-, Meinungsbildungs- und Beschlußbildungsprozessen miteinander. Wöchentlich kommt man zumindest einmal in einer mehrstündigen Konferenz zusammen, um pädagogisch-menschenkundliche, methodisch-didaktische sowie organisatorische und Fragen der Schulgestaltung zu behandeln.

Die Waldorfschulen kennen keine zentrale Personalverwaltungsstelle. Jede Schule sichtet ihre Bewerbungen autonom und trifft selbständige Einstellungsentscheidungen. Daher bewirbt sich auch jeder Interessent nach eigenem Gutdünken bei der Schule seiner Wahl.

Wenn man zusammenkommt, dann, weil man es wollte. Was bei den Eltern der Fall war, nämlich eine freie Schulwahl zu treffen, das gilt für die Lehrer ebenso. Allerdings gibt es bei ihnen keine zeitlich befristete Perspektive von nur einigen Jahren. Falls sie sich bewähren, ist ihr Engagement auf die Lebensarbeitszeit angelegt. Waldorflehrer und Waldorfeltern haben also die Möglichkeit zu sehr vielen, durch künstliche Hierarchien nicht gestörten Begegnungen.

Man kann im Leben beobachten, daß es Menschen mit ganz verschiedenem karmischen Umkreis gibt. Für die unterschiedlichen Charaktere und Typen von Konstellationen gilt das natürlich ohnehin. Aber auch quantitativ sind die Gruppierungen, in denen Menschen Begegnungen haben, ungleich. Die einen kommen mit wenigen anderen zusammen, andere haben Unmengen von Menschen um sich. Manche erleiden auch Einsamkeit.

Die jeweilige Figur muß über den Lebenslauf hin nicht gleichförmig sein. Bei einigen dauert es lange, bis sie zu den ersehnten Freundschaften oder Partnerschaften kommen. Andere vereinsamen im Alter. Ihre Generation geht vor ihnen von der Erde, und sie finden keinen weiteren Anschluß mehr. So können sich Schwerpunkte des menschlichen Kontaktes zum Lebensanfang, zur Mitte oder zum Ende hin ergeben. Nur wenigen Menschen ist es gegeben, bis in das hohe Alter hinein jeweils ihren Umkreis zu haben. Da gibt es dann sogar verschiedene Generationen, die, sich ablösend, im Laufe der Zeit eine Rolle spielen.

Bei Lehrern kommen diese Verhältnisse womöglich in verschiedener Mischung gleichzeitig vor. Einerseits gibt es für sie, solange sie arbeiten, bis in das Alter hinein eine große Zahl an Menschen, mit denen sie Wichtiges zu tun haben. Andererseits kann sich im persönlichen Bereich Einsamkeit einstellen, obwohl im Beruf viele Kontakte gegeben sind. Natürlich liegt es dann am Einzelnen selbst, ob er diese Begegnungen zu erfüllten Ereignissen werden läßt. Eine allzu scharfe Trennung der beiden Bereiche ist für den Lehrerberuf ohnehin abträglich. Menschliche Zuwendung läßt sich nicht gut in verschiedene Wertigkeitsstufen einteilen. Dennoch gibt es einen Unterschied in den Begegnungen, zu denen es gerade durch die Schule kommt.

Jeder, der selbst lange genug Schüler gewesen ist, kennt das Zusammengehörigkeitsgefühl, das sich in den höheren Klassen einstellt. Man hat lange miteinander gelebt, kennt sich in- und auswendig und hat viele gemeinsame Abenteuer bestanden. Besonders in den Abschlußklassen ist man sich noch einmal näher gekommen. Man hat sich neu entdeckt, Urteile revidiert und konnte an jedem Mitschüler etwas Akzeptables finden. Man ist zur Klassengemeinschaft geworden. Treffen untereinander finden überdurchschnittlich häufig statt. Dabei werden nicht nur Prüfungsarbeiten gemeinsam vorbereitet. Vielmehr werden Lebenspläne entworfen, die letzten Fragen bewegt und alle denkbaren Traktanden des Sujets «Gott und die Welt» durchgenommen. Obwohl sich jeder mit konkreten Vorbereitungen für die Zeit nach der Schule trägt, ist ein Leben ohne einander im Moment nicht denkbar. Man wird, so meint man, immer zusammenbleiben. Das Zusammengehörigkeitsgefühl ist so groß, daß es ein ganzes Leben hindurch tragen wird.

Blickt man dann auf die dem Schulabschluß folgende Realität, sieht man einige sich relativ bald anschließende Klassentreffen, zu denen aus triftigen Gründen immer weniger Ehemalige kommen können. Wenige «Spezis» überdauern diese Durststrecke noch einige Zeit, dann hat man sich endgültig zerstreut und harrt eines Ehemaligentreffens, das hoffentlich durch die Initiative einiger Aktiver organisiert wird. Ansonsten führt vielleicht allenfalls ein Schuljubiläum die einst Unzertrennlichen wieder zusammen.

Natürlich gibt es Ausnahmen. 1987 meldete sich in unserer Wandsbeker Schule die Gründungsklasse von 1922 zu einem Ehemaligentreffen an. Obwohl die Klasse mit nur sieben Schülern begonnen hatte, kamen etwa 30 über siebzigjährige Menschen. Die Klasse war im Laufe der Zeit angewachsen, und die Ehepartner waren in die Klassengemeinschaft aufgenommen worden. Sie wollten den neuen Schulstandort mit dem Neubau kennenlernen und an der Entwicklung der Schule teilhaben. Die Ehemaligen hospitierten im

Hauptunterricht, hatten ein Treffen mit dem gegenwärtigen Kollegium und rezitierten zum Abschluß eine Passage aus dem Johannes-Evangelium, die sie an jedem Schulmorgen bei ihrem Klassenlehrer Max Kändler gesprochen hatten. Das gab einen unbeschreiblichen Eindruck. Wie aus einem gemeinsamen Sprachleib erklang zart differenziert und doch kraftvoll entschieden: «Im Urbeginne war das Wort...». Die so verschiedenen Färbungen der alten Stimmen hatten aus der Reife der Lebensschicksale zu einem Chor zusammengefunden, der ganz und gar über alles Alltägliche hinausging. Auf uns Jüngere kam das wie ein Segnen unserer Arbeit. Diese Klasse hatte sich über mehr als vier Jahrzehnte nie aus den Augen verloren. Eines ihrer Mitglieder hatte 1939 bei der Schließung der Schule durch die Nationalsozialisten eine zutiefst bewegende, mutige Ansprache gehalten. In den Prüfungen des Krieges hatten sie sich geholfen und in den folgenden Jahrzehnten über drei Kontinente hinweg regelmäßig Kontakt gehalten. Beim Wiederaufbau leisteten sie einen gewichtigen Beitrag. Doch solche Klassen sind die Ausnahme. Diese hatte offensichtlich eine Mission im Zusammenhang mit der Gründung der Schule. In der Regel sind Schulfreundschaften zeitlich begrenzt. Obwohl sie grundlegende Bedeutung für den gesamten weiteren Lebensverlauf besitzen, entscheidende Prägungen durch sie geschehen, verlieren sie sich mit dem Ende der Jugendzeit.

Auch die Begegnung eines Lehrers mit seinen Schülern trägt charakteristische Züge. Am Beispiel eines Klassenlehrers kann das deutlich werden. Er betreut im Idealfall, wenn nichts Unvorhergesehenes dazwischenkommt, eine Schar von Kindern ab der ersten bis zum Ende der achten Klasse. Jeden Schultag unterrichtet er sie im Hauptunterricht, der etwa 105 Minuten dauert. Das sind mehr als zwei Stunden konventioneller Schulzeiteinteilung. Über den Hauptunterricht hinaus gibt er u. U. noch Fachunterricht. Außerdem ist er für alle Grundanliegen der Klasse verantwortlich, er kann sich Verfügungsstunden einrichten und hält den Kontakt zu den Elternhäusern. Er verbringt also Zeit über Zeit mit den Schülern und ist für sie der dominierende Fixstern am Schulhimmel.

Wenn eine Schule so ist, wie sie sein sollte, dann gehen Kinder gern zur Schule. Wie viele vorbereitende Elternabende habe ich erlebt, in denen die vibrierende Vorfreude der Kinder bereits durch die Erwachsenen hindurch zu spüren war. Natürlich gab es auch die eine oder andere Bangigkeit. Aber die verflog dann mit dem Schulbeginn. Der erste Schultag kam mir stets als ein unvergleichliches Fest vor. So viel Freude, so viel Erwartung, so viel Hingabe habe ich selten auf einen Augenblick hin gesteigert bei so vielen Menschen erlebt. Einer solchen Lernbegierigkeit wie in den ersten Schulwochen wird man nicht oft im Leben wiederbegegnen. Das beginnt mit dem fragenden, hilfesuchenden Blick an der Klassentür, mit der so unsicher hingestreckten Hand, von der die Kinder nicht so genau wissen, ob es ihre linke oder rechte ist, und zieht sich als grenzenloses Vertrauen in die Allwissenheit und Güte des Lehrers, die in jeder Situation helfen werden, durch den Schultag. Die Kinder erwarten, daß der Lehrer ein besserer Mensch sei, und er fühlt sich auch gleich ein wenig gehoben, wenn er in dieser Art von den Kindern begrüßt wird.

Tatsächlich ist es ja nicht zuletzt diese Reinheit der kindlichen Seelen, welche dem Lehrer seinen Beruf so kostbar macht. Er erfährt da neben der Welt des Alltags mit ihren Verstrickungen und allgegenwärtigen Konkurrenzkämpfen eine bessere Gegenwart, die lauterer und reiner ist. Natürlich sind Kinder nicht die puren Engel. Sie sind auf der Erde angekommen. Die Welt der Vorgeburtlichkeit hat sich für sie zunächst aber noch nicht ganz verfinstert. Auch der Lehrer ist in der Klasse ehrfürchtiger gestimmt als im gewöhnlichen Leben. Aus dieser Beziehung spinnt sich das Gold, das in einer Schulstube entstehen kann.

Für manchen Außenstehenden ist dieses besondere Klima einer guten Schule spürbar. Da treten dann zuweilen Wünsche auf, die bisherige Berufstätigkeit aufzugeben, das Lebenssteuer herumzuwerfen und diese lebendige, sinngebende Tätigkeit zu ergreifen.

Was steckt in diesen eigenartigen Verhältnissen schulischer Begegnung, soweit es Schüler und Lehrer betrifft? Sie sind außergewöhnlich, verglichen mit dem weiteren Leben. Eigenartig ist ja auch die spezielle Art des Weltverhältnisses beim Lehrer selber. Er unterrichtet viel, weiß manches und hat mit wenigem praktisch zu tun. Jedenfalls tut er nicht alle diese Dinge selber, von denen er so vielfältig spricht. Er weist auf die Dinge hin, führt in sie ein, bereitet vor. Das ist auch ein wenig über den Boden des gegenwärtigen Lebens erhoben. An der Drehbank steht es sich anders, als es sich über sie lehren läßt. Darin treffen sich Schüler und Lehrer. Sie sind nicht ganz von dieser Welt. Die scharfen Konturen des realen Lebens sind für sie weniger ausgeprägt. Alles ist noch mehr in Fluß. Das trifft selbstverständlich nicht nur für Träumer zu. Auch die politisch oder in Verbänden engagierten Lehrer zeigen diese Züge. In unangenehmer Weise tritt da häufig das ewig Belehrende und alles besser Wissende auf. Es macht eben einen Unterschied, ob man auf die Dinge schaut oder sie hervorbringt.

Was der Lehrer hervorbringt, ist geistiger Art. Es sind seine Unterrichtseinfälle, die Kunst, eine Sache darzustellen, das Vermögen, ein Kind zu verstehen. In dieser geistigen Sphäre begegnen sich Schüler und Lehrer. Das geistige Leben wird täglich real ein wenig auf die Erde gebracht. Und daraus speist sich ihre eigentümliche Beziehung. Sie können sich an etwas freuen, was anderen himmlisch oder kindisch erscheint. Sie entwickeln zuweilen eine eigene Welt des Denkens, des Erlebens und sogar des Sprechens. Es herrscht eine viel größere Offenheit, als Erwachsene meinen sich leisten zu können.

Allerdings gelten die Grundzüge dieses Verhältnisses nicht für Lehrer allein. Sie gelten für alle erwachsenen Menschen mit intensiven Beziehungen zu Kindern, besonders also für Eltern. Die erste Empfindung, welche Eltern ihren Kindern gegenüber haben, dürfte wohl Glück und Dankbarkeit sein. Glück über die pure Anwesenheit dieses neugeborenen Erdenbürgers, Dankbarkeit dafür, dieses Glück erleben zu dürfen. Bangigkeit ist natürlich auch im Spiel: alles richtig zu machen, dem Kind nicht zu schaden. Mögliche Ängstigungen hingegen sind in unserer Gesellschaft weitgehend abgebaut. Wer ein Kind bekommt, kann sich darauf freuen, wenn er denn möchte.

Mancher Gedanke mag ja weit in die Zukunft des Neugeborenen schweifen, sich mit seinem späteren Beruf und den Lebensaussichten beschäftigen, andere schließen wohl auch sogleich eine Aussteuer- oder Ausbildungsversicherung ab. Im allgemeinen aber gilt nur das Hier und Jetzt, die Freude über die gemeinsame Anwesenheit, das Verfolgen aller Lebensregungen, welche sich von Augenblick zu Augenblick neu und überraschend zeigen. Alles andere wird sich schon fügen. Da wird jedes träumende Zucken des Gesichtes, das zufriedene Schmatzen nach einer Mahlzeit, der zarte oder fordernde Klang des Stimmchens zum Ereignis. Eifer, Wohlwollen und Hege erfüllen die Seele der sorgenden Eltern.

Die Beziehung des Kindes zu seinen Eltern ist nicht minder intensiv. Alle Tätigkeiten der Eltern werden zutiefst aufgenommen. Sogar die Stimmungen der Erwachsenen bilden ein wirksames Milieu. Schon bald ist die Konsequenz der Vorbilder beobachtbar. Das Kind ahmt nach und orientiert sich bei allem an dem Beispiel der Erzieher. Im ganzen Zusammenhang seiner Willensäußerungen werden deren Wirkungen sichtbar, in der Art, wie das Kind sich zu bewegen beginnt, wie es Sprachmelodien erübt, welche Worte es als erstes aufnimmt, wie es die Verhältnisse der Dinge zueinander anzuschauen lernt, Bezüge herstellt. Das Kind ist in seinem Tun den Erwachsenen total hingegeben. Erik H. Erikson hat im Zusammenhang dieses Lebensalters von dem Urvertrauen gesprochen, das vom Kind aufgebracht wird und für seine gedeihliche Entwicklung notwendig ist.[39]

Die Eltern sind in diesem Prozeß buchstäblich das Schicksal der Kinder – allerdings weniger unerbittlich, als sich das bei allzu alttestamentarischem Verständnis ausnimmt. Man kann nämlich auch beobachten, daß Kinder bestimmte Dinge ihrer Umgebung partout nicht nachahmend aufnehmen. Einige haben die besten Vorbilder und entwickeln sich trotzdem vergnügt und zielstrebig zum Tunichtgut, andere sind von katastrophalen Verhältnissen umgeben und reifen dennoch gesund und lebenstüchtig heran. Kinder sind keine Automaten, die man nachahmend mit vorteilhaften Anregungen füttert, damit sie dann perfekte Menschen abgeben. Sie sind Individuen. Als solche kommen sie mit bestimmten Anlagen und Anliegen auf die Welt. Hier nehmen sie in der ersten Phase ihres Lebens das nachahmend in ihre Lebensorganisation auf, was zu ihrer Entwicklung und ihren Aufgaben gehört. Sie haben ausgewählt und wählen weiter aus. Eltern können sich nach besten Kräften darum bemühen, bei den sich abzeichnenden Problemen und Schwierigkeiten Hilfe zu leisten. Abnehmen können sie die Lebensaufgaben nicht. Daher sind sie weder für alles verantwortlich, was sich in der Entwicklung eines Kindes ausprägt, noch sind Kinder als die Produkte ihrer Eltern anzusehen.

Der einzigartigen Beziehung von Kindern und Eltern tut das keinen Abbruch. Sie ist von einer unvergleichlichen Zuneigung und außergewöhnlichem Vertrauen geprägt. Selten wird man im späteren Leben einem Menschen begegnen, dem man so rückhaltlos vertraut wie den eigenen Eltern oder den man so ins Herz schließt wie die eigenen Kinder. Diese Beziehungen sind einzig, und man sollte sich davor hüten, sie allzu flüchtig dahineilen zu lassen. Die Jahre dieser Lebensphase sind in ihrem Zauber unwiederbringlich und rasch vergangen.

Fragt man sich allerdings nach dem Verdienst solcher Verbindungen, dann fällt einem so rasch keine Antwort ein. Sie kommen dem Menschen zu wie ein Geschenk des Himmels, gleichsam naturhaft. Muß man sich ansonsten alles im Leben mühsam erwerben, so sind Eltern- und Kindesliebe selbstverständlich. Dadurch haben sie ihren unvergleichlichen Glanz und ihre unverbrüchliche Kraft. Wo sie sich nicht einstellen, erleben wir Tragik. Dem Stauferkaiser Friedrich II., als «stupor mundi» seinen Zeitgenossen sowohl sonnenhafter Messias als auch verketzerter Antichrist, wuchsen zum Lebensabend hin Schwierigkeiten über Schwierigkeiten zu. Er fand sich von Feinden umstellt und vereinsamt. Doch nicht so sehr diese Umstände als vielmehr die Tatsache, sich zuletzt auch nicht auf den Sohn verlassen zu können, stieß ihn ins Unglück. Niemand anderes erwirbt so leicht unser Vertrauen wie unsere Kinder. Das zeitigt auch manche Schattenseite. Bis auf den heutigen Tag erleben wir hier und da den Versuch, Hierarchien einzurichten, Familienbande an Stelle von Geistesbanden zu installieren. Damit verbunden zeigt sich das Unvermögen mancher Eltern, die Fähigkeiten ihrer Kinder realistisch einzuschätzen. Obwohl Liebe eigentlich das Auge öffnet für Vorzüge, die anderen verborgen bleiben, macht sie manchmal eben auch blind. Bei den Kindern ist es das scheinbar «Eigene», was sich berückend in den Blick der Eltern stellt. Man muß das Bild vom Spiegelbild unterscheiden lernen. Selbstliebe ist eine klägliche, wenn auch machtvolle Verwandte ihrer hohen Schwester.

Aber auch Karikaturen dürfen nicht den Blick für die eigentliche Wirklichkeit verstellen. Da zeigt sich das strahlende, herzliche Verhältnis zwischen Eltern und Kindern, welches wie selbstverständlich auftritt. Allerdings bleibt diese Beziehung nicht so. Kinder gehen aus dem Haus und führen ihr eigenes Leben. Sie bleiben gerade nicht mit denen zusammen, zu denen sie ein so grundlegendes Vertrauen besitzen. Sie suchen jene Beziehungen, für die ganz anderes gilt als für die Eltern-Kind-Verbindung. In ihnen muß alles mühsam aufgebaut, Vertrauen erworben, Liebe errungen werden. Da ist nichts einfach naturgegeben, sondern muß geschaffen werden. Gewiß wird auch da manches geschenkt, in der Regel aber muß es bestätigt werden und sich in Prüfungen bewähren.

So stehen wir, wenn wir das Ganze des menschlichen Lebenslaufes betrachten, vor zwei grundverschiedenen Beziehungsverhältnissen. Es gibt die Begegnungen des Lebensanfangs mit ihren besonderen Bedingungen und jene der Lebensmitte mit eigenen Gesetzen. Am Anfang haben wir das geschenkte Vertrauen, die naturgegebene Liebe, in der Lebensmitte steht das Erarbeitete, das als Lebenswerk Reifende. Jedes Verhältnis hat seinen eigenen Wert und seine spezielle Bedeutung. Sie verbinden sich nur selten. Dann wird aus der Blutsverwandtschaft der Kindheit die Geistesverwandtschaft der Lebensmitte, Eltern und Kinder werden zu Arbeitsgefährten. So ideal das auf der einen Seite klingt, bedeutet es zum anderen auch Verlust. Denn sowohl Elternliebe wie Partnerliebe sind Qualitäten eigener Art, welche das Leben reich machen, und Generationen haben jeweils verschiedene Aufgaben.

Man könnte auch jede der beiden Beziehungen als Einseitigkeit bezeichnen. Im einen Fall – der Kindesliebe – wird etwas geschenkt, was sich nicht bewähren muß, im anderen bewährt sich etwas, was nicht ganz in Erfüllung geht, bleibt etwas offen. Die Begegnung der Lebensmitte bleibt immer Vorgang, wird nie Zustand. Tatsächlich macht das Zusammenspiel beider Komponenten erst das ganze Leben aus. Dieses Zusammenspiel kann sich aber nicht in nur einem Lebenslauf ereignen. Es geschieht erst über zwei Inkarnationen hinweg. Menschen, welche sich in *einer* Inkarnation am Lebensanfang begegnen, treffen sich in der folgenden um die Lebensmitte. Menschen, die sich in der Lebensmitte gefunden haben, kommen im nächsten Leben am Lebensanfang zusammen. Begegnungen des Lebensanfangs in der *einen* Inkarnation werden zu Beziehungen der Lebensmitte in der nächsten, und Begegnungen der Lebensmitte entwickeln sich zu Lebensanfangsbeziehungen in dem folgenden Erdenleben.

So wird das mitgebrachte, geschenkte Vertrauen verständlich, das Eltern und Kinder miteinander verbindet. Es finden sich darin die Folgen des vergangenen Erdenlebens, seine Konsequenz und Erfüllung. Was Prozeß war, ist Zustand geworden. Auch das Unerfüllte der Eltern-Kind-Beziehung hat so seine Zukunftsperspektive. Denn was in *einem* Erdenleben auseinandergehen muß, um den eigenen Weg zu suchen, das findet in einem folgenden zueinander, um selbständig und mündig miteinander neue Aufgaben zu bewältigen.

In der Eltern-Kind-Beziehung kommt urbildhaft zum Ausdruck, was für die Konstellationen des Lebensanfangs gilt. Das Charakteristische dieses Verhältnisses gilt jedoch nicht allein für die verwandtschaftliche Nähe. Zu den Begegnungen am Lebensanfang gehören auch die Beziehungen des Kindes in der Schule. Sowohl Lehrer als auch Klassenkameraden sind Vertraute der ersten Lebensjahre. Das besondere Verhältnis dieser Zeit speist sich aus den Erlebnissen vorangegangener Erdenleben. So wird verständlich, warum aus inneren Gründen tief verwurzelte Klassengemeinschaften sich am Ende der Schulzeit auflösen, an der Schwelle zum Erwachsenenalter auseinandergehen müssen. Ihre Aufgabe hat sich erfüllt. Was in der Vergangenheit zu bedeutungsvollen Begegnungen geführt hatte, fand sich diesmal zu Beginn des Lebens, um sich in der Entwicklung anzuregen und auseinanderzusetzen. Darauf sollen die neuen Begegnungen der Lebensmitte folgen. Die Schulzeit aber liegt noch an der Schwelle von der einen Inkarnation zur anderen, von den vergangenen Lebensaufgaben zu den neuen.

Hilfe in besonderer Situation

Heinz Müller, einer der ersten Lehrer an der Freien Goetheschule[40] in Hamburg-Wandsbek, berichtet in diesem Zusammenhang von einem bemerkenswerten Erlebnis.[41] In seiner ersten Klasse befanden sich ein Mädchen und ein Junge, die in der Schule einen ganz anderen Eindruck machten als zu Hause oder wenn sie mit anderen Kindern zusammen waren. Während sie da normale, frische Kinder waren, verhielten sie sich in der Klasse eigentümlich verhangen, wirkten stumpf und nicht recht ansprechbar. Um eine physiologische Schädigung konnte es sich nicht handeln, da ja beide außerhalb der Klasse so abweichend wirkten. Heinz Müller trug dieses Problem Rudolf Steiner vor, mit dem er von Zeit zu Zeit über die Entwicklung der Schule und seiner Schüler sprechen konnte. Steiner antwortete, daß man in einem solchen Fall an eine bestimmte Form von Schicksalsverknüpfung denken müsse. Lieblosigkeiten, die ein Mensch in einer Inkarnation begehe, wirkten sich in der folgenden Inkarnation auf ganz bestimmte Weise aus. Sie träten da in der Regel als Stumpfheit auf. Es könne durchaus sein, daß die beiden Kinder an den Folgen solcher Lieblosigkeit zu leiden hätten.

Der Zusammenhang von Lieblosigkeit und Beschränktheit ist ja außerordentlich einleuchtend. In jeder wahren Liebe verwirklicht sich tätige, selbstlose Anteilnahme und Hingabe. Wir nehmen am anderen teil. Nicht, um irgendeinen Vorteil zu erhaschen. Auch nicht, um angenehme Eindrücke oder Erlebnisse zu genießen. Da würden wir uns ja wiederum um uns selber statt um den anderen bemühen. Wir wenden uns dem anderen um seiner selbst willen zu. Das gilt nicht nur im erhabenen Großen. Im Kleinen, Alltäglichen ist solche Entfaltung von Liebe möglich. Schon frisches Interesse für die uns umgebenden Dinge und Geschehnisse zeitigt eine elementar feine Liebestätigkeit. Denn Interesse forscht nach den Dingen, kümmert sich um sie und bemüht sich um ihr Verständnis. Es möchte dem anderen innerlich näherkommen, es kennenlernen und verstehen. Damit führt Interesse über das eigene Selbst hinaus zum anderen hin. Das andere Selbst soll sich im eigenen Selbst offenbaren können, Platz haben, anwesend sein. Wer sich für einen anderen interessiert, räumt ihm eine Stätte ein, verzichtet auf ein Stück eigenes Selbst, um das andere Selbst anwesend zu machen. Eigenartigerweise schwindet das eigene Selbst bei dieser Tätigkeit nicht. Es wird nicht geringer, sondern es wächst. Das gehört zu den wunderbaren Wirkungen der Liebe. Wer sich nicht interessieren kann, wem seine Umwelt gleichgültig bleibt, der allerdings verhält sich nicht nur lieblos, sondern er stumpft auch zugleich ab. Er kann nicht über den engsten Winkel hinaus und von sich absehen. Er verkümmert dadurch in sich selbst. Interesselosigkeit ist nicht bloß dumm, sie macht vor allem dumm.

Dieser Zusammenhang von Lieblosigkeit und Stumpfheit wird natürlich von einer Inkarnation zur nächsten viel stärker – und bis in die Konstitution hinein sichtbar – als innerhalb des gegenwärtigen Erdenlebens, wo die Folgen des Tuns noch nicht voll ausreifen können.

Nach seinem Hinweis setzte Steiner fort, es sei wichtig für einen Lehrer zu forschen, «wo wohl das Wesen stecken könne, demgegenüber im letzten Erdenleben Taten der Lieblosigkeit begangen worden seien. Man werde mit Erstaunen feststellen, daß das Objekt der Lieblosigkeit oft schon in allernächster Nähe zu finden sei.»[42] Kämen allerdings in einer einzigen Klasse zwei solcher Kinder vor, dann könne man davon ausgehen, daß hier die Anknüpfung an gegenseitig zugefügte Lieblosigkeit, vielleicht sogar Gehässigkeit und Schikane aus einem vorangegangenen Erdenleben vorläge. In einem solchen Fall ergäben sich für den Lehrer wichtige Aufgaben. Gelänge es dem Erzieher, Interesse der Schüler füreinander zu erwecken oder sogar praktische Taten des Helfens und der Zuneigung anzuregen, dann sei für die Entwicklung solcher Kinder Bedeutendes geleistet. Steiner ließ dann noch zwei konkrete Vorschläge folgen. Man könne den beiden Kindern sehr ähnliche Zeugnissprüche geben, so daß sich jedes Kind beim Hören des anderen Spruches an seinen eigenen erinnert fühle. Dadurch würden erste bewußte Beziehungen geschaffen. Zum anderen könne man dem einen Kind einen Gemeinschaftsdienst wie z.B. die Blumenpflege übertragen und mit dem anderen gelegentlich darüber sprechen und es anregen, sich im Gespräch mit dem anderen Kind lobend über die Zuverlässigkeit und schönen Ergebnisse seiner Tätigkeit zu äußern. So würden dann allmählich aktive Beziehungen der Anteilnahme zwischen den Kindern hervorzulocken sein.

Heinz Müller war ein Meister der von Rudolf Steiner bei Gründung der Waldorfschule eingeführten Zeugnissprüche. Er ersann diese kleinen Sprüche, welche den Waldorfschülern im Zusammenhang mit den allgemeinen Zeugnissen gegeben werden, selbst. In ihnen wird versucht, auf künstlerische Weise eine bildhafte Verdichtung der Grundrichtung des Zeugnisses mit wirksamen Anregungen für die Entwicklung des Schülers zu verknüpfen. Im Laufe des Unterrichtes tragen die Schüler dann zu bestimmten Zeiten ihre Sprüche vor. Das ruft in einer Klassengemeinschaft Momente innerer Anteilnahme und feinsinniger Kenntnis voneinander hervor.

Für die geschilderte Problematik gibt Heinz Müller u.a. folgendes Beispiel eigens von ihm gedichteter Sprüche:[43]

Für das eine Kind:

Es bilden am Himmel Figuren
Der Sterne unzählige Schar;
Es leuchten lebendige Spuren
Von Taten, die edel und klar.
Und streb' ich in ehrlichem Ringen,
Wird lichtvoll mein Mühen gelingen.

Für das andere Kind:

Es leuchten am Himmel die Sterne
In Bildern als lichtvolle Spur.
Sie wandeln in blauender Ferne
Und formen manch pracht'ge Figur.
Und streb ich mit Andacht und Mühen,
Wird wärmend mein Wesen erblühen.

Heinz Müller berichtet anschließend von den großen Erfolgen, die er im Realisieren der genannten Ratschläge hatte. Sie zeigen deutlich den Zusammenhang von vergangener Lebensmitte-Beziehung mit dem Lebensanfang der gegenwärtigen Inkarnation und den Aufgaben der Erziehung, bei der weiteren Lebensgestaltung hilfreich zu wirken.

Die Rolle der Erwachsenen ist dabei die der zur Hilfe Erwählten. Sie entsteht aus dem beschriebenen Vertrauen des Kindes in seine Erzieher. Gerade das trifft ja den Erwachsenen bis ins Mark. Häufig wachsen Erwachsene aufgrund dieser Lebensanfangs-Begegnung über sich hinaus. Ich habe in der Schule manches Eltern-Lehrer-Bündnis erlebt, das anders weder zustandegekommen wäre noch über längere Zeit gehalten hätte. Eltern und Lehrer kommen ja zumeist nicht zusammen, weil sie eine partnerschaftliche Lebensmitte-Beziehung suchen. Sie finden zusammen, angestiftet durch die Aufgabe am Kind. Da übersehen sie vieles, was sie sonst aneinander mächtig stören würde. Sie nehmen manches Irritierende in Kauf, tolerieren es, lernen damit umzugehen. Dadurch bilden sie freie Gemeinschaften, die eine starke Zukünftigkeit in sich tragen.

Auch bei Eltern allein habe ich Leistungen erlebt, die nur um den Lebensanfang von Kindern möglich wurden. Da geschahen Trennungen, die schwerste Wunden bei den Erwachsenen hinterließen. Im Leben miteinander konnte man die Gegenwart des anderen keinen Augenblick ertragen. Zum Elternabend aber waren selbst in den schlimmsten Fällen bald wieder beide anwesend, zunächst noch so weit getrennt voneinander, wie der Raum es zuließ. Nach einiger Zeit aber geschah eine vorsichtige Annäherung, nach einigen Jahren saßen Mutter und Vater wie Geschwister nebeneinander und verfolgten als vertraute Kameraden die Geschicke ihres Kindes. Das gehört zu den Zügen der Lebensanfangs-Konstellation.

Der karmische Umkreis der Menschen ist verschieden. Beim Lehrer ist er in der Regel verhältnismäßig groß, denn er braucht etwas, woran er anknüpfen kann. Er kommt mit Menschen zusammen, die mit ihm aus früheren Erdenleben verbunden sind. Ein guter Lehrer wird zum Quell menschlicher Begegnung. Er führt Menschen zusammen, hilft, gemeinsame Aufgaben zu bewältigen, stiftet Gemeinschaftsbildung an. Diese Tätigkeit kann ihm umso fruchtbarer gelingen, je klarer er die Grundlagen seines Wirkens sieht. Man muß erkennen können, welche Menschen zu einem gehören. Dann werden die pädagogischen Bemühungen ein segensreiches Echo finden.

Wer keine Beheimatung in seiner Umgebung finden kann, muß manchmal nur abwarten. Es ist möglich, daß er zu früh an seinen Lebensort gekommen ist und seine Schicksalsgenossen noch nicht eingetroffen sind. Das kann sich bald ändern.

Es ist aber auch möglich, daß jemand sich seinen Umkreis erst neu erwerben muß. Das kann mit vorgeburtlichen Entschlüssen, besonderen Aufgabenstellungen oder mit aufzuarbeitenden Problemen zusammenhängen. Das erfordert besondere Kraft, Mut und Demut.

Pädagogische Konsequenzen

Etwas schien mir bei meinen ersten Begegnungen mit der Idee von Reinkarnation und Karma zunächst verwunderlich und dann nützlich zu sein. Blätterte man in älteren theosophischen Schriften oder unterhielt man sich mit ergrauten Anthroposophen, dann tauchte da die gesamte Weltgeschichte auf. Alles, was in der Entwicklung der Menschheit Rang und Namen hatte, war usurpiert. Auch die eigenen Lieblingsgestalten aus Altertum und Mittelalter waren bereits besetzt. Irgendein Mitglied der ersten Stunde war in einer früheren Inkarnation jener Pharao, dieser Konsul oder ein bestimmter Stauferkaiser gewesen. Das war irgendwie fatal. Nur durch das Später-Geboren-Sein rückte man in die Niederungen historischer Mediokrität. Nichts, was man selbst gern gewesen wäre, stand mehr offen. Wie zum Hohn schienen die bewunderten Gestalten aus der Geschichte angesichts ihrer Lebensoffenbarungen im 20. Jahrhundert zum Teil auf ein sehr normales menschliches Maß geschrumpft.

Für die Seriosität des Reinkarnationsgedankens stand das nicht unbedingt. Da bedurfte es gründlicher Arbeit, um sich nicht enttäuscht abzuwenden. Allerdings hatten diese eigentümlichen Auswüchse auch ihre positive Seite. Nach ihrer schwärmerischen Überhitzung und den spekulativen Schemata, die als Reinkarnationsreihen ein seltsames System geschichtlichen Netzwerkes fabulierten, trat ein ruhiges Klima der inneren Arbeit ein. Es wurde allgemein deutlich, daß wirkliche Erkenntnisse auf diesem Gebiet nicht so leicht zu erringen sind. Dadurch wurde man bescheidener. Es gab sogar ein jahrzehntelanges Schweigen. Außerdem schwanden die falschen Ambitionen. Es ist ja schon abwegig genug zu meinen, daß

Verdienste in einer vergangenen Inkarnation zu mehr Beachtung, Bedeutung oder Anerkennung in der Gegenwart führen könnten. Da pflegen sonst die Angebote des Titelhandels ihre einschlägigen Dienste anzubieten. Nein – in der Mitte des Jahrhunderts herrschte im allgemeinen Ernüchterung auf diesem Gebiet. Der Reinkarnationsgedanke wurde in der Stille gearbeitet. Das brachte jene nüchterne Bescheidenheit, die für eine fruchtbare Entwicklung notwendig ist. Und sie befreite von dem verschwiegenen Druck, der mangelnde Souveränität durch falsche Mystik kompensieren will.

Um den Reinkarnations- und Karmagedanken in der Pädagogik sinnvoll anzuwenden, braucht es diese Bewußtseinskultur. Da ist alles Spekulieren, welcher Schüler was, wann mit wem zusammen einmal gewesen ist, nicht nur unnütz, sondern sogar schädlich. Die Lehrer-Schüler-Begegnung geschieht im Hier und Jetzt. Der Schüler will sein vor ihm liegendes Leben ergreifen. Da hindert nur alles Herumvagabundieren in Vergangenheitsphantasien.

Die erste große Leistung, welche der Reinkarnationsgedanke jedoch bringt, ist die Ehrfurcht vor der Individualität des Kindes. Das Kind ist jemand. Es bringt ein Rätsel, eine Aufgabe mit sich auf die Welt, und es bittet die Erzieher, ihm bei der Lösung dieser Geheimnisse zu helfen. Der Lehrer weiß, daß er nicht kleine Dummerchen vor sich hat, die er nun der unerhörten Gnade teilhaftig werden läßt, aus dem Füllhorn seiner Weisheit trinken zu dürfen. Er geht vielmehr von der Voraussetzung aus, daß sehr wohl viel erfahrenere, begabtere Seelen vor ihm sitzen können, als er selbst ist. Er lernt Ehrfurcht, Bescheidenheit und Demut. Denn ihm wird sein Schülersein bewußt. Er muß lernen, was seine Schüler benötigen, wie er ihre Entwicklung fördern kann. Er muß wachsen, um ihnen zu genügen. Der Lehrerberuf gewinnt so ganz neue Grundlagen und Dimensionen. Die alte schulmeisternde Herrlichkeit kann da nichts ausrichten. Sie demaskiert sich als jene persönlichkeitsverbiegende Gewalttätigkeit, die man zu Recht «schwarze Pädagogik» genannt hat. Das ist die Revolution der geistigen Gesinnung, welche vom Reinkarnationsgedanken ausgeht.

Neben diesem Grundlegenden regt er jedoch auch genauere einzelne Beobachtungen und hilfreicheres pädagogisches Handeln an, da er den Zusammenhang von Entwicklung besser versteht. Denn da ist wichtig zu fragen, wie eine bestimmte Begabung oder ein auftretendes Ereignis im Zusammenhang der Gesamtentwicklung zu sehen sind. Liegt es in der Zukunftslinie eines Kindes, eine bestimmte früh auftretende Begabung zu üben und womöglich spezialisiert auszubilden, weil sie später einmal vielleicht sogar Profession werden könnte? Oder ist es besser zu warten, das auftretende Talent nicht zu vernachlässigen, aber weiteren Entwicklungsimpulsen Raum zu geben? Allgemeine Überzeugungen helfen bei dieser Problematik kaum weiter. Denn je nach der individuellen Entwicklungsabsicht des Kindes könnte die Entscheidung einmal so und ein anderes Mal anders richtig sein. Ein treffendes Urteil wird heute durch die so häufig praktizierte Frühförderung erschwert. Da hoffen Eltern auf eine besondere Begabung ihres Kindes, um eine mögliche Karriere darauf zu gründen. Auf den Gebieten des Sportes und der Musik liegen hier wohl die extremsten Beispiele vor. Unabhängig von der Frage, wer da eigentlich Karriere machen und finanziellen Nutzen ziehen will, stehen nach einigen Jahren die Jugendlichen als beklagenswerte Opfer solcher Bestrebungen vor uns. Da sind die ehemaligen Kinder nicht nur ausgebrannt, unausgebildet und sowohl der Kindheit wie auch ihrer Jugend beraubt. Häufig genug erweisen sie sich als hilflos in der eigentlichen Lebensorientierung und haben an schweren Folgeschäden ihrer kurzen Erfolge zu tragen, verkrüppelt an Leib und Seele.

Allzuleicht möchte man wegen solcher Erfahrungen aller Frühförderung und Spezialisierung entsagen. Es gibt aber auch das wirkliche Talent, das auf eine Lebensaufgabe angelegt ist. Das will vielleicht doch vorsichtig gefördert werden. Allerdings führen nicht immer die direkten Wege zum Erfolg. Wer eine bestimmte Begabung bei seinem Kind entdeckt, wird womöglich behutsam die weitere Entwicklung anregen. Auf jeden Fall wird er auf eine allgemeine, tragende Menschenbildung achten, die dem Kind

Grundlagen für sein inneres und moralisches Werden gibt. Er wird Phasen der Entwicklung berücksichtigen, in denen die Förderung einmal ruhen muß, Rückschläge verständnisvoll begleiten. Und er wird seinen guten Willen darin zum Ausdruck bringen, daß er nicht zwanghaft in die Öffentlichkeit strebt, um die Anerkennung des Publikums zu gewinnen. Es wird ihm um das Kind gehen. Den richtigen Weg wird man nur durch ein Erfassen der kindlichen Individualität finden. Da zeigen sich die verborgenen Spuren der Lebensimpulse. Allgemeine Gesichtspunkte geben dabei nur den Rahmen der Orientierung. Was benötigt wird, ist ein Blick für das Selbstverständliche, das oft übersehen wird. Die wirklichen Hinweise auf die Mission des Kindes sind zumeist unscheinbar und passen häufig nicht in das Konzept des Erziehers. Eltern oder Lehrer sehen nur zu gern, was sie sehen wollen. Das Eigentliche hingegen wird verpaßt. Wunschbilder treten an die Stelle von Realitäten. Ein Kind in der Entwicklung wahrzunehmen, heißt jedoch, die Wahrheit seines Seins, seine Wirklichkeit hinzunehmen.

Einmal begegnete ich einem Knaben, der schon im Vorschulalter viel Freude an schlagkräftigen Aktionen zeigte. Wenn er als Dreijähriger irgendwo eine Pfütze sah, dann zog es ihn mit magischen Kräften dorthin. Er sah das schillernde Spiegelbild des Himmels, liebte das Geheimnis der wandelbaren Nässe und mußte mit dem Fuß hineinpatschen. Die aufspritzenden Wasserfontänen ließen ihn freudig aufjauchzen. Die Veränderungen des Farb- und Formenspieles beobachtete er genau. Als er fünfjährig den Klassenausflug seiner älteren Schwester begleiten durfte, zog er sich den Unwillen einer etwas griesgrämigen Pädagogin zu. Mit großer Leidenschaft und prometheischem Elan köpfte er Disteln. Irgendwo hatte er einen alten, trockenen Ast gefunden und mähte mit ihm die spätsommerlichen Wiesen. Das trug ihm den tadelnden Hinweis ein, daß man so etwas mit Rücksicht auf die armen Blümchen nicht tun dürfe – verständlich und pädagogisch korrekt. Tatsächlich wurde der Herangewachsene dann Steinmetz. Obwohl keineswegs von besonders mächtiger Statur, flogen die Splitter unter seinen Streichen wie Wassertropfen daher.

Ein anderer Junge sollte unbedingt immer mehr lernen, als in der Schule angeboten wurde. Sein Vater, ein Arzt mit etwas genauem, melancholischen Charakter, examinierte die Lehrer fortwährend, ob sie schon dieses bedeutende Buch über Waldorfpädagogik gelesen oder sich Gedanken über jene sinnvolle Initiative gemacht hätten. Als der Sohn in der fünften Klasse angekommen war, wurde es höchste Zeit, außerhalb der Schule Latein zu lernen und dann auch in einen Schachverein einzutreten. Schließlich müsse man aus seinen Begabungen etwas machen. Seinen Lehrern erschien das Kind als sonniger, unbekümmerter Knabe, der kindlich verspielt noch einige Zeit für seine Entwicklung brauchte. Beide Seiten konnten sich nicht einig werden. Der Sohn löste das Problem schließlich dadurch, daß er unerklärliche Kopfschmerzen bekam und als Lehrbeispiel für medizinische Rätsel herhalten mußte. Migräneanfälle sind bei Kindern in diesem Alter glücklicherweise eine seltene Ausnahme. Er wurde allen möglichen medizinischen Kapazitäten vorgestellt und bald vom Lateinunterricht abgemeldet. Schon zum Ende seiner Schulzeit trat er als Gesellschaftslöwe in der Klasse auf. Aus ihm wurde ein begnadeter Kaufmann, der durch seinen Charme und immerwährende Vergnüglichkeit Geschäft über Geschäft an sich zog.

Die Schwelle der Reifezeit

Eine nicht leicht zu meisternde Schwelle in der Begleitung eines Kindes stellt der Übergang von der Kindheit zur Jugend und schließlich zum jungen Erwachsenenalter dar. Die Schwierigkeiten treten da in verschiedenen Schichten auf. Zum einen liefern die Zeiterscheinungen der Gegenwart gewaltig vergrößerte Probleme. Jugend ist zu einem gefährdeten Bezirk im Schnittpunkt von libertinistischem laissez-faire, kommerzieller Inszenierung und Mega-Leere geworden. Es war noch nie so gefährlich, dieser Altersgruppe anzugehören wie heute, und jeder heil ins Erwachsenenalter aufgewachsene junge Mensch sollte Anlaß für ein tiefes Freudenfest seiner begleitenden Erzieher sein. Diese Problematik ist individuell und überindividuell zugleich. Sie muß einerseits für jeden und von jedem einzelnen Heranwachsenden gelöst werden. Andererseits hängt sie mit dem Zeitenschicksal zusammen, dem sich niemand entziehen kann. Zeitgenossenschaft heute bedeutet das Stehen vor den genannten Prüfungen.

Es gibt jedoch eine andere Problematik, die mehr im Individuellen liegt. Sie hängt mit dem Wandel des Persönlichkeitsbildes durch die Reifezeit zusammen. Wer sich intensiv um das Verständnis eines heranwachsendes Kindes bemüht, seine Entwicklung fördernd und anregend begleitet, der wird bestimmte Eindrücke von dem Kind gewinnen. Er wird bestimmte Fortschritte erleben, seinen Lernwillen spüren und die strebende Achtung, die es den Erwachsenen entgegenbringt. Bei allen Schwierigkeiten, die in der Kindheit auftreten können, zeigt das frühe Schulalter bis an die Pubertät heran doch ein ziemlich positives, mehr oder weniger geradlinig sich entwickelndes Bild. Die Kinder sind in dieser Entwicklungsspanne kooperativ und lernwillig. Begabungsunterschiede in einer Klasse treten zunächst verhalten und allmählich, ab der dritten, vierten Klasse deutlicher werdend auf. Zunächst ist nur von langsamen Rechnern, schnellen Schreibern usw. die Rede. Nach und nach zeigen sich die einzelnen Persönlichkeiten deutlicher. Bestimmte Kinder machen alles in vorbildlicher Ordnung und anhaltendem Eifer mit, andere sind unauffällig, zeigen eine krakelige Handschrift, ziehen sich beim Spiel der anderen zurück und bleiben mehr im Hintergrund. Einige sind der strahlende Mittelpunkt der Klassenvorgänge, haben einen großen Freundeskreis, empfangen ständig Besuch, andere schauen mit sehnsüchtigen Blicken aus dem Hintergrund nach diesem Glanz. Die Individualität scheint sich immer deutlicher abzuzeichnen, sichere Entwicklungsprognosen werden offenbar möglich.

Bereits in der Schulzeit bekommen solche Erwartungen häufig einen Bruch. In der Oberstufenzeit treten plötzlich ganz andere

Erscheinungen auf. Da verblaßt der Glanz einiger «Kinderstars», sie wirken jählings auf ihre Klassenkameraden oberflächlich, etwas zu bürgerlich oder uninteressant. Dafür treten die Unscheinbaren in den Vordergrund und besetzen die Szene. Sie werden unversehens zu Trendsettern, üben einen inspirierenden Einfluß auf ihre Klasenkameraden aus. Das Ganze verläuft nicht ohne Dramatik. Wendet sich der Lehrer in der Übergangszeit an die alten Zugpferde, erlebt er Enttäuschungen. Sie bröckeln. Einerseits sind sie müde geworden und können nicht so recht, andererseits wollen die anderen ihren Einsatz auch nicht mehr. Die neuen Impulsgeber hingegen verhalten sich zunächst unter Umständen oppositionell, sind ungebärdig und verbreiten ein wenig anmutiges Flair.

Was sich als Kindheitsbegabung zeigt, ist häufig noch nicht das Zukünftige der gegenwärtigen Inkarnation. Sie bringt vielmehr Vergangenheitskräfte zum Vorschein, die mit der vergangenen Inkarnation, mit dem Vererbungsstrom oder den tragenden Kräften des Milieus zusammenhängen. Können diese Inkarnationstendenzen vom Erzieher nicht auseinandergehalten werden, treten im Jugendalter unnötige Enttäuschung, unnötiges Leid und manche weitreichende Verletzung auf. Die Erzieher brauchen einen prophetischen Blick, um die wahren Entwicklungstendenzen eines heranwachsenden Kindes zu entdecken und durch die Umbrüche der Reifezeit zu begleiten.

Der prophetische Blick sollte noch für ein anderes Phänomen geschult werden. Auf jeden Menschen kommt eine Fülle von Ereignissen zu, also auch auf Kinder. Viele dieser Ereignisse haben mit dem geistigen Kern des Menschen zu tun. Mensch und Ereignis ziehen sich gegenseitig quasi an. Auf rätselhafte Weise geht jemand an einen bestimmten Ort, um da überraschenderweise einen Menschen zu treffen oder unversehens ein bestimmtes Erlebnis zu haben. Wir haben uns in früheren Kapiteln mit diesem Problem beschäftigt. Der Grund dafür liegt häufig in vergangenen Erdenleben. Der Mensch hat während einer Inkarnation durch bestimmte Taten in die Gestaltung des Lebens eingegriffen. Das hat in der Welt Spuren hinterlassen, welche nicht nur für den Augenblick sichtbar wurden. Vielmehr gingen von seinen Handlungen Wirkungen aus, die mit aller weiteren Entwicklung verbunden bleiben. Die Welt lebt fortan mit den Folgen seines Tuns.

Solche Wirkungen gehen jedoch nicht nur vom Menschen auf die Welt aus. Vielmehr gibt es zugleich auch eine Wirkung auf ihn selbst. Wer sich mit aufbauenden Angelegenheiten beschäftigt, wird dadurch andere Einflüsse auf seine eigene Entwicklung ausüben als jemand, der destruktiv tätig ist bzw. die Schädigung anderer um des eigenen Vorteiles willen in Kauf nimmt. Der Mensch arbeitet nicht nur in die Außenwelt, sondern gleichzeitig auch immer in das eigene Selbst. Über diesen Zusammenhang täuscht man sich leicht hinweg, weil er nicht äußerlich wahrgenommen werden kann. Man sieht nur eine einseitige Einflußnahme vom handelnden Subjekt in die objektive Welt und hält sich für den Herrscher dieser Welt. Tatsächlich wird jedoch das Kerbholz immer auch mitbeschrieben. Der Mensch macht unversehens aus sich, was er bei rechter Besinnung vielleicht nicht will. In jedem Fall wird er zum Spiegelbild seiner Handlungen. Es besteht ein geheimnisvolles Band zwischen unserem äußeren Tun und unserem inneren Werden.

Gewahr wird sich der Mensch dieses Zusammenhanges spätestens in der nachtodlichen Welt, wenn er geistig durchschauen lernt, was ihn im Erdenleben grobsinnlich getäuscht hat. Dann entwickelt sich in ihm auch das Verlangen, an die vergangenen Taten anzuknüpfen und ausgleichend oder heilend zu wirken. Das Vergangene läßt ihn als Potential von Zukunft nicht los. Er bleibt mit ihm verbunden, es zieht ihn an. Mensch und Welt sind wahrhaft eine Einheit. Der Mensch kann sich ohne die Welt nicht entwickeln, aber auch die Welt lebt von den Taten des Menschen.

So kommt es also zu der Vielzahl von Begegnungen im Erdenleben, die innerlichst mit uns zu tun haben. Sie stellen Fragen an uns, bringen Aufgaben und geben uns die Gelegenheit zur Fortentwicklung, zum Ausgleich. Das ist selbstverständlich keine egozentrische Sicht auf das Lebenstableau. Sie blickt ja immer zugleich von der Welt her. Was will die Situation von mir? Was bin ich ihr schuldig? Mit dieser Perspektive kann sich der Sinn des Lebens enthüllen, können die wahren Lebensaufgaben entdeckt werden.

Darin liegt für den Erzieher eine der zentralsten Aufgaben, zu entdecken, was zu dem Kind gehört. Welcher verborgene Strom fließt in den Bestrebungen des Kindes? Welche Art Begegnungen geschehen immer wieder, und was könnten sie von ihm wollen? Gehören sie zur Lebenslinie des Kindes oder nicht?

Für diese Frage muß der Erzieher Unterscheidungsvermögen entwickeln, denn nicht alle Geschehnisse im Leben beruhen auf persönlichen Verknüpfungen in der Vergangenheit. Es gibt ebenso neue Ereignisse, neue Begegnungen, die mit einer gewissen Kraft auftreten. Solche Momente enthalten Weichenstellungen für die Zukunft. Sie knüpfen Neues an und bergen den Keim künftigen Werdens. Aus ihnen werden erst die Folgen, welche in späteren Erdenleben ihrer Anknüpfung harren.

Auf diese Weise begegnen dem Erzieher vielfältige Aufgaben, die nicht leicht zu unterscheiden, einzuordnen oder zu klären sind. In der Absicht eines vordergründigen Erfolgsstrebens ist das auch nicht sinnvoll. Vielmehr ist schon das Achten auf bestimmte karmische Dispositionen fruchtbar. Der Erzieher sollte für derlei Fragestellungen empfänglich sein, weil ihn das zugleich einfallsreicher in seiner pädagogischen Praxis macht. Wer nicht fragen kann, wird schwerlich Antworten erhalten. Das Karma einzubeziehen heißt, Fragen an das Schicksal zu stellen. Zuweilen ergibt sich die Antwort auf solche Fragen erst nach Jahren oder Jahrzehnten. Dann zeigt sich u.U. erst der ganze Zusammenhang einer Situation oder die Auswirkung bestimmter Maßnahmen.

Falko Solter

Einer der unauffälligsten Schüler in der Klasse von Herrn Schäfer war Falko. Herr Schäfer gehörte zu den jungen Klassenlehrern an unserer Schule, die bald nach der Ausweitung der Schule zur Zweizügigkeit zu uns gestoßen waren. Eigentümlicherweise war es gerade Falko, der Herrn Schäfer kurz nach dem Beginn seiner Tätigkeit einen heftigen Tadel seiner erfahrenen Mentorin einbrachte.

In der Waldorfschule wird der Unterrichtsmorgen mit einem gemeinsamen Spruch begonnen. Es ist das ein von Rudolf Steiner gedichteter, sehr konzentrierter Sinnspruch, der ob seiner Tiefe Beschäftigungsmaterial für ein ganzes Leben enthält. Für Begrüßung und Spruch ließ Herr Schäfer die Kinder seiner Klasse jeweils aufstehen und mühte sich redlich, Ruhe einkehren zu lassen. War es leidlich still geworden, begann er mit der Rezitation. An einem Morgen nun war die erwähnte Mentorin zu Gast. Sie war eigens aus Stuttgart angereist, um seinen ersten Anstrengungen ein wenig aufzuhelfen. Nach dem Unterricht fand dann die konzentrierte Nachbesprechung in einem sehr gemütlichen Café in der Nähe statt.

«Hör mal, Liebling», eröffnete sie die Revue, «wenn die Kinder da morgens hinter den Bänken aufstehen sollen, dann müßtest du auch dafür sorgen, daß sie tatsächlich stehen!» Der vertrauliche Ton hatte damals noch nichts mit einer besonderen Wertschätzung für Herrn Schäfer zu tun. Frau Loy war einfach im Leben und an den Folgen schwerer Kriegsleiden ergraut und hatte nach einer eindrucksvollen Lehrerbiographie ein positiv abgeklärtes Verhältnis zu Novizen wie ihn entwickelt. Er war ein wenig erschrocken. Im großen und ganzen fand er den heutigen Morgen ganz gut geglückt. Wenn es daran schon etwas zu bemängeln gab, wie sollte dann erst der Rest beurteilt werden? Auf schüchternes Nachfragen wies sie auf den blonden Schlaks hin, der in der letzten Reihe auf dem Tisch gelegen hatte.

Diese Beschreibung war nun sicherlich etwas übertrieben, denn von der Hüfte an abwärts stand Falko. Allerdings knickte er am

Gürtel wie ein Taschenmesser ein und brachte seinen Oberkörper auf dem Schultisch in eine waagerechte Lage. Das sah merkwürdig aus und unterschied sich auch ziemlich kraß von dem Verhalten der anderen Kinder, Herr Schäfer dachte aber doch, daß sich so etwas schon geben würde und man den Kindern Zeit lassen müsse, sich an die Gepflogenheiten des Schullebens zu gewöhnen. Außerdem war Falko eine etwas auffällige Gestalt. Er hatte flachsblondes Haar, war hager und dürr. Sein Gesichtsausdruck wirkte seltsam verschlafen. Man konnte nicht sicher sein, daß er das Geschehen um sich herum immer vollkommen verstand.

Angeregt durch das Gespräch im Café machte sich der Kollege bald auf den Weg zu einem Hausbesuch. Solters wohnten in der kostengünstigen Nische eines schön gelegenen Stadtteiles.

Die Eltern unterschieden sich schon äußerlich stark voneinander. Der Vater war hager und dürr, trug pechschwarzes Haar und einen ebensolchen Oberlippenbart. Die stark eingekerbten Gesichtszüge und dunkle, in tiefen Höhlen ruhende Augen verliehen ihm etwas vom Flair des wilden Jägers. Seine Stimme klang tief und tönte ein wenig knarrend, von einem gewissen Dröhnen unterlegt. Er sprach stets wohlgesetzt und immer ein wenig amtlich. Die Mutter hingegen war wohlbeleibt. Im Gegensatz zum Vater war sie um eine gewisse Eleganz in ihrer Erscheinung bemüht, die allerdings ein wenig Zuviel an eingesetzten Mitteln zeigte. Während er stets zum Kern einer Sache sprach und alles Kulissenhafte vermied, bemühte sie sich um Eindruck. Eindruck und Anstrengung standen jedoch in keinem glücklichen Verhältnis zueinander.

Außer Falko gehörte zur Familie noch eine jüngere Tochter. Beim Spaziergang in einem nahegelegenen Park bildete sie den beweglichen Mittelpunkt des Interesses. Ihre kindlich grazilen Laufbewegungen, die von ihr mit einigen Förmchen in den Sand gebakkenen Kuchen, alles entzückte insbesondere die Mutter. Über Falko wurde verhältnismäßig nüchtern und konstatierend gesprochen. Gewisse Probleme waren bekannt, lösten jedoch kein weiteres Engagement aus. Er war nun einmal so.

Das zweite Schuljahr neigte sich seinem Ende zu. An einem der letzten Elternabende, zu dem nur eines der beiden Elternteile gekommen war, bat Herr Solter den Klassenlehrer um ein Gespräch unter vier Augen. Er eröffnete ihm, daß ihn seine Frau wegen eines anderen Mannes verlassen habe. Es handele sich um einen brutalen Kerl aus Gesellschaftsschichten, zu denen er persönlich gar keinen Kontakt habe, aber seine Frau habe nun einmal an so etwas Geschmack. Er selber sei nun in eine schwierige Lage geraten, denn zwar habe sie die Tochter mit sich genommen, Falko aber mit der Bemerkung zurückgelassen, er erinnere sie zu stark an seinen Vater, und davon habe sie inzwischen genug. Ihn schreckte nicht so sehr die Aufgabe, den Sohn nun allein versorgen zu müssen. Dazu war er gern bereit. Sein Problem war eine starke Epilepsie, unter der er litt. Dieser Zustand war bekannt, denn Herr Solter war auf einem der vorhergehenden Elternabende zusammengebrochen und von einigen sachkundigen Eltern liebevoll versorgt worden. Am Ende ging er dann selbständig und unerschütterlich nach Hause. Nun aber hatte er das Problem, Berufstätigkeit, Hausarbeit und Kinderpflege unter einen Hut zu bringen. Noch dazu befürchtete er unerfreuliche Auseinandersetzungen mit seiner Frau. Das könne dazu führen, daß sein Sohn in einem Heim untergebracht würde, denn momentan sah er keine Möglichkeit, kritische Fürsorger von seinen Möglichkeiten zu überzeugen.

Er erzählte dann ausführlich von dem Zusammenleben mit seinem Sohn, erwähnte, daß Falko gelernt habe, mit der Krankheit des Vaters umzugehen. Tatsächlich hinderte der Junge, wenn der Vater irgendwo in der Stadt umfiel, die Passanten daran, einen Krankenwagen zu rufen oder die Polizei zu benachrichtigen. Er griff in eine bestimmte Tasche seines Vaters und zog dort einen Karton mit einer Aufschrift hervor, die seinen Zustand erklärte, und versicherte, daß er in Kürze unversehrt wieder zu sich kommen würde.

Die gegenwärtigen Schwierigkeiten überstiegen dennoch seine Möglichkeiten. Er hatte einen offiziellen Status als Schwerbeschädigter. Ein großes Unternehmen hatte ihn als Teil der gesetzlichen

Auflagen zur Beschäftigung von behinderten Menschen angestellt. Dort bearbeitete er Formulare und versah die Ablage. Seine Arbeitszeit war genau geregelt. Er würde Falko augenblicklich kaum ausreichend versorgen können. Dafür mußte er erst Vorsorge treffen, sich Hilfe verschaffen. Im zweiten Schuljahr hatte Falko verhältnismäßig früh Schulschluß, und es gab einen langen Zeitraum zwischen dem Unterrichtsvormittag und dem Arbeitsende des Vaters.

Bericht und Lage des Vaters waren erschütternd. Der junge Kollege fragte sich, wie er dabei helfen könne. Die Dinge schienen verworren und aussichtslos zu sein. Auch kannte er noch zu wenige Menschen und Einrichtungen im Umkreis der Schule, die hier vielleicht helfen könnten. Am Ende der Darlegung fragte Herr Solter, ob Falko nicht vielleicht für einige Zeit in der Familie von Herrn Schäfer untergebracht werden könne. Da wäre Falko bestimmt gut aufgehoben und er müsse sich nicht an ganz fremde Verhältnisse gewöhnen.

Herr Schäfer war, wie er sich später erinnerte, gar nicht so überrascht. Er war mit Haut und Haaren Waldorflehrer. Er freute sich sogar über diese Anfrage. In ihr lag ein bestimmtes Vertrauen, so eine Sache entsprach genau seinem Bild vom Reiz des Lehrerberufes, und man konnte helfen. Seine Frau stimmte nach kurzer Beratung ebenfalls zu, und so fuhr er an einem der nächsten Schultage mit Falko zu sich nach Hause. Schäfers Alter spielte bei der Entscheidung bestimmt eine nicht unbedeutende Rolle. Sie waren ziemlich jung, sein Berufsanfang lag inzwischen ein gutes Jahr zurück, und beide malten sich nicht lange aus, welche Komplikationen sich einstellen könnten. Es gab genug Raum, und ein Bett war auch vorhanden. Im übrigen hatten Lehrer und Schüler ja denselben Schulweg, und die beiden eigenen Kinder würden sich über einen Spielkameraden bestimmt freuen.

An einem frühen Maitag begleitete Falko den Lehrer zum ersten Mal nach Hause. Familie Schäfer wohnte außerhalb der Stadt in den Ausläufern der Holsteinischen Schweiz. Die Naturnähe war ihnen für das Heranwachsen ihrer Kinder wichtig. Als sie mit dem

Auto die letzte U-Bahnstation passiert hatten, tauchten schon bald einige frischgrüne Wiesen auf. Herr Schäfer versuchte, Falko die Reise so unterhaltsam und ungezwungen wie nur möglich zu machen. Es war allerdings nicht einfach, mit ihm ins Gespräch zu kommen, da er sich in den letzten Winkel der Rücksitzbank zurückgezogen hatte und im Rückspiegel nicht auszumachen war. Nun hatte der Kollege aber eine echte Sensation zu bieten. Auf den glänzenden Weiden leuchtete das erste schwarzbunte Vieh. «Sieh mal, Falko, da hat der Bauer zum ersten Mal in diesem Jahr seine Kühe aufs Feld geschickt, weil es heute so warm ist. Die werden sich über das saftige Gras freuen!» Im Rückspiegel tauchte eine flüchtige Bewegung auf. Falko blickte unruhig hin und her. Dann antwortete ein sehr zögerliches: «Joo.» Sein Blick schweifte weiter ziellos herum. Offensichtlich fand er nicht, worauf er aufmerksam gemacht werden sollte. Allmählich wurde klar, was da vor sich ging. Er sah keine Kühe, weil er noch nie welche gesehen hatte. Er kannte keine Kühe. Herr Schäfer fand es einigermaßen überraschend, in der Waldorfwelt auf ein Exemplar jener Coca-Cola-Generation gestoßen zu sein, die in den USA zu 40% glaubt, daß Milch von Coca-Cola produziert wird. Ihm wurde klar, daß Falko womöglich noch wenige Erlebnisse in seinem Leben gehabt hatte.

Zu Hause wurde er mit freundlichem Hallo begrüßt. Die Kinder waren auf einen so großen Jungen gespannt. Von ihnen ging noch niemand in die Schule. Sofort wurde das ganze Arsenal der Spielzeuge aufgebaut und gezeigt, was man alles konnte. Schäfers hatten sich ihr Wohnzimmer in einem Raum eingerichtet, der durch eine große Schiebetür von einem weiteren Zimmer abgetrennt war. Die Schiebetür war zum offenen Tor geworden, und die Kinder hatten das zweite Zimmer als Spielzimmer. So beschäftigten sie sich selbst und hatten doch stets das Gefühl, in der Nähe des Zentralgeschehens zu sein. Kaum war Falko in dieses Reich eingetreten, war er auch bereits verschwunden. Akustisch war allerhöchstens ein tonales Ausatmen wahrnehmbar. Die Stimmen der eigenen Kinder trällerten fröhlich vor sich hin, stellten unbeantwortete Fragen, gaben Erklärungen und Einführungen. Optisch war Falko wie vom Erdboden verschluckt. Das war nicht gut möglich, aber er brachte es fertig, hinter dem schmalen Mauervorsprung der Schiebetür unsichtbar zu werden. Gingen die Erwachsenen beiläufig in die Küche und warfen en passant einen Blick in das Kinderzimmer, drehte er sich scheu zu Wand oder Boden. Er ertrug die Gesellschaft nur schwer.

Gespräche waren mit ihm kaum möglich. Zum einen war er sehr scheu, zum anderen hatte er manche Defizite. Viele Dinge kannte er nicht. Dazu gehörten Handhabungen des Lebens ebenso wie Naturerscheinungen oder gesellige Spiele. Bäume und Sträucher waren ihm ebenso fremde Welten wie die Tiere des Feldes oder der große Himmel über ihm. Wenn er sich unbeobachtet fühlte, fing er eine wilde Bolzerei an, warf die anderen zu Boden und probierte einschüchternde Imponierposen. Er brachte aus der kostengünstigen Nische des schön gelegenen Stadtteiles einiges mit. Dort hatte er seine freie Zeit bisher offenbar vor allem auf den öffentlichen Plätzen zugebracht.

Am Ende dieses Schuljahres gab Herr Schäfer Falko einen eigentümlichen Zeugnisspruch. Er folgte dabei einem Rat Rudolf Steiners, der als Beispiel für die Therapie eines sehr dumpfen Kindes eine bestimmte Handhabung vorgeschlagen hatte. Zu dem einfachen Satz: «Der Mensch ist gut», sollte das Kind zu jedem Wort einen bewußt gesetzten Schritt machen. Auf diese Weise sollte es den Spruch dann über einen längeren Zeitabschnitt von mehreren Monaten regelmäßig sprechen. Dadurch würden weckende Impulse für die Bewußtseinsentwicklung gestärkt.[44] Herr Schäfer erweiterte diesen Satz ein wenig um Motive, die ihm für Falko bedeutsam erschienen. Dann ließ er ihn ein Jahr lang diesen Spruch an einem Tag der Woche in der beschriebenen Weise aufsagen:

>Der Mensch ist gut
>Und gut die Welt,
>Die Gott erhält
>Und Gott bestellt.

Falko hatte große Mühe, den Text zu lernen. Noch größere Schwierigkeiten bereitete es ihm aber, nach jedem Wort einen Schritt zu tun und dann jeweils wieder inne zu halten, um das nächste Wort zu sprechen. Allerdings tat ihm die darin liegende Willenskultur gut. Er bemerkte allmählich immer klarer, was er tat und wovon er sprach. Von seinen Klassenkameraden unterschied er sich dennoch durch manches.

Zu den hilfreichen Einrichtungen der Schule gehörte ein eigener Schularzt, der sich neben seiner Praxis einen Tag in der Woche zur Verfügung stellte, um bei gesundheitlichen Problemen der Schüler zu helfen. Herr Solter hatte sein Einverständnis gegeben, Falko einmal dort vorzustellen. Die Klassenlehrer pflegten in solchen Fällen ihre Schüler zu begleiten, um einerseits möglichen Bangigkeiten abzuhelfen und andererseits die Ratschläge des Arztes unmittelbar aufzunehmen. Als ein Termin für Falko gefunden war, hatte Herr Schäfer noch in seiner Klasse Unterricht. Da die Zeiten immer recht stramm kalkuliert wurden und Verspätungen tunlichst zu vermeiden waren, schickte er den Jungen schon einmal zum Arztzimmer, bevor er selber frei wurde. Um Falko nicht unnötig zu verunsichern, durfte er sich jemanden zur Begleitung aussuchen, der ihm während der Wartezeit Gesellschaft leisten sollte. Seine Wahl fiel auf Christian, einen besonders braven Jungen, der nicht weit vom Elternhaus entfernt wohnte und mit dem er manchmal zusammmen zur Schule gekommen war. Die beiden zogen verlegen und vergnügt zugleich ihrem Abenteuer entgegen.

Als Herr Schäfer aus seinem Unterricht kam, fand er die beiden vor der Tür des Sprechzimmers in ein schüchternes Gespräch vertieft. Falko richtete in seinem eigentümlichen Singsang eine merkwürdige Frage an Christian: «Du, Christian, weißt du eigentlich, in was für einer Schule wir hier sind?» Christian stutzte verwundert. Er wußte sehr wohl, wie die Schule hieß und daß es sich um eine Waldorfschule handelte. Immerhin hatte ein naher Verwandter diese Schule 1922 gegründet, und seine Eltern pflegten ein deutliches

Familienbewußtsein. Falko enthob ihn der Mühe einer Antwort: «Weißt du, daß wir hier in der besten Schule der Welt sind?» Verlegen lächelnd hauchte Christian: «Ja.»

Dann war das Sprechzimmer frei, und Falko begegnete dem Arzt. Der besaß ein sehr liebenswürdiges, gewinnendes Wesen, und so war das Eis bald gebrochen. Falko hatte Platz genommen, seinen Namen errötend verraten und richtete sich auf die Untersuchung ein. Bei der ausgiebigen Untersuchung der nicht kleinen Ohren erkundigte sich Dr. Relf, ob Falko denn auch gut höre. «Ja schon», kam die verlegene Antwort, «mein Vater sagt aber immer, das geht hier rein und da wieder raus.» Den Inhalt seiner Worte begleitete er mit erläuternden Gesten über Eingang und Austritt der erwähnten Botschaften.

Dr. Relf war ein Schularzt, der an die Lehrer hohe Forderungen stellte. Bequemen Klagen über schwierige Schüler war er wenig zugetan. Es konnte vorkommen, daß er die Lehrer in solchen Situationen scharf zurechtwies und mit allen möglichen Beispielen seines großen Erfahrungsschatzes die Geringfügigkeit ihrer Mühe erläuterte. Er liebte Kinder und war gern ihr Ritter, sobald eines in Not geriet. Herrn Schäfer gab er am Ende des Besuches allerdings den überraschenden Rat, daß Falko vielleicht nicht allzu lange in der Schule bleiben, sondern in einen sonderpädagogischen Zusammenhang gebracht werden sollte. Diesen Hinweis wiederholte er bei späteren Gelegenheiten. Falko wirkte allzu langsam, retardiert und wenig auffassungsfähig. Das Therapieangebot der Schule bestand aus Waldorfpädagogik und zusätzlicher Heileurythmie, deren Einsatz der Vater gern zustimmte.

Nach einigen Monaten hatte sich der Vater so eingerichtet, daß Falko nach Hause zurückkehren konnte. Er nahm ohne großen Aufhebens Abschied und tauchte wieder in seine alte Umgebung ein. An seinem Verhalten waren keine großen Veränderungen festzustellen. Auf Nachfragen bestätigte er, daß es ihm gut gehe. Er freute sich, ein Leben in geregelten Bahnen führen zu können. Ein Verbund aus Großmutter, freiem Nachmittag des Vaters an zwei

Tagen in der Woche und einer gelegentlichen Haushaltshilfe ermöglichte das häusliche Zusammenleben.

Einige Monate später rief der Vater des braven Christian bei Herrn Schäfer an. Es fiel ihm außerordentlich schwer, den Grund seines Anrufes zu nennen. Weitschweifig und ohne erkennbares Ziel erzählte er von der Gartenbausiedlung in seiner Nachbarschaft, von Falko und von Christian, die dort manchmal zusammen spielten. In dieser Gegend gab es seiner Schilderung zufolge eine Menge von Laubenhütten und Schuppen, was einleuchtend war. Herr Schäfer war sehr gespannt, ob ihm vielleicht ein Klassenausflug in diese Gegend vorgeschlagen werden sollte. Zuletzt wurde aber doch deutlich, daß sein Anliegen ein anderes war. Er mochte es kaum aussprechen, aber am vergangenen Tag war dort in der Gartenkolonie ein Schuppen in Rauch aufgegangen. Die Polizei war gekommen, und man hatte Christian und Falko mit Streichhölzern angetroffen. Ob Herr Schäfer nicht mit den beiden Jungen sprechen könne. Christian sei sicherlich in die Sache mit hineingezogen worden, aber Falko müsse doch irgendwie betreut werden. Er wisse nicht, wer das sonst machen könne.

Als der Kollege mit den beiden Jungen sprach, erlebte er eine starke Betroffenheit. Die Sache war ihnen äußerst unangenehm. Sie hatten von ihrem Lieblingsversteck aus ein bißchen mit brennenden Hölzchen geschnipst, und daraus war unglücklicherweise mehr geworden, als sie erwartet hatten. Die Hölzchen hatte Falko mitgebracht, und Schnipsen konnte er auch am besten. Erwischt worden war allerdings Christian, und dessen Vater hatte auch alles Notwendige geregelt. Obwohl es damit den Verkehrten getroffen hatte, war das für Falko doch ein großes Glück, denn die Frage der Fürsorge schwebte nach wie vor als Damoklesschwert über ihm. Er war von seiner Großmutter an diesem Tag etwas früher nach Hause geschickt worden, und sein Vater hatte von dem ganzen Vorfall überhaupt nichts bemerkt. Allerdings war er angesichts des ernsten Gespräches mit seinem Klassenlehrer ziemlich niedergeschlagen.

Falko war nach wie vor ein leistungsschwacher und von den Kameraden wenig anerkannter Schüler in seiner Klasse. Daher wurde der Vorgang diskret behandelt und seinen Mitschülern nicht bekannt. Falko sollte nicht stigmatisiert und in ein unzuträgliches Rollenverhalten gedrängt werden.

In der fünften Klasse wirkte Falko sehr verschlossen, manchmal finster. Er ging gebeugt und schleppend. Seine Sprache klang nuschelig unartikuliert, sie war eine Art Singsang mit auffällig begrenztem Wortschatz. Gespräche mit Klassenkameraden gerieten ausgesprochen knapp. Längere Dialoge konnte oder wollte er nicht führen. Antworten bestanden häufig nur aus „Hm" oder „Äh". In der Klassengemeinschaft lief er verborgen mit, im Bewußtsein der anderen spielte er keine Rolle.

Bald nach Schuljahresbeginn kamen noch einige schöne Sommertage. Die Turnstunde konnte draußen stattfinden. Herr Schäfer hatte den Turnunterricht von Beginn an übernommen, da er den Eindruck hatte, daß dieses Fach einem Klassenlehrer schöne Möglichkeiten biete, den Unterricht insgesamt zu erfrischen und aufzulockern. Die Kinder hatten sich um die Sprunggrube versammelt. Zum ersten Mal sollten die Höhen mit einem Maßband exakt festgestellt und vergleichbar gemacht werden. Jeder Sprung rief lebhafte Reaktionen hervor.

Amüsement, Verlegenheit, Stolz und Prahlerei wechselten mit der Anzahl der bewältigten Zentimeter. Endlich war Falko an der Reihe. Mit wild rudernden Bewegungen stürmte er auf den Absprung zu. Dann stürzte er sich mit riesigem Satz der Grube entgegen. «Falko», schrie es von allen Seiten: «du bist der Höchste! Das ist ja irre!» Zwei stille Mädchen murmelten sich fassungslos zu: «Daß man so hoch springen kann!» Von diesem Tag an war seine Stellung in der Klasse eine andere. Immer, wenn irgendwo größerer Körpereinsatz erforderlich wurde, zog man Falko heran. Es fanden häufiger Gespräche zwischen ihm und den Klassenkameraden statt. Falko traute sich allmählich, Fragen zu stellen, Unwissenheit zuzugeben. Er lernte besser.

Als die acht Schuljahre beim Klassenlehrer zu Ende gingen, fertigten die Schüler für ihn einen Band mit Rückblicken auf diese Zeit an. Falko steuerte einige Seiten über »Meine schönsten Erlebnisse in den acht Schuljahren« bei. Darin schrieb er: «Als wir Turnunterricht bei Herrn Schäfer bekamen, habe ich mich sehr gefreut. Vorher machten wir nur viel Gymnastik. Diese machten wir ab der 3. Klasse bei Herrn Schäfer nicht mehr, sondern viele verschiedene Spiele. So brachte mir zuerst das Laufen sehr viel Spaß. Im Laufen war ich von Anfang an gut und konnte es der Klasse auch zeigen. In der 4. Klasse machten wir Hochsprung. Hierbei schafften Clemens und ich als einzige aus der Klasse den Rekord von 1,05 m, worüber wir uns sehr freuten.» Nach vielen weiteren Beispielen aus dem Turnunterricht schloß er mit den Worten: «Für diesen schönen Unterricht danke ich Ihnen von ganzem Herzen.» Herr Schäfer hatte die Bedeutung dieses Ereignisses richtig beobachtet. Falko hatte es im Rückblick sogar vordatiert.

Nach dem Übergang in die Oberstufe machte Falko zunächst eine bedenkliche Entwicklung durch. Sein Erscheinungsbild wandelte sich zusehends. War er früher ein wenig trist, aber immer ordentlich und sauber gekleidet, so nahm nun eine gewisse Nachlässigkeit zu. Der Vater hatte eine neue Lebensgefährtin gefunden, die ebenfalls ein Kind mit in die neue Verbindung brachte.

In der elften Klasse wurde Falko zu einer auffälligen Erscheinung in der Schule. Sein Gang war nach wie vor charakteristisch mit dem nach vorn überhängenden Oberkörper und den nachwippenden Beinen. Er hatte sich einen knielangen Parka besorgt, der vor etwa zwei Jahrzehnten ausgemustert worden sein mußte und nun zu seiner zweiten Haut wurde. Ob und was er darunter trug, blieb sein Geheimnis. Falko war olivgrün geworden. Der fahle Teint seines Gesichtes stand dazu in geringem Kontrast. Bald kam die Nachricht, er sei zu Hause ausgezogen. Von diesem Zeitpunkt an pflegte in den Taschen des Parka immer etwas Schokolade und eine Dose Cola zu stecken. Eigenartigerweise begannen sich Gang und Blick jetzt aber zu verändern. Er schaute selbstbewußter in seine Umwelt, der Gang straffte sich, er ging aufrecht.

Der Klassenbetreuer, Herr Rolling, hatte häufiger Anlaß, mit ihm über seine Schulkarriere zu sprechen. Falko wandelte offensichtlich über eine längere Periode am Rande des Absturzes. Sein Lernverhalten hatte durch all die Jahre keine eklatanten Veränderungen gezeigt. Das kontrastierte inzwischen ziemlich drastisch mit dem immer stärker einsetzenden Abiturfieber seiner Klassenkameraden. Falko war sich allerdings sicher, in der Schule bleiben zu wollen. Sein Abschlußziel war die Mittlere Reife. Angesichts der Prognosen des Schularztes ein kühnes Unterfangen. Herr Rolling mußte sich aber sagen, daß Falko, obwohl er ein schweigendes Mitglied des Klassenensembles geblieben war, stetig mitarbeitete und vor allem seine Hausaufgaben immer zuverlässig und selbständig erledigte. Als er ihn darauf einmal ansprach, erwiderte Falko: «Ja, Arbeiten habe ich in meiner Zeit bei Schäfers gelernt.»

Tatsächlich bewältigte Falko sein selbstgestecktes Abschlußziel. Er verließ die Schule nach der zwölften Klasse mit der Mittleren Reife. Danach leistete er den Wehrdienst ab und begann eine Lehre als Gebäudereiniger, die er erfolgreich abschloß.

Zehn Jahre nach dem Schulende versammelten sich die Ehemaligen zu einem Klassentreffen. Auch ihre alten Lehrer waren dazu eingeladen. Herr Schäfer näherte sich dem Treffpunkt mit gespannten Erwartungen. Schon der Parkplatz verriet differenzierte Entwicklungen. Da quollen Fahrgemeinschaften aus Kleinstwagen, stand aber auch das repräsentative Maximalmodell von Alfa Romeo neben einer giftgrünen Kawasaki. Wer war wohl womit gekommen?

Nach herzlichem Hallo und überschwenglicher Fröhlichkeit folgte ein inniger Abend, an dem aus den vergangenen zehn Jahren erzählt wurde.

Irgendwann erkundigte sich Herr Schäfer dann nach den Zugehörigkeiten des Fuhrparks. Es setzte einige Überraschungen. Die Staatskarosse gehörte zu einer ehemals sehr schüchternen Schülerin, die inzwischen einen Kraftfahrzeugbetrieb leitete, die Kawasaki zu Falko. Herr Schäfer, dem das Motorradfahren nicht ganz ungeläufig war, erschrak ein wenig. Verhalten erkundigte er sich nach der Leistung der Maschine. Falko berichtete vergnügt von 110 PS. Auf die ein wenig verlegene Entgegnung, ob denn nicht in Deutschland eine freiwillige Selbstbeschränkung der Hersteller auf 100 PS vorläge, antwortete er schmunzelnd, daß das schon sein könne, es gäbe da aber auch leistungssteigernde Bausätze aus Holland. Möglicherweise hatte Herr Schäfer in diesem Augenblick keine vollkommene Kontrolle über seinen Gesichtsausdruck. Jedenfalls fügte Falko plötzlich mit einem Zwinkern sanft und liebevoll hinzu. «Ich fahre auch immer sehr vorsichtig.»

Eine solche Lehrer-Schüler-Begegnung wie die von Falko und seinem Klassenlehrer ist außergewöhnlich und völlig alltäglich zugleich. Jede Begegnung in der Schule kann sich so intensiv gestalten. Sie muß nur wahrgenommen und erkannt werden.

Es war Herrn Schäfer ganz unklar, wie wichtig Falko den Aufenthalt in seiner Familie gesehen hatte. Das hatte er erst durch einen Bericht von Herrn Rolling gehört. Die Dankbarkeit für diese Zeit erfuhr er sogar erst nach zwei Jahrzehnten mit Falkos beruhigendem Hinweis auf seinen vorsichtigen Fahrstil. Er fand Anlaß, darüber nachzusinnen, wodurch sich diese schicksalhafte Beziehung ergeben hatte.

Seine Idee war es nicht gewesen, Falko bei sich aufzunehmen. Diese Initiative war von dessen Vater ausgegangen. Seltsam genug war, daß der Vater diese Anfrage gestellt hatte. Lag das an seiner Krankheit oder einer extremen persönlichen Charakteristik? Gewöhnlich werden Lehrerhaushalte nicht als Pensionate genutzt. Wieso hatte er ausgerechnet zu Schäfer Vertrauen gefaßt? Lag das an der verständnisvollen Art, mit der seine Krankheit beim Elternabend behandelt worden war? Oder lag es an der Idee der Waldorfschule mit ihrem erlebbaren sozialen Klima? Vielleicht lag es aber auch zuförderst an dem baldigen Elternbesuch, der dem Lehrer die ursprüngliche Familie gerade noch gezeigt hatte. Dabei wurde Schäfer klar, daß diese Idee nicht unbedingt von ihm reklamiert werden konnte. Denn hätte ihn die alte Mentorin in den ersten

Schulwochen nicht auf Falkos Verhalten hingewiesen, hätte er der Entwicklung wahrscheinlich noch längere Zeit zugesehen. Offensichtlich lagen die Impulse für die Situation äußerst komplex. Schäfer war sich nicht so sicher, ob er einige Jahre später einer solchen Anfrage immer noch unerschrocken zugestimmt hätte. Sein jugendlicher Elan hatte ihn rasch und idealistisch auf die Aufgabe zugehen lassen. Begeisterung ersetzte Erfahrung. Es war Falkos Glück, daß er in den ersten Klassenzug des Lehrers kam. Andersherum ausgedrückt konnte man sagen, daß er sich den richtigen Zeitpunkt ausgesucht hatte. Die Lage wirkte dadurch schon weniger zufällig. Es gab ein gegenseitiges Zuströmen von Neigung, Bereitschaft und Not.

Falko war übrigens nicht der einzige hilfsbedürftige Schüler in dieser Klasse. Tatsächlich gab der in solchen Empfehlungen sehr zurückhaltende Dr. Relf bei vier von dreiunddreißig Schülern den Rat, sie in einem heilpädagogischen Bereich weiter zu betreuen. Bei sieben weiteren sah er schwere Entwicklungsprobleme. Falko befand sich also in einem Umfeld, in dem er ein wenig Verständnis erwarten und erreichbare Anregung finden konnte. Am Ende hatten auch nur zwei Schüler die Schule vor dem 12. Schuljahr verlassen.

In dieser Lage fand Falko ein fruchtbares Entwicklungstableau. Ohne Zweifel war er durch das Elternhaus tief geprägt. Auch das Milieu der offenen Plätze und Straßen gehörte zu diesem Bereich. Er war damit innig verbunden. Dann aber holte er sich im Bereich der «besten Schule der Welt» jene weiteren Anregungen, die ihn nicht im Abgrund versinken ließen. Dabei wurde jene Schicht in ihm gestärkt und freigelegt, die wie das Gold des in einen Bären verwunschenen Prinzen immer deutlicher aus der Tiefe hervorleuchtete. Es waren das seine starken moralischen Kräfte von Treue und Aufrichtigkeit. Das waren Eigenschaften, die so weder vom Elternhaus noch vom Milieu stammten. Er hatte sie als einen gefährdeten Schatz mitgebracht. Und er hatte einen Weg gefunden, eine Schule zu besuchen, die das akzeptierte, was da war. Dadurch konnte er die genannten

Tugenden mit seiner körperlichen Begabung in Verbindung bringen und sein Leben in die Hand bekommen.

Der Kollege Schäfer hatte sicherlich nie vorlaute Karmaüberlegungen angestellt. Aber er wußte, daß dieser Schüler und er auf eine besonders intensive Weise zusammengehörten. Das wußte er allerdings nicht sofort. Allmählich teilte es sich ihm verstärkt mit. Gut war, daß er dem Karma eine Chance ließ. Dadurch konnte sich etwas entfalten, was erst später in seiner Bedeutung kenntlicher wurde.

Drei Erziehertugenden hatten dabei positiv gewirkt. Offenheit, Realitätssinn und Vertrauen. Die Offenheit ermöglichte den notwendigen Kontakt zum Vater und zu der Aufgabe. Insofern gehören zur Offenheit auch größere Perspektiven und Ziele, die sich in dem Idealismus des geschilderten Kollegen ausdrückten.

Der erforderliche Realitätssinn sieht nicht mehr und nichts anderes, aber auch nicht weniger, als tatsächlich vorhanden ist. Damit tritt das Kind mit seinen wirklichen Möglichkeiten in den Blick des Erziehers. Der Blick schweift nicht wunschhaft nach anderem, Abliegendem. Durch diese Hinwendung ist der Erzieher näher mit dem Kind verbunden als derjenige, der immerfort auf ein Kind sieht und von hohen Zielen schwärmt, die er in ihm verwirklicht sehen möchte.

Vertrauen schließlich baut auf das in der Erziehung Erlebte. Dem Gärtner bleibt nach getaner Arbeit nichts anderes übrig, als vertrauend dem Gedeihen des bestellten Feldes zuzuschauen. Er weiß, daß die Saat aufgehen und Frucht tragen wird, wenn nicht außer seiner Macht stehende Katastrophen eintreten. Ein wenig dieses aktiven Zuwarten-Könnens ist auch für die Erziehung segensreich. Was einmal gebaut worden ist, wird in Zukunft Früchte tragen. Wer sich in ständige Zweifel verstrickt und sein Kind argwöhnisch beäugt, welche schlimme Entwicklung es vielleicht nehmen könnte, der wird seine Wege behindern, wenn nicht gar verwirren.

Karmische Metamorphosen

Die Pädagogik wird zukünftig durch die Einbeziehung von karmischen Gesichtspunkten profitieren können. Man wird dann nicht ausschließlich in den Umständen des Milieus oder der Vererbung wirksame Momente des Heranwachsens eines Kindes erkennen. Vielmehr wird man verstehen, daß weder im Heranziehen der Umwelteinflüsse, noch im Entschlüsseln genetischer Prägungen das Wesen eines Menschen voll aufgeht. Wer ein Kind genau beobachtet, wird in ihm Impulse erkennen, die weder das Resultat seiner Erziehung sind noch dem Potential seiner Vorfahren entsprechen. Vielmehr bringt jedes Kind ein Eigenes mit, das sich seinen Lebensweg bahnt. Dieses Verständnis seiner Erzieher wird auf das Kind befreiend wirken. Denn es wird sich nicht mehr in den Vorstellungen und Erwartungen gefesselt finden, die sich aus berechenbaren Faktoren ergeben und es zum determinierten Produkt machen. Niemand wird glauben, daß ein Mensch das würde, was Erziehung, Milieu und Erbanlagen aus ihm machen. Stattdessen wird man im Kind einen werdenden Menschen wahrnehmen, der aus und in den Bedingungen seiner Individuallage sein individuelles Menschsein verwirklichen möchte. In ihm lebt ein Individuelles, das sich durch die gegebenen Bedingungen hindurcharbeiten möchte.

Es wird dann darauf ankommen, diese Individuallage interpretieren zu können. Man muß das zum Kind Gehörige von dem Uneigenen unterscheiden können. Das eine muß ergriffen werden, das andere im Hintergrund bleiben. Man muß günstige oder schwere Schicksalsverhältnisse verstehen und, wenn es denn möglich ist, annehmen, ertragen und meistern lehren. Hier wird die Erziehung viel leisten können. Denn Hilfe in der Kindheit kann ermutigend und kräftigend für das ganze Leben wirken, für die individuellen Lebensaufgaben befähigen.

Im vorangehenden Kapitel hatten wir das Beispiel von Heinz Müller geschildert, der ein bestimmtes Kind in seinem Verhältnis zu einem anderen Kind aufgeweckt und damit eine grundlegende

Verbesserung seiner Konstitution erreicht hatte. Für diese Problematik hatte ein Hinweis Steiners den entscheidenden Anstoß gegeben. Die karmische Disposition eines Schülers war dabei vom Lehrer aktiv ergriffen worden und dem Kind die Hilfe zugekommen, die vorliegende Schwierigkeit zu überwinden. Dadurch konnte in der Kindheit ein Problem gelöst werden, das ansonsten den weiteren Lebensweg entscheidend belastet hätte. Solche Beispiele zeigen, wie wertvoll ein konkretes Eingehen auf die Gesichtspunkte von Reinkarnation und Karma sein kann. Das Beispiel von Heinz Müller zeigt diesbezüglich einen Ausschnitt aus einem größeren Zusammenhang, den Rudolf Steiner in einem Vortrag vor Mitgliedern der Anthroposophischen Gesellschaft ausführlich dargestellt hat.[45] Da beschreibt Steiner nämlich die Entwicklung bestimmter menschlicher Eigenschaften über drei Inkarnationen hinweg. Die Metamorphose von Lieblosigkeit bzw. Desinteresse zu geistiger Stumpfheit bildet dabei nur einen Ausschnitt des Gesamtzusammenhanges.

Steiner geht von drei verschiedenen Grundhaltungen aus, mit denen ein Mensch durch das Leben gehen kann. Diese Seelenhaltungen prägen sich in seinem ganzen Wirken aus. Sie sind also jeweils habituell wirksam.

Die erste der besprochenen Möglichkeiten stellt die Liebe dar. Jemand tut das, was durch ihn geschieht, aus Liebe. Er wird nicht durch andere angetrieben oder gezwungen. Was an Impulsen in die Außenwelt wirkt, entstammt der warmen Anteilnahme des Herzens und eigener Einsicht.

Die zweite Möglichkeit ist das Handeln aus dem Pflichtgefühl. Da tritt das «Muß» an die Stelle der Neigung oder Freiwilligkeit. Pflicht kann aus sehr edel klingenden Überlegungen entstehen. Bei Kant etwa entspricht sie einer hohen Abstraktion dessen, was allen Menschen frommen und vorbildlich sein könnte. Dabei ist der Einzelne aufgefordert, auf das zu verzichten, was aus der Sphäre bloßer Sympathie geschöpft ist. Sein Tun soll sich als eine Art moralisch-arithmetischen Mittelwertes der Menschheit ergeben.

Die dritte Möglichkeit schließlich ist das Bestimmtsein von Haß. Dabei kommen neben der krassesten Form des Schädigens anderer alle möglichen Spielarten von Antipathie, von Ablehnung oder auch nur habitueller Kritisiererei in Frage.

Steiner gibt auf einer Elternversammlung einmal eine sehr knappe Charakterisierung der Waldorfpädagogik. Sie lautet: «Es gibt nur drei wirksame Erziehungsmethoden: Furcht, Ehrgeiz und Liebe –. Wir verzichten auf die beiden ersten.»[46]

In dem genannten Vortrag geht er mit der Dreiheit von Haß, Pflicht und Liebe von drei Grundhaltungen aus, die mit dieser Triade von Seelenzuständen eng verwandt sind. Für den Pädagogen stellen sie also kaum abstrakte Ausgangssituationen dar, sondern führen ihn zu zentralen Fragen seiner Wirksamkeit.

Extremer Ehrgeiz konkurriert nicht nur mit anderen, sondern will sich gegen andere durch- bzw. über sie hinwegsetzen. Krassen Ehrgeiz praktiziert nur derjenige, der auch hassen kann. In einer Schulklasse den Lernfortschritt auf Ehrgeiz zu bauen, bedeutet, Haß zu züchten.

Wer sich hingegen nie traut, aus eigenen, selbstverantworteten Antrieben zu handeln, wer sich stets den Geboten der Pflicht beugt, der wird gedrückt durch eine Last, welche ihn in andauernder Furcht hält: Furcht, etwas falsch zu machen, Furcht, die Gebote des Guten, Richtigen usw. zu mißachten. Wer in der Schule also immer nach dem «Richtigen» fragt, wer das «Falsche» ausmerzen will, der erzeugt Furcht.

Der entwickelte Zusammenhang kann also von vornherein in einem engen Bezug zur Pädagogik gesehen werden.

In der Entwicklung von einer Inkarnation zur nächsten verwandelt sich das, was an Taten der Liebe, des Interesses, der Anteilnahme in die Welt gegangen ist. Diese Handlungen sind zu Tatsachen geworden, welche nun in der Welt weiter wirksam sind und ihren Bezug zu dem Menschen nicht verlieren. Daher strömt aus ihrer Wirkung dem verursachenden Menschen in seiner folgenden Inkarnation eine Quelle der Bejahung, der Freude zu. In dieser Freude lebt etwas Wärmendes, den Menschen Tragendes. Steiner spricht von Schwingen, die dem Menschen zuwachsen. Aus der Liebe in der vorangegangenen Inkarnation ist eine tragende Kraft im nächsten Leben geworden, die dem Menschen wie eine Frucht oder ein Geschenk von außen zukommt, mit der er aber ursächlich verbunden ist.

Die Freude des zweiten Lebens hat nun ihrerseits wieder bestimmte Folgen. Denn wer freudig durchs Leben geht, wird in seinem Umkreis anders agieren als ein freudloser, mißmutiger Zeitgenosse. Er wirkt beschwingend auch auf andere. Bereits seine bloße Anwesenheit regt häufig lösend und ermutigend menschliche Zusammenhänge an. Das hat wiederum bestimmte Konsequenzen. Aus dem Umkreis strahlen Wirkungen zu dem auf diese Art Tätigen. Der Umkreis begabt ihn mit der inneren Konsequenz seiner eigenen Handlungen. Sein Blick wird offen, sein Verständnishorizont weitet sich in der folgenden dritten Inkarnation. Aus Liebe und Freude wird Weltverständnis im dritten Erdenleben.

Liebe   Freude   Weltverständnis

Pflicht gebiert andere Konsequenzen als die frei sich schenkende Liebe. Sie ist nicht ichhaft zentriert, wie es die wahre Liebe ist. Liebe hat nichts Zwanghaftes an sich. Sie gibt sich um der geliebten Sache selber willen. Sie will nicht für sich haben, sie gibt hin. Pflicht entwickelt dieses Engagement für ein anderes nicht. Wer aus Pflicht handelt, handelt, weil es von ihm verlangt wird, weil er es einem bestimmten Zusammenhang schuldig glaubt oder weil ein bestimmter Kodex es von ihm fordert. Eigentlich ist das Handeln nach Pflichtgeboten ein Mangel an Liebe. Man schaut nicht die einzelne Situation an, läßt sich von ihr berühren und sucht nach dem individuellen Einfall, der ihr gerecht wird und den man verwirklichen möchte. Vielmehr handelt man aus allgemeinen Geboten. Entsprechend sind auch die innewohnenden Konsequenzen andere. Wer keine Ich-erfüllte Beziehung zu anderen aufnimmt, wird ihnen ebenfalls gleichgültig werden. Eine abstrakte Beziehung des Man-Soll, Man-Muß, Man-Darf ist nichts menschlich Erfülltes. Sie geht am Kern der Lebensbegegnungen stets vorbei. So wird aus der Pflichtsignatur des einen Lebens eine Situation der Gleichgültigkeit, in die sich der wiedergeborene Mensch hineingestellt findet. Entwickelt sich diese Linie konsequent weiter, dann manifestiert sich die Gleichgültigkeit des zweiten Lebens in der dritten Inkarnation auf eine noch gesteigerte Art. Gleichgültigkeit bedeutet, als charakterliche Eigenschaft, keine Beziehung zu anderen Wesen aufnehmen zu können. Man läuft neben den Ereignissen des Lebens her, ohne auf sie einzugehen, ohne sie zu befragen oder sich um sie zu kümmern. Wer eine solche Haltung praktiziert, wird am Ende alle Beziehung zu seiner Umwelt verlieren. Umgekehrt wird ihm aus der Umwelt keine Orientierung für die Entscheidungen des Lebens mehr zukommen. Er wird zwar womöglich in einer reichen, erlebniserfüllten Umgebung leben, es jedoch nicht merken. Er wird alle möglichen Anregungen und Hinweise für die Gestaltung seiner Zukunft erhalten, sie bleiben für ihn jedoch bedeutungslos. Er kann nichts mit ihnen anfangen.

So wird aus der Pflicht in der ersten Inkarnation Gleichgültigkeit in der folgenden und Orientierungslosigkeit im dritten Erdenleben.

Liebe	Freude	Weltverständnis
Pflicht	Gleichgültigkeit	Orientierungslosigkeit

Ohne Zweifel ist Haß eine weitere Steigerung der Abwesenheit von Liebe. Man muß sich bei der Betrachtung des gewöhnlichen Lebens nicht immer die krassesten Formen des Hasses vergegenwärtigen, um seine unentwegte Anwesenheit zu registrieren. Man muß nur an Versammlungen von «Freunden» bei Abwesenheit eines weiteren «Freundes» denken. Gespräche pflegen in solchen Fällen ein wenig anders zu verlaufen, als wenn alle anwesend sind. Beschlüsse von Gremien weisen in der Regel ähnliche Abweichungen auf. Bei genauerer Betrachtung des allgemeinen Kulturlebens ist zu befürchten, daß in der Welt eher ein Übergewicht an Haß als an Liebe wirksam ist. Positive Nachrichten, so heißt es im Mediengeschäft, «gehen nicht». Wer lobt, macht sich der Parteinahme verdächtig. Öffentliche Ereignisse werden durch die Kritik wahrgenommen. Und die ist meistens nicht freundlich. Man muß also nicht an irgendwelche krasssen, justitiablen Erscheinungen denken, wenn man auf die Realität des Hasses als Seelenhaltung schaut.

Wiederum hat auch eine solche Haltung ganz bestimmte Rückwirkungen in der nächsten Inkarnation. So wie Haß eine Steigerung an Abwesenheit von Liebe gegenüber der stumpfen Pflichthaltung ist, so verstärkt sich auch die Konsequenz aus kalten Schädigungen anderer Menschen gegenüber bloßer Gleichgültigkeit. Bewußt zugefügte Schädigungen können nur durch erfahrenes Leid ausgeglichen werden. Praktizierter Haß als Seelenhaltung des einen Lebens wird zu erlebtem Leid in der folgenden Inkarnation.

Aber auch diese Konsequenz kann sich in der nächsten Inkarnation noch steigern, soweit sie als Folge des ausgelebten Hasses in Betracht kommt. Dann wird aus den Mangelerlebnissen der zweiten Inkarnation, den als Leid erfahrenen Defiziten, jene Verdunkelung der geistigen Fähigkeiten, die sich als Stumpfheit kundtut. Der Haß des ersten hier betrachteten Lebens wird zu zuströmendem Leid im zweiten und schließlich zur Stumpfheit des Geistes in der dritten Inkarnation.

Liebe	Freude	Weltverständnis
Pflicht	Gleichgültigkeit	Orientierungslosigkeit
Haß	Leid	Stumpfheit

Die Weisheit eines alten Volksmärchens erzählt von diesem Zusammenhang. Es ist die Geschichte von der Frau Holle, in der ein Mädchen geschildert wird, das sich durch Taten der Liebe auszeichnet. Zunächst lebt es in einer schwierigen Situation. Die Stiefmutter zieht ihr die eigene Tochter stets vor und behandelt das liebe

Mädchen schlecht. Es muß fortwährend harte Arbeiten verrichten und wird meistens überfordert. Dabei fällt ihr eines Tages die Spindel in den Brunnen, an dem sie saß, um zu spinnen. Als sie das verlorene Werkzeug wiedergewinnen will und ihm nach in den Brunnen springt, gelangt sie in eine andere, unbekannte Welt. Da wachsen ihr neue Aufgaben zu. In Not befindliche Wesen bitten sie um ihre Hilfe. Ein reich tragender Apfelbaum ruft, ihm seine reifen Früchte abzupflücken. Die ausgebackenen Brote eines großen Backofens flehen, vor dem Verbrennen bewahrt zu werden. Obwohl das Mädchen einem eigenen Ziel folgt, hält es doch jeweils inne und steht den in Not Geratenen bei.

Schließlich kommt es zu einem Haus, in dem eine sonderbare Frau lebt, welche sie in ihre Dienste nimmt. Da wird es nun zu ihrer Aufgabe, das Haus zu bestellen und vor allem die Betten stets tüchtig auszuschütteln. Das Mädchen kommt ihrem Auftrag regelmäßig nach. Immer, wenn sie die Betten schüttelt, schneit es auf der Erde. Nach vielen Schneefällen – das Mädchen hat gar nicht recht bemerkt, wie rasch die Zeit vergangen ist – wird sie von Frau Holle zurück auf die Erde entlassen. Bevor sie ihre alte Heimat betreten kann, muß sie durch ein Tor schreiten. Dabei wird sie über und über mit Gold begossen. Der Hahn auf dem Mist erkennt sie dennoch gleich und ruft: «Kikerikie, Kikerikie! Die Goldmarie ist wieder hie!»

Als sie der Schwiegermutter begegnet, ist die nur scheinbar glücklich darüber. Wieso sollte ausgerechnet die Stieftochter und nicht das eigene Kind so wunderbar begabt sein? In ihr regt sich der Wunsch, daß ihr Kind zu ebensolchen Fähigkeiten gelange. Daher fragt sie das Mädchen aus, wie es ihr ergangen sei. Das Mädchen erzählt daraufhin unbekümmert und aufrichtig von den wunderbaren Erlebnissen.

«Wenn es weiter nichts ist», entgegnet schließlich die Stiefmutter, «dann soll meine Tochter bald ebenso prächtig erscheinen.» Daraufhin heißt sie ihr Kind, an den Brunnen zu gehen und ihre Spindel hineinzuwerfen. Dann solle sie sich nicht lange aufhalten, sondern sehen, daß sie den Lohn der Frau Holle einstreiche.

Also geschieht es. Das Kind stürzt sich der Spindel nach und findet sich bald auf der grünen Wiese, wo der Apfelbaum ruft und der Backofen fleht. Sie allerdings entgegnet ihnen: «Was geht ihr mich an? Ich habe selbst genug zu tun und kann kein Versäumnis gebrauchen.» Den Dienst bei Frau Holle tritt sie an, ohne daß je die Betten tüchtig stäuben. Die Menschen auf der Erde klagen darüber, daß es nicht mehr richtig schneie. Nicht früh genug kann sie ihren Rückweg antreten, und ungeduldig fordert sie ihren Lohn ein.

Schließlich ist der Augenblick gekommen, in dem auch sie wiederum durch das Tor in die alte Welt tritt. Als sie hindurchschreitet, empfängt sie den Lohn ihrer vollbrachten Taten. Diesmal ist es jedoch ein Eimer voll Pech, der ausgeleert wird. So begabt, kehrt sie in ihre alte Umgebung zurück. Vor dem scharfblickenden Hahn kann sie sich nicht verbergen. Er begrüßt sie gleich: «Kiekerikie, Kiekerikie! Die Pechmarie ist wieder hie!» Was ihr zukommt, hat sie erhalten, und aller Schreck der leiblichen Mutter kann daran nichts ändern.

Diese Geschichte erzählt von den Zusammenhängen der verschiedenen Welten über zwei Inkarnationen hin. Irdische und geistige Welt folgen einander. Taten der Liebe werden vergoldet, Taten des Ehrgeizes und Hasses finden ihre schwarze Konsequenz. Dabei ist das Märchen keineswegs unbarmherzig. Es enthält keine furchteinflößende Strafmentalität. Schaut man das goldene Mädchen an, kann man nämlich bemerken, daß zunächst ja sie in der Rolle der Pechmarie ist. Sie ist die Minderbegabte, Leidgeprüfte. Dann befreit sie sich jedoch aus diesem Los durch Taten der Liebe. Umgekehrt vergeudet das reich begabte Kind seinen Reichtum sinnlos. Es wirft sogar seine Spindel ohne Not in den Brunnen. Dabei folgt es ohne Besinnung den Geboten ihrer Mutter als äußerer Autorität. Was ihr begegnet, bleibt ihr gleichgültig. Von Herzen beteiligt sie sich an nichts. Die Folgen sind das Leben in der Dunkelheit, in Pech und Leid. Allerdings wird auch sie sich in künftigen Zeiten wiederum zur Goldmarie wandeln können.

Die Geschichte macht auch deutlich, daß Karma keine Sache oberflächlich rationaler Kalkulation ist. Wer glaubt, durch einige simple

Tricks scheinbarer Tugendhaftigkeit, durch vordergründig moralische Botmäßigkeit sich ein günstiges Los verschaffen zu können, der irrt. Hier sind die wahren Gesetze des Lebens wirksam und nicht tückische Verstellungen, die im Erdenleben manchen täuschen mögen. In der geistigen Welt tritt die Wahrheit unverstellt wesenhaft auf.

In dem erwähnten Vortrag macht Steiner den pädagogischen Bezug der Sache unmittelbar deutlich.

«Die Ansätze, die gerade in der Waldorfpädagogik gemacht werden, sie werden sich, wenn sie aufgenommen werden, in den nächsten Jahrhunderten dahin weiter entwickeln, daß man in die ethische, in die moralische Erziehung das hineinbeziehen wird: Ein wenig begabtes Kind geht zurück auf frühere Erdenleben, in denen es viel gehaßt hat, und man wird dann an der Hand der Geisteswissenschaft aufsuchen, wen es gehaßt haben könnte. Denn die müssen sich in irgendwelcher Umgebung wiederfinden, die Menschen, die gehaßt worden sind und denen gegenüber Taten begangen worden sind aus dem Haß. ... Und dann wird man etwas tun können, damit im kindlichen Alter zu denjenigen Menschen besondere Liebe entwickelt wird, zu denen in früheren Erdenleben ein besonderer Haß vorhanden war. Und man wird sehen, daß durch eine solche konkret aufgewendete Liebe der Verstand, überhaupt die ganze Seelenverfassung sich aufhellen wird. Nicht in allgemeinen Theorien über das Karma wird dasjenige liegen, was der Erziehung helfen kann, sondern in dem konkreten Hineinschauen in das Leben, um zu bemerken, wie die karmischen Zusammenhänge sind. Man wird schon bemerken: daß schließlich Kinder in einer Klasse zusammengetragen werden vom Schicksal, das ist doch nicht ganz gleichgültig. Und wenn man hinauskommen wird über jene scheußliche Sorglosigkeit, die in Bezug auf solche Dinge herrscht, wo man ja das, was an «Menschenmaterial» – man nennt es ja oftmals so – zusammengewürfelt ist in einer Klasse, wirklich so auffaßt, als ob es zusammengewürfelt wäre vom Zufall, nicht zusammengetragen wäre vom Schicksal, – wenn man hinauskommen wird über diese scheußliche Sorglosigkeit, dann wird man gerade als Erzieher in Aussicht nehmen können, was da für merkwürdige karmische Fäden von dem einen zu dem anderen gesponnen sind durch frühere Leben. Und dann wird man in die Entwicklung der Kinder dasjenige hineinnehmen, was da ausgleichend wirken kann. Denn Karma ist in einer gewissen Beziehung etwas, was einer ehernen Notwendigkeit unterliegt. ...

Aber es ist auch so, daß geradeso, wie man einer unbedingten Notwendigkeit gegenübersteht, wenn ein Fluß läuft und dennoch man schon Flüsse reguliert hat, ihnen einen anderen Lauf gegeben hat, es auch möglich ist, die karmische Strömung, ich möchte sagen, zu regulieren, in sie hineinzuwirken. Das ist möglich. ...

Es gibt ja wirklich, ich möchte sagen instinktgeschulte Erzieher, die oftmals so etwas aus ihrem Instinkte heraus tun, die schlecht veranlagte Kinder dazu bringen, lieben zu können, und sie dadurch zu auffassungsfähigeren Menschenwesen allmählich heranerziehen.

Diese Dinge, sie machen eigentlich erst die Einsicht in die karmischen Zusammenhänge zu einem Lebensdienlichen.»[47]

Heute, da überall die Abnahme pädagogischer Befähigung beklagt und die verwirrende Vielfalt beliebiger Konzepte leidvoll registriert wird, stellt der Hinweis auf instinktgeschulte Lehrer eine überraschende These dar. Schon der Begriff bürdet einige Probleme auf. Was ist «instinktgeschult»? Instinkte unterliegen ja gewöhnlich gerade keiner Schule. Sie sind etwas Angeborenes, dem Fähigkeitswesen Einverleibtes. Gegenwärtig muß der Mensch jedoch alles erlernen, was für die Erziehung notwendig ist. Da ist zunächst weder klar, wie man ein Kind gesund ernährt, noch wie man den Rhythmus von Schlafen und Wachen gestalten, bzw. ob man ihn überhaupt beeinflussen soll. Selbst das Windeln muß unter Umständen in Kursen der Volkshochschule gelernt werden. Was mit Erziehung zusammenhängt, ist heute offensichtlich alles andere als instinktgestützt.

Überhaupt erweist sich der Mensch bei genauerer Betrachtung eher als ein Mängelwesen bezüglich seiner Instinktorganisation. Finden sich bei kleinen Kindern tatsächlich gesunde Ernährungsinstinkte, sind die im Handumdrehen ruiniert. Ist z.B. erst der allgegenwärtige Zucker ins Spiel gekommen, will es schon bald mehr davon haben, als ihm bekömmlich ist. Gefahren werden von ihm meistens zu spät bemerkt, eine instinktive Sicherheit über Handlungsabläufe besitzt der Mensch von Geburt an kaum. Das unterscheidet ihn vom Tier, bei dem man die wunderbarsten Leistungen aus der Meisterschaft des Instinktes beobachten kann. Das setzt ihn aber auch frei aus der Determination der Naturbegabung. Der Mensch ist ein lernendes, ein in vielfacher Hinsicht werdendes Wesen. Insofern zeichnet ihn eine gewisse Kindlichkeit das ganze Leben hindurch aus. Der Mensch ist eben im Idealfall nie fertig, sondern entwickelt sich stetig fort.

Diese menschliche Eigenart manifestiert sich gerade in dem Erwerben neuer Fähigkeiten. Der Mensch schreitet von Station zu Station fort. Stagnation bedeutet da einen Rückschritt seiner ureigenen Wesenheit. Eine solche Entwicklung ist etwas Substantielles, Eigenes. Sie ist geprägt von Wegmarken, die alle weitere Entwicklung hindurch sichtbar bleiben. Was der Mensch einmal gelernt hat, bleibt mit ihm verbunden. Vom Gelernt-Haben spricht man ja erst dann, wenn das Gelernte vollkommen sicher sitzt. Alles Lernen ist insofern auch ein Einverleiben. Der Mensch erweist sich also einerseits als ein Instinktmängelwesen von Natur aus, aber er zeigt sich andererseits als ein Nabob an neuen Instinkten. Alles, was er wirklich lernend erworben hat – im Englischen gibt es den Ausdruck des «to learn by heart» –, alles, was er sich ganz und gar als Fähigkeit angeeignet hat, das besitzt die Sicherheit des Instinktes. Darauf kann er mit der blitzartigen Geschwindigkeit des Instinktes und dessen Geschmeidigkeit zurückgreifen. Hierbei handelt es sich allerdings nicht um Naturinstinkte. Zur besseren Verdeutlichung könnte man sie vielleicht «Kulturinstinkte» nennen. Sie bilden sich nämlich immer als Ergebnis einer Kulturleistung, ja, sie sind Kulturleistung.

So wird deutlich, daß unsere verunsicherte Zeit nichts mehr braucht als eine Schulung neuer Lehrerinstinkte, das heißt neuer Fähigkeiten. Was nicht als Schatz vergangener Zeiten gegeben ist, kann doch als Frucht freier Bemühung erworben werden. Dabei kann der Reinkarnations- und Karmagedanke eine tragende Rolle spielen. Denn er ist, wie wir schon häufiger gesehen haben, fähig, die gesamte Berufsauffassung, die Gesinnung und Tatkraft des Lehrers positiv zu verändern. Was da aus einer intensiven Beschäftigung erwächst, kann instinktgeschulte Erzieher hervorbringen, die den tieferen, eigentlichen Erziehungsaufgaben segensreiche Dienste leisten können.

In der Waldorfschule ist manches manifest geworden, was sich aus solchen neuen Einsichten ergibt. Da ist zum Beispiel gewährleistet, daß Kinder, die zusammengefunden haben, auch zusammenbleiben können. Die Abschaffung des Sitzenbleibens bedeutet, daß sich reale Klassengemeinschaften bilden und Kinder sich über große Begabungsunterschiede und abweichende Entwicklungstempi hinweg mit- und aneinander entwickeln können. Da wird der Stumpfling nicht aussortiert, auf daß er nie durch die Begegnung mit dem begabteren Kind, welches den Schlüssel für seine Entzauberung in der Hand hält, erlöst werden könnte. Er braucht das andere Kind, um im Erbringen einer ganz anderen als nur der bloßen Lernleistung schließlich lernfähiger zu werden.

Solche Beziehungen sind keineswegs Einbahnstraßen der Förderung. Denn es profitieren von ihnen nicht nur die Minderbegabten.

In meiner Klasse war ein Junge, der durch tragische Umstände bei der Geburt schwer geschädigt worden war. Seither litt er an körperlichen Deformationen und spastischen Anfällen. Die Eltern baten die Schule darum, ihrem Kind ein Aufwachsen unter gesunden Kindern zu ermöglichen, da sie sich davon zu Recht eine positive Anregung des Jungen versprachen. Rainer war ein eigentümlich sonniges Kind, bei dem man hinter der Behinderung einen äußerst begabten Menschen ahnte, der durch seine Erkrankung jedoch nicht zur Entfaltung kommen konnte.

Rainer brauchte in allen möglichen Dingen Hilfe. Schon bald nach den ersten Schulmonaten gewannen seine Klassenkameraden eine erstaunliche Sicherheit auf ihren Blockflöten. Sie spielten die ihnen vorgetragenen Weisen frei nach und konnten bereits einige Lieder selbständig vortragen. Rainer hingegen, der aus einem sehr musikalischen Elternhaus kam, brachte nicht einen einzigen Ton sauber hervor. Darunter litt er viel stärker als das Zusammenspiel der Klasse. Eines Tages kam ich auf die Idee, zwei Mädchen damit zu beauftragen, sich in der Schule ein ruhiges Plätzchen zu suchen und dort ungestört mit Rainer zu üben. Tatsächlich kamen sie dann nach etwa 30 Minuten zurück, und Rainer blies glückstrahlend einen ersten wohlklingenden Ton. Seine verkrümmte Haltung, die mühsam einige Löcher abdeckenden verkrampften Finger bildeten einen denkwürdigen Kontrast zu seinem Glück und dem Jubel der Klasse.

Doch nicht nur Aufgaben, bei denen die äußere Motorik eine Rolle spielte, fielen ihm schwer. Er hatte auch große Mühe mit dem Rechnen, das mehr von einer inneren Rhythmik bestimmt ist. Jedenfalls setzte ich bald eines der hilfreichen Mädchen in seine Nähe, das ihm fortan als eine Art Assistenzlehrerin half, wenn es notwendig wurde und ich mit anderen Dingen beschäftigt war. Maike war ein sehr tüchtiges Mädchen, in dem sich große Lernfähigkeit mit milder Willensstärke und feiner Bescheidenheit vereinte. Wenn sie mit ihren Aufgaben fertig war, rutschte sie zu Rainer und half ihm bei der Lösung sonst unüberwindlicher Schwierigkeiten. Das geschah so unauffällig, daß im Klassengeschehen davon kaum etwas bemerkbar wurde.

Als ich im zweiten Schuljahr einen Hausbesuch bei Rainer machte, zeigten mir seine Eltern am späten Abend einen winzig zusammengefalteten Zettel, den sie in der Ecke einer Schublade seines Schreibtisches gefunden hatten. Sie fragten mich, ob ich etwas damit anfangen könne. Das Papier war mit einer merkwürdigen Geheimschrift bedeckt. Das hing allerdings nicht mit einer besonderen Erfindung zusammen, sondern mit Rainers noch anfänglichen Schreibkenntnissen. Auf jeden Fall zierte ihn auf der Kopfzeile der klar erkennbare Name Maike. Die Schrift war nicht schwer zu entziffern. Es fehlte lediglich der größte Teil der Vokale, wie das bei Erstkläßlern häufig ist, und es gab einige andere Fehler. Das Schreiben aber erwies sich als ein klassischer Liebesbrief. Niemand sonst in der Klasse wäre in diesem Alter auf die Idee gekommen, irgendjemandem einen Liebesbrief zu schreiben. Der äußerlich so benachteiligte Rainer jedoch besaß die innere Reife, seine Empfindungen für die herausragende Klassenkameradin kundzutun. Daß er daraus ein Geheimnis gemacht hatte, zeigte in besonderer Weise sein weit entwickeltes Innenleben. Der Brief wurde diskret in sein Versteck zurückbefördert und übersehen. Maike hat ihn wohl niemals bekommen.

Das besondere Hilfsverhältnis dieser beiden Kinder bestand über viele Jahre hin bis zu Rainers Ausschulung. Immer bewältigte Maike neben ihren engeren Aufgaben noch weitere für einen anderen Schüler. Manchmal hört man von der Befürchtung, solche sozialen Dienste hinderten die damit in Anspruch genommenen Kinder an ihrer eigenen Entwicklung. Davon konnte bei Maike keine Rede sein. Als das Abitur gemacht wurde, bestand sie mit der bestmöglichen Note. Später hatte ich aber den Eindruck, daß auch Maike in ungeahnter Weise von dieser Situation profitiert hatte.

Das war, als sich die vor längerer Zeit von der Schule abgegangene Klasse wieder einmal traf. Einige waren zu diesem Zweck trotz äußerst knapper Mittel sogar aus dem ferneren Ausland angereist. Natürlich wurden alle diejenigen durchgegangen, die nicht anwesend sein konnten. Schließlich wollte man von jedem erfahren, was aus ihm geworden war. Zu den Fehlenden gehörte auch Maike. Glücklicherweise wußte jemand, wo sie steckte und was aus ihr geworden war.

Sie hatte auch nach der Schulzeit ihre weitere Ausbildung mit glänzenden Ergebnissen absolviert und bald nach Studienende geheiratet. Jetzt befand sie sich auf irgendeiner antipodischen Insel eines exotischen Staates, in den ihr Mann aus beruflichen Gründen versetzt worden war. Mein Interesse galt natürlich der Frage, was diese pädagogische Urbegabung an einem solchen Ort jetzt mache. Ich sah bereits ein emsiges missionarisches Tun in Alphabetisierungskampagnen oder ähnlichem vor mir. Die gegebene Auskunft belehrte mich aber, daß sie garnichts mache. Auf meine verblüffte Nachfrage erhielt ich die mehrfache Versicherung, daß es ihr sehr gut gehe und sie sehr glücklich sei. Der Grund ihrer Untätigkeit war allerdings kein freiwilliger. In diesem ferngelegenen Land gab es ein Berufsverbot für die Frauen von Gastarbeitern. Sie war also zur Untätigkeit verdammt und dennoch glücklich. Ich bin ziemlich sicher, daß sie es ohne Rainer nicht so leicht gelernt hätte, in einer solchen Lage glücklich zu sein. Gewöhnlich lernen es Menschen heute nicht, dem Lebenspartner ein Opfer zu bringen und trotzdem zufrieden zu sein. Verzicht erscheint vielen Zeitgenossen als eine sichere Methode der Selbstvernichtung. So töricht diese Auffassung sein mag, ich konnte mir keinen Mann vorstellen, dem Maike nicht gewachsen wäre. Sie hatte ganz einfach die Selbstbehauptung im Praktizieren von Nächstenliebe gelernt. Das verdankte sie zu großen Stücken der Begegnung mit Rainer.

Das Begegnungspotential einer Klasse sollte ausgeschöpft werden. Dazu ist erforderlich, ein neues Verhältnis zum Lernen und zum Lernstoff zu entwickeln. Am bloßen Aufnehmen und Memorieren von Unterrichtsinhalten wird nur ein Minimum von Begegnung realisiert. Da lernen Schüler vor allem, um ihr Wissen zu vergrößern und das bei entsprechenden Gelegenheiten zu demonstrieren, um Prüfungen zu bestehen. An die Stelle dieses geistlosen Mechanismus sollte die menschenbildende Begegnung mit dem Stoff treten. Nicht, daß man Meteorologie als Teilgebiet der Erdkunde gehabt hat und einige Begriffe wie Cumulus, Stratos und Altocumulus kennt, ist wichtig. Erlebnisse an dem Formenspiel verschiedener Wolken, ihrer Farb- und Lichterscheinungen zu entwickeln, berührt den Menschen. Die Gewalt der Natur und ihre lebensprägende Kraft beeindrucken ihn zu Recht. Die Wetterkunde muß wie aller Unterricht über die abstrakte Wissensterminologie hinaus ein Gebiet der Ästhetik und Bewunderung werden. Das gilt für die Einführung des Schreibens ebenso wie für die Beschäftigung mit den Grundrechenarten. Lernen muß zur Weltbegegnung werden, die den inneren Horizont der Schüler weitet, Geist und Seele umfassend nährt.

Aus solchen Lernerfahrungen lassen sich dann Begegnungen neuer Art in der Klasse kultivieren. Es müssen Gelegenheiten geschaffen werden, in denen die Schüler Anteil nehmen können: nicht nur am Stoff, sondern am Lernen ihrer Kameraden. Ein gemaltes Bild, das nicht von allen betrachtet wurde, ist eine verpaßte Gelegenheit. Aufsätze, welche nie von den Mitschülern gehört oder gelesen wurden, sind Versäumnisse in der Entwicklung einer Klassengemeinschaft. Durch die neue Art des Hinwendens wird einerseits Interesse geweckt für die Geschicke des Mitschülers und andererseits der Wahrnehmende bereichert. Aus Interesse wird Anteilnahme und Verständnis. Das hat nicht nur eine Perspektive für die vorliegende Biographie. Das ist auch von Bedeutung für die zukünftige Entwicklung des Menschen und geeignet, Weltverständnis und eine glückliche Art der Weltbegegnung anzuregen.

In diesem Zusammenhang erweist sich noch manche andere Einrichtung der Waldorfschule als bedeutsam. Der erweiterte Kanon der Unterrichtsfächer beispielsweise ist von großer Relevanz. Künstlerische und andere praktische Tätigkeiten verbinden den jungen Menschen weitgespannt mit den verschiedensten Erfahrungswelten. Jeder Schüler kann hereinkommen in das Leben, findet etwas vor, das seiner Begabungskonfiguration entspricht. Er kann anknüpfen an das, was er mitbringt, und in neue Regionen vorstoßen, wirkliches Weltinteresse entwickeln. Die geschilderte Anteilnahme der Mitschüler an diesen Entwicklungsgängen steigert die Fruchtbarkeit der Erziehung dabei auf das entschiedenste. Der inzwischen so häufig gebrauchte Begriff der Ganzheitlichkeit bekommt hier erst seine tiefe Perspektive.

Eine der wirksamsten Einrichtungen schließlich ist die Koedukation. Sie ist ein entscheidendes Element ganzheitlicher Erziehung. Jedes Geschlecht für sich ist eine menschliche Einseitigkeit. Für einen Heranwachsenden ist wichtig, neben der Eigenart des eigenen die Lebensoffenbarungen des anderen Geschlechtes zu erfahren und zu verstehen. Beachtet werden muß dabei, daß Koedukation differenzierend geschieht. Es kommt nicht darauf an, daß alle dasselbe, zusammen und zur selben Zeit machen. Vielmehr sollte die Unterschiedlichkeit, Dinge aufzufassen und anzugehen, gegenseitig erfahren und respektiert werden. Mädchen müssen nicht in Jungendomänen hineingezwungen und Jungen nicht in Mädchenbezirke gestoßen werden, um dort womöglich Demütigungen zu erfahren. Sie sollten jedoch wahrnehmend, probierend und achtend an den Tätigkeiten des anderen Geschlechtes teilhaben. Ohne Frage wird das Unterrichten dadurch anspruchsvoller. Es erfordert eine neue Kunst. Einzelnes muß im Zusammenhang, das Ganze im Detail gesehen werden. Ganzheitlicher Unterricht benötigt eine hohe Kompetenz in binnendifferenzierendem Unterrichten. Die Fruchtbarkeit solchen Erziehens macht die aufgewandte Mühe jedoch allemal wett. Der Reinkarnations- und Karmagedanke ist geeignet, die hier erforderliche Phantasie des Lehrers anzuregen und zu steigern. Vertiefte Menschenkunde verhilft ihm zu neuen Einfällen und erweiterten Fähigkeiten.

Das neue Jahrhundert bahnen

Die Misere der Pädagogik am Ende des 20. Jahrhunderts macht notwendig, daß die Fragen, welche an seinem Anfang gestellt wurden, in ihrer Bedeutung erkannt und beantwortet werden. Als Ellen Key um 1900 das kommende Säkulum zum Jahrhundert des Kindes erklärte, traten solche Antworten insbesondere mit dem einsetzenden Wirken Steiners zeitgleich auf. Im wünschenswerten Umfang sind sie jedoch auch am Beginn des neuen, 21. Jahrhunderts bisher nicht gehört worden. So bleibt eine Bringschuld gegenüber jener wagemutigen These, die Key mit der Überschrift ihres ersten Kapitels formulierte: «Das Recht des Kindes, seine Eltern zu wählen».

Welche Bedeutung die Aufarbeitung dieser These haben kann, wird bei der Beschäftigung mit Reinkarnation und Karma deutlich. Eine neue Sicht auf das Kind, ein vertieftes Verständnis der Lebensaufgaben und des Sinns von Entwicklung teilen sich dem Erzieher mit. Pädagogisches Ethos und Lehrerbefähigung können sich so erneuern. Was sich durch geisteswissenschaftliches Menschenverständnis ergibt, schafft der Phantasie des Lehrers Flügel, und dem Unterricht kommen frische Kräfte zu, die den Kindern echte Seelennahrung bieten.

Das Erziehen erhält zugleich aber auch eine neue Verantwortlichkeit, die aus der stärker erfahrenen Verbindung zwischen den Generationen und individuellen Menschen entsteht.

Die Vorgänge der Nachtodlichkeit

Aber wie wählt sich das Kind nun seine Eltern? Wie wir sehen werden, geschieht das in differenzierter Weise. Bevor verschiedene Gesichtspunkte dieses Vorganges entfaltet werden, sollte man sich eines klarmachen: Niemand wählt sein Karma in dem Sinne aus, wie Auswählen zumeist verstanden wird. Mit einem Aussuchen im Sinne von freier Auswahl hat dieser Vorgang nichts zu tun. In einem früheren Kapitel haben wir gesehen, daß es einer höheren Weisheit bedarf, die Wege des Karma zu verstehen und anzunehmen. Die bequeme Freiheit des gemütlichen Aussuchens würde niemals diejenigen karmischen Konsequenzen wählen, die der individuellen Entwicklung notwendig sind. Das Wählen des Karma geschieht nicht durch den Menschen allein. Es kommt ihm in diesem Vorgang Hilfe zu. Wir werden noch sehen, welcher Art diese Hilfe ist.

Wichtig ist auch, das «Wann?» gut zu bedenken. Selbstverständlich muß das Karma vor dem neuen Erdenleben gewählt werden. Tatsächlich geschieht das aber nicht erst in der Nachtodlichkeit. Denn eigentlich schaffen wir im gegenwärtigen Erdenleben unser neues Karma. Zumindest schaffen wir alle jene Voraussetzungen und Bedingungen, welche in der Konsequenz bestimmte karmische Folgen haben müssen. Das aber vergessen oder übersehen wir gewöhnlich im Alltagsleben. Wir wissen nichts von dem wahren Leben, das wir führen. Wir geben uns der Illusion bestimmter Bilder, Wünsche und Träume von uns selbst hin. In das wirkliche Antlitz unseres Selbst und seiner Taten schauen wir zumeist nicht. Wenn in unserem Sein Individualität und Selbstbestimmung wahr werden sollen, müssen wir allerdings für diese Realität erwachen. Sonst würden wir immer neben uns her leben.

Dieses Erwachen geschieht nach dem Tod. Da schauen wir auf unser vergangenes Erdenleben zurück und erfahren es nicht mehr allein aus unserer subjektiven Sicht. Vielmehr schauen wir mit den Augen und Empfindungen derjenigen, mit denen wir in der vergangenen Inkarnation zusammengewesen sind. Wir erleben nicht mehr allein die Realität oder Einbildung unserer guten Absichten, sondern die Wirkung, die unsere Taten für und in anderen Menschen gehabt haben. Das gilt für unsere großen auf Weltverbesserung angelegten Initiativen ebenso wie für die Ohrfeige, die wir jemandem vielleicht unglücklicherweise doch gegeben haben. Jetzt erfahren wir durch die Seelenerlebnisse des betroffenen Menschen, wie diese Ohrfeige geschmeckt hat. Wir erfahren vielleicht auch, wie einsam die Menschen um uns herum gewesen sind, während wir fortwährend damit beschäftigt waren, die Welt zu verbessern. Manche gut gemeinte Hilfe, die wir jemandem ungefragt geleistet haben, entpuppt sich nun u.U. als ängstigende und brutale Einmischung, welche der andere beklemmend erlebt hat und die ihm die Chance nahm, seine Situation selbst zu meistern.

Die Möglichkeit solchen Erlebens hängt mit der Befreiung von der Leiblichkeit zusammen. Damit verlieren wir nach dem Tode in der Phase der «Verwesentlichung» das mit dem Leibe verbundene punktuelle Selbstbewußtsein. Stattdessen entwickeln wir ein von den physischen Erdenverhältnissen unabhängiges Raumerleben. Das punktuelle Bewußtsein des Erdenlebens stülpt sich um zu einem Leben im Umkreis. Denn im Erdenleben ist die Seele an die Seinsform des Irdisch-Physischen gekettet und seinen Gesetzen unterworfen. Nach dem Tode entfaltet sie sich in die Weite und das Licht des Seelenraumes.

Dieser Vorgang ist für die Seele mit großen Schmerzen verbunden, da bestimmte Bedürfnisse, deren Befriedigung nur durch das Leben in einem physischen Leib möglich sind, jetzt unerfüllt bleiben müssen. Je mehr solcher Neigungen in der Seele vorhanden sind, umso entsagungsreicher, womöglich qualvoller wird das Erleben jenes Zustandes, den alte Zeiten Fegefeuer genannt haben. Wer je in seinem Leben unter dem Mangel einer Zeitung, Zigarette oder eines erfrischenden Getränkes gelitten hat, weiß, wie schmerzvoll solche unerfüllbaren Wünsche in der Seele brennen können. Solcherlei Entbehrungserlebnisse gelten für alle Befriedigungen, die nur durch das Leben in einem physischen Leib erlangt werden können. Sie geben eine Vorahnung auf jenen Zustand, wenn solche Wünsche endgültig unerfüllbar sind.

Diese Phase nachtodlichen Lebens stellt aber nur den elementaren Anteil der zu durchlaufenden Läuterung dar. Die Begegnung mit der eigenen Wirklichkeit aus der objektiven Realität des Umkreises, in den wir während des Erdenlebens hineingewirkt haben, stellt eine viel nachdrücklichere und erschütterndere Erfahrung dar. Wir erwachen für die Realität unseres vergangenen Lebens. Wir müßten unter diesen Erfahrungen seelisch zusammenbrechen, wenn uns nicht auf unserem Weg in der geistigen Welt Hilfe zukäme. Die Tatsache unserer Unzulänglichkeit ließe uns geistig zerbröseln, wenn wir nicht gehalten würden. Es sind nicht so zahlreiche Errungenschaften, welche nachtodlich als Erreichnis eines Lebens uneingeschränkt positiv bilanziert werden können. Da erweist sich das vergangene Leben viel zu sehr als Stückwerk, Mangel und Irrtum. Als Bestes unseres Lebens enthüllt sich da unser guter Wille, unser Versuchen, Beginnen und Unternehmen. Geistig erweist sich unsere Existenz als Fragment. Einem Geist des Spottes und der Negation fiele es nicht schwer, dieses Provisorium als lächerlich und verfehlt zu verunglimpfen. Das Bleibende unseres Wesens muß unter den Trümmern des allgegenwärtigen Scheiterns entdeckt und bewahrt, die Substanz unseres Strebens gehütet werden. Das potentiell Vollkommene vom noch Unvollkommenen zu trennen, das Erhaltenswürdige vom Vorläufigen zu unterscheiden, braucht es ein höheres, umfassenderes Bewußtsein als das des Menschen. Wir zerfielen und vergingen, würde nicht die Kontinuität und Übersicht höherer Wesen unsere Realität durchschauen und sich für deren Existenz engagieren.

Eines dieser Wesen ist der individuelle Begleiter eines jeden einzelnen Menschen. Er trägt von einer Inkarnation zur anderen, was ohne seine Hilfe noch nicht fortbestehen könnte. Unter besonderen Umständen erfährt der Mensch bereits im Zeitraum zwischen Geburt und Tod von der Wirksamkeit dieses Begleiters. Das geschieht z.B. in Augenblicken besonderer Gefahr oder in Momenten außerordentlicher Geistesgegenwart.

Im Märchen von Schneeweißchen und Rosenrot werden die Kinder durch eine Lichtgestalt vor dem Absturz in eine Schlucht bewahrt. Als sie die Mutter nach dieser Erscheinung fragen, erfahren sie, daß es sich um ihren Schutzgeist oder Engel gehandelt habe. Sueton schildert, daß Caesar vor dem Überqueren des Rubikon ein Posaune blasender Jüngling erschienen sei, der ihn an das andere Ufer rief. Eine Vielzahl solcher Begegnungen werden überliefert. Gerade in der Gegenwart gibt es eine vielfältige Literatur, welche über Begegnungen mit dem Engel berichtet. Wer aufmerksam auf die feineren Erscheinungen seines Lebens lauscht, wird solche Ereignisse gleichfalls entdecken.

In der Nachtodlichkeit erfährt der Mensch jedoch nicht allein die Wirksamkeit der Begleitung durch diesen persönlichen Schutzgeist, den Hüter seines individuellen Seins, welchen die christliche Esoterik «Engel» oder «Boten» nannte. Der Verstorbene bedarf einer noch tieferen und umfassenderen Hilfe. Er benötigt Beistand, um all das ertragen zu können, was ihm auf seinem Weg in der geistigen Welt ansichtig wird. Er erlebt ja das ganze Leid, die Schädigungen und Verfehlungen, welche von ihm in seinem Erdenwirken ausgegangen sind. Er müßte ob dieser Erfahrung verzweifeln und allen Seinswillen verlieren, wenn ihm nicht Trost und stützende Kraft zuströmten. Sein Selbsterleben müßte sich angesichts der unentwirrbaren Verstrickungen in abgrundtiefe schwarze Nacht verwandeln, wäre er nicht bei diesem Erleben durch den Geist allumfassender Liebe getröstet und getragen. Dieser Geist bringt ihm Rettung, denn durch seine Macht werden sich die Wege bahnen, welche im künftigen Leben Möglichkeiten des Ausgleichs und der Wiedergutmachung bringen.

Neben dem erhaltenden Bewahren des Seins ist dem Menschen sein Werden, das Voranschreiten in die Zukunft, die Möglichkeit eines Weiterlebens, nötig. Solche Möglichkeit kann nur durch einen Geist allüberblickender Weisheit und Güte eröffnet werden.

Denn dafür kommt der Zusammenhang jeder Einzelheit mit dem Ganzen in Betracht. Was in Zukunft als besserndes Werk eines Menschen geschieht, muß sich heilend mit den Nöten aller Menschen vertragen. Das solche Aufgaben tragende Bewußtsein muß mehr als den Einzelnen umfassen können, es muß menschheitlich durch und durch sein. Durch sein Wirken gibt sich dieser Helfer als der Geist der Heilung, der Leidüberwindung und Auferstehung zu erkennen. Der Christus ist derjenige Begleiter, dessen der Mensch nach seinem Tode vor allem ansichtig wird.

Peer Gynts Rettung

Im *Peer Gynt* hat Henrik Ibsen von diesen Vorgängen erzählt. Da läßt er den Helden des Dramas ein Leben voller Abenteuer, Wirrnissen und Irrungen führen. Peer nimmt die Liebe seiner Mutter als immerwährende Selbstverständlichkeit. Bei ihrem Tod kann er wegen verschiedener Verstrickungen nicht anwesend sein. Die Liebe Solveigs, der entscheidenden Begegnung seines Lebens, vergißt er. Seine Biographie ist eine Ansammlung von viehischem Verhalten, Betrug, Nichtigkeit und Größenwahn. Der Nichtsnutz vom norwegischen Fjell verwandelt sich zur gesellschaftlichen Größe am Kaiserhof ferner Länder, während das Irrenhaus im Hintergrund allgegenwärtig ist. Zuletzt kehrt er als Habenichts in seine Heimat zurück. Er ist von seltsamen Ahnungen ergriffen, als das Schiff, welches ihn in die Fjorde seiner Jugend bringen soll, im Sturm vor der nahen Küste sinkt.

Zusammen mit einem anderen Schiffbrüchigen kann er sich auf eine kümmerliche Planke retten. Aber schon bald wird deutlich, daß nicht beide von ihr getragen werden können. Peer Gynt stößt den anderen vom unzulänglichen Floß. Er will überleben.

Nach dem Sturm findet er sich an die Küste gespült und macht sich auf den Weg ins Hochland. Ibsen schildert eine übernatürliche Welt, in der geistige Wesenheiten auftreten. Peer Gynt befindet sich im Umkreis des Totenreiches. Er hat die Orientierung verloren. Die Umgebung erscheint ihm wüst und leer. Eigentümliche Gestalten begegnen ihm, die auf seine Fragen unverständliche Antworten geben. Zuletzt erscheint ein Wesen, das mit einem merkwürdigen Werkzeug ausgestattet ist. An einem langen Stab trägt es einen kleinen Schmelztiegel bei sich. Es ist der Knopfgießer. Peer erfährt, daß die zunächst harmlos und lächerlich erscheinende, im anschließenden Gespräch immer größere Furcht einflößende Gestalt auf der Suche nach ihm ist. Ein neues Muster soll aus ihm hergestellt werden, welches sich vielleicht besser bewähren werde. Dazu soll er eingeschmolzen, ausgelöscht werden, da er lediglich für nichts zu gebrauchender Ausschuß sei. Peer wehrt sich, weist auf alle möglichen Taten und scheinbaren Meriten hin. Der andere beharrt jedoch darauf, daß es sich bei alledem nur um Halbheiten, Durchschnitt und Belanglosigkeiten, um Abfall eben gehandelt habe.

Zuletzt verhöhnt er ihn gar, daß er es als kleiner Gauner ja nicht einmal zu einem richtigen Verbrecher gebracht habe. Dann wären doch wenigstens ein paar Spuren eines Eigenen sichtbar geworden. Da beeilt sich Peer Gynt, den soeben beim Untergang des Schiffes begangenen Mord ins Feld zu führen. Doch auch mit diesem grausigen Argument scheitert er am Knopfgießer. Das sei nur eine klägliche Notlage gewesen, mit Notwehr vergleichbar, so etwas zähle nicht. Nein, mit ihm sei nichts anzufangen. Damit schickt er sich an, Peer Gynt zu ergreifen.

Doch in diesem Augenblick wird seine Macht jählings gebrochen. Der Weg hatte Peer unversehens an eine abgeschiedene Hütte geführt. Aus ihr erklingt Solveigs Lied, die Peer Gynt ein Leben lang im Herzen getragen hatte. In ihren Armen findet er zur Ruhe und wird vor den Gewalten des ewigen Todes gerettet. Die im Herzen eines anderen Menschen wohnende Liebe, von ihm erregt, erlebt Peer Gynt jetzt als Umkreiswirklichkeit. Und es ist die Liebe, die ihn im Anschauen seines Lebens vor der Schwärze des verzweifelten Nichts bewahrt.

Die drei Schichten der Elternwahl

Mit dem Geist der Liebe werden schließlich auch jene Fäden gesponnen, die das Karma des künftigen Erdenlebens bilden. Aus dem Bedürfnis des Anknüpfens und Ausheilens erwächst im Durchleben der Nachtodlichkeit der allmählich wachsende Wunsch, in einem neuen Erdenleben das auszugleichen, was an Schuld sich im vergangenen ergeben hat. Karma ist nicht Strafe. Karma stellt den Weg dar, die Entwicklung des Menschen und der Menschheit zu ermöglichen. So kann ausgeglichen, ergänzt, gut gemacht werden, was an Verfehlungen und Irrungen den Menschen belastet. Damit bleibt die Potentialität des Menschen erhalten. Was ihn im Erdenleben hinter seinen Möglichkeiten, hinter dem wahren Mensch-Sein zurückbleiben läßt, kann überwunden und vervollkommnet werden.

Dies ist der Moment, in dem Kinder das Recht ausüben, ihre Eltern zu wählen. Mit diesem Recht ist der heilige Ernst des Menschwerdens im umfassendsten Sinn verbunden. Es handelt sich dabei um keine Spielerei und um kein «heute so und morgen anders». Der werdende Mensch erkennt seinen Weg und entschließt sich, ihn zu gehen. Er befindet sich dabei in Identität mit seinem individuellen Werden und mit der Entwicklung der Menschheit.

Das kommt schließlich in der Eigenart seiner Geburts- und Entwicklungskonstellation zum Ausdruck, welche wir mit Pestalozzi in einem früheren Kapitel die Individuallage des Menschen genannt haben. Die Wahl der Eltern umschließt ihre Personen, ihr Milieu, das Milieu des Wohnortes, des Kulturortes, einer bestimmten Muttersprache, eines Volkes, seiner Geschichte und einer bestimmten Epoche der Geschichte überhaupt. Das alles macht die Konkretion der Individuallage aus, welche mit «dem Recht des Kindes, seine Eltern zu wählen», realisiert wird. Eltern haben davon vielleicht kein Bewußtsein, wirksam ist es dennoch.

Drei Schichten lassen sich in der Betrachtung dieser Inkarnationsbedingungen unterscheiden. Da ist zum einen alles das, was mit der

Begegnung individueller Menschen zusammenhängt. Neben den Eltern kommen da vor allem Geschwister und diejenigen Menschen in Frage, mit denen man um ihrer selbst willen zusammen leben und arbeiten will. Mit ihnen hat man persönlich zu tun, eine gemeinsame Aufgabe, ein Anliegen. Es kommen aber auch diejenigen in Betracht, mit denen sich eine bestimmte Herausforderung stellt, wo aus einem vergangenen Leben etwas Unerlöstes zusammenführt.

Die zweite Schicht berührt alles, was an Gruppenhaftem oder Menschengemeinschaften die Inkarnation prägt. Das ist die Sprachgemeinschaft der Muttersprache ebenso wie bestimmte Brauchtümer der Volkszugehörigkeit, regionale Besonderheiten oder Menschenkreise, in die man sich hineingestellt findet. Das Gemeinsame aller dieser Prägungen liegt in ihrer Örtlichkeit. Es handelt sich bei ihnen um geographische oder räumliche Phänomene. Sie bilden sich partikular aus und haben einen mehr oder weniger großen Ort, an dem sie sich realisieren.

In der dritten Schicht verliert sich das Gruppenhafte. An dessen Stelle tritt das alle Menschen betreffende Gleichzeitige. Das Charakteristische dieser Ebene ist das durch bestimmte Zeiträume hindurch wirkende Epochenhafte. Die Wirkungen dieser Schicht der Individuallage sind menschheitlich, erdumspannend. Sie sind für einen Ort in Südindien ebenso gültig wie in Nordamerika, Europa oder Westafrika.

Verbindung mit einzelnen Menschen

Die einzelnen Menschen zu erkennen, die individuelles Karma zusammenführt, ist nicht immer einfach. Da gibt es sich erfüllende Begegnungen, welche auf alten Voraussetzungen beruhen und in einer gewissen Kontinuität stehen. Manche dieser Begegnungen streben zu etwas Gemeinsamem hin, einem zu vollbringenden Werk oder einem Gleichklang der Seelenstimmung. Andere stehen von vornherein in einer gewissen Spannung. Sie fordern zur Lösung bestimmter Probleme, zu Nachsicht, Selbstüberwindung oder Opfern heraus. Gemeinhin sind wir viel zu befangen, um den inneren Bezug zu uns selbst in diesen Begegnungen wahrzunehmen. Wir mißachten sie, übersehen die Aufgaben, die sie uns bringen, und gehen so an wichtigen Schlüsselstellen unseres Lebens ahnungslos vorüber. Ein Erwachen für solche Schicksalsmomente löst nicht nur mögliche Not und stellt wieder her, was in einer früheren Inkarnation geschädigt worden sein mag, es enthüllt uns auch den verborgenen Sinn unseres Lebens. Wir merken, was unser Weg von uns verlangt. Stellen wir uns den entdeckten Aufgaben, kommen uns Ermutigung und Kräftigung zu, den Lebensweg weiter zu schreiten, der uns vorher vielleicht dunkel, ungerecht und allzu beschwerlich erschienen ist.

Neben den Begegnungen, die auf altem, sich erfüllendem Karma beruhen, gibt es aber auch neues, sich anbahnendes Karma. Dabei handelt es sich um neue Situationen, Menschen, mit denen man bisher nicht zusammengetroffen ist. Da liegt das ganze Lebensfeld wie eine tabula rasa vor den Beteiligten: ein Zustand, den man sich gern wünscht. Er ist ganz offen. Noch nichts aus vergangenen Taten und Verstrickungen steht zwischen den Menschen. Auch solche Situationen zu erkennen, bedeutet für das Leben ein Glück. Denn die Möglichkeiten des Neuen, die Gnade der Offenheit sollten nicht leichtfertig vertan werden. Immerhin besteht hier die Chance, Beziehungen zu anderen behutsam und ohne Schuld aufzubauen. Das Knospenhafte solcher Begegnungen enthält die reine Kraft des Zukünftigen.

Alte karmische Verbindungen fordern jedoch ebenso zum aufmerksamen und behutsamen Umgang heraus. Zuweilen begegnet einem überraschend ein Mensch, mit dem sich in kürzester Zeit vollkommene Vertrautheit einstellt. Alle sonst im Leben so trennenden Grenzen sind im Handumdrehen wie aufgehoben. Totaler Einklang der Ideen, Empfindungen und Impulse stellt sich ein. Das übrige Leben droht hinter dem Zauber einer solchen Begegnung zu versinken. Schnell ist anderen Menschen, mit denen man verbunden ist, ein

Unrecht zugefügt, weiß man sich nicht dem Rauschhaften eines solchen Geschehens gegenüber zu behaupten. Dann ist nicht nur ein anderer verletzt, sondern vielleicht auch die Begegnung mit diesem aus einem vergangenen Erdenleben nahen Menschen für diese Inkarnation verdorben. Das Ergebnis sind dann vertane Möglichkeiten, der Verlust gemeinsamer Vorhaben und möglicher Projekte. Das weitere Leben ist neuen Belastungen unterworfen.

Etwas miteinander zu tun haben

Es ist für die Lebensführung hilfreich, die unterschiedlichen Qualitäten karmischer Verbindung unterscheiden zu können, leicht ist es nicht. Mancher Mensch versteht den Bezug zu seiner Individuallage überhaupt nicht, ein anderer sieht bestimmte Rätsel, die ihm unlösbar erscheinen. Im allgemeinen wird jedoch das Leben in einer fremden Umgebung, mit der man nicht verbunden ist, äußerst selten vorkommen. Zumeist stellen gerade die Rätsel der Inkarnation auch den Kern der Lebensaufgaben dar.

Eine nicht so selten vorkommende Konstellation ist beispielsweise die Rolle des «schwarzen Schafes» in einer Familie. Ein Kind wird zum Außenseiter unter seinen nächsten Verwandten. Nichts scheint es mit Eltern oder Geschwistern zu verbinden. In allem entscheidet sich der Heranwachsende gegen den Familienkontext. Er entwickelt andere Lebensanschauungen, er ergreift einen anderen Beruf, als die Tradition vorgibt. Alle Erwartungen der Eltern und Verwandten werden enttäuscht. Der Betreffende scheint nicht dazuzugehören.

Eine andere häufige Empfindung geht dahin, daß man die falschen Eltern erhalten habe. Man weiß nichts mit ihnen anzufangen, ihr Horizont scheint zu eng oder vollkommen anders ausgerichtet zu sein als der eigene. Spätestens mit dem Erwachsenwerden trennen sich dann die Verbindungen. Man hat sich nichts mehr zu sagen und geht seiner Wege.

Zum Teil verbirgt sich hinter dieser Situation eine viel allgemeinere Problematik als eine individuelle karmische Konstellation. Verbindungen zu Menschen müssen heute in jedem Fall spätestens mit dem Mündigwerden bewußt erworben werden. Blutsverwandtschaft reicht nicht mehr aus, um eine lebenslange Verbindung oder Verständnis füreinander zu fundieren. Insofern individualisiert sich alles Karma immer stärker und strebt nach der Verwirklichung von Freiheit.

Tatsächlich bedarf es jeweils umfassender Analysen, um zu beurteilen, ob bestimmte markante Unterschiede belegen, daß es keine karmischen Bezüge zwischen Menschen gibt. Das schwarze Schaf gewinnt beispielsweise gerade durch den Kontrast zu seiner Umgebung erst Kontur. Ohne ein Elternhaus, das seiner Entwicklung Widerstand entgegenbrachte, hätte es seine bestimmte Eigenheit womöglich niemals ausbilden können. Beobachtet man solche Konstellationen genauer, stellt man auch häufig fest, daß beide Seiten im Verborgenen über bestimmte ähnliche Grundzüge verfügen. Dazu gehört etwa die Fähigkeit zu einer gewissen Hartnäckigkeit, zur Kraft, eigene Überzeugungen gegen Widerstände anderer zu behaupten. Die an der Oberfläche sichtbar werdenden Anschauungen unterscheiden sich zwar – das Kind profiliert sich als Progressiver, die Familie pflegt einen hartnäckigen Konservatismus –, im Untergrund aber findet sich eine hohe Identität, welche das Leben trägt.

Die Entdeckung solcher tieferen Bezüge hat etwas Befreiendes. Sie regt einen gewissen Humor im Auffassen des Lebens an. Zugleich stiftet sie Achtung, Großmut und Verständnis für den anderen, wodurch ein Miteinander auch bei ganz unterschiedlichen Färbungen möglich wird. Man entdeckt sich, wenngleich die scheinbare Ferne sichere Trennung verhieß.

Auch die verständnislos-fremden Eltern haben mit dieser Situation häufig genug Ähnlichkeit. Verstehen wird sehr erleichtert, wenn es nicht einseitig verlangt wird. Wer sich stets unverstanden fühlt, weiß auch von anderen zumeist nicht viel. Im schlimmsten

Fall liegt Stumpfheit auf zwei Seiten vor. Tatsächlich wirkt allerdings schon das Verständnis einer Seite heilsam. Wer einen verständnisvollen Blick für die Schwächen des anderen entwickelt und lernt, liebevoll damit umzugehen, dem werden auch die Stärken nicht lange verborgen bleiben. So können Kinder entdecken, was Eltern ihnen für ihre Entwicklung positiv bedeutet haben. Eltern können bemerken, daß sie in ihren Kindern eigene Welten auf das Leben vorbereiten durften.

Größere Kreise

Bei der Begegnung mit einem Teehändler in Kalkutta bemerkte ich, welch unbewußt prägende Kraft die Sprache besitzt. Damit meine ich nicht die aktive Einflußnahme des Sprechenden auf seinen Zuhörer mittels der verwendeten Wörter, Inhalte, Laute oder Bilder. Im Gespräch mit dem Inder wurde ich der unmittelbar von der Sprache auf den Sprechenden selbst ausgehenden Wirkung gewahr.

Wir unterhielten uns über die Geschichte des indischen Subkontinentes, unsere Herkunft, Absichten und Ziele. Das Gespräch verlief in Englisch. Das war nicht nur dem fremden Besucher gegenüber notwendig. Auch die mehreren Hundert indischer Völker- und Sprachgruppen können sich untereinander in der Regel nur mittels der alten Kolonialsprache verständigen. Neben der Aufmerksamkeit für den ernsten Inhalt der Unterhaltung erforderte die Handhabung der fremden Sprache einige Anstrengung. Dennoch kamen wir ganz gut voran. Plötzlich durchzuckte mich die Erinnerung an meine lang vergangene Schulzeit. Mein Gesprächspartner hatte eine Satzkonstruktion verwendet, bei welcher in der Englischstunde unweigerlich der verbessernde Hinweis «Germanismus!» erklungen wäre. In die zum Jahreswechsel ungewohnte Umgebung mit dreißig Grad Celsius und wolkenlosem Himmel brachte das eine heimatliche Vertrautheit. Mein fremdes Gegenüber war offenbar ebenso anfällig für diese grammatikalische Besonderheit wie ich. Bestimmte Aussagen kleideten wir in eine bestimmte sprachliche Struktur, die nicht englisch, sondern eben deutsch oder eine bestimmte indische war. In gewissem Umfang schienen wir beide uns im Sprachorganismus näherzustehen als jeder einzelne dem Medium, dessen sich bediente. Sprache bedeutet also offenbar, bestimmte Aussagen in einer jeweils spezifisch geprägten Form zu machen. Man müßte erst die babylonische Sprachverwirrung auflösen, um nicht durch die Besonderheiten seiner Muttersprache fixiert, festgelegt zu werden. Solange man aber nicht alle von der Menschheit gesprochenen Zungen in gleichermaßen souveräner Art beherrscht oder eine neue gemeinsame Sprache findet, bedeutet Sprache immer Vereinzelung in Gruppen.

Der Mensch ist nicht nur ein Einzelwesen, das einen bestimmten Namen trägt, anderen gegenübertritt und sich in der Welt darlebt, sondern immer auch ein Gruppenwesen, das z.b. durch seine Muttersprache charakterisiert ist.

Das bedeutet keineswegs nur Verengung und Festlegung. Es bringt zugleich auch besondere Befähigung und außerordentliche Möglichkeiten. Wenn die Sprache der Eskimos unvergleichlich zahlreiche Ausdrücke für alle Formen von Schnee enthält, die der nordamerikanischen Indianer ebenso viele für Spuren auf dem Wildboden, dann gibt das einen Eindruck von den Wirkungen der Sprache. Sie eröffnet den Weltzugang in einer ganz bestimmten Weise, formt am Erleben und Mitteilen. Damit bildet sie in tief konstitutionellen Schichten am Bewußtsein des Menschen mit.

Ein Spartaner sagte alles «lakonisch», d.h. prägnant und kurz. In dieser Eigenschaft wurden die Römer ihre nicht viel geringer begabten Erben. Heute stellt das Englische ein Maximum solcher Verknappung dar. Man muß nur einmal die in verschiedenen Sprachen gehaltenen Bedienungsanleitungen von technischen Geräten studieren, um sich von diesem Sachverhalt zu überzeugen. Wenngleich auch im Deutschen ein Sprichwort existiert, nach dem in der Kürze die Würze liege, belegt es da doch regelmäßig den größten Raum. Englisch braucht demgegenüber stets viel weniger Platz.

Auch im Sprachklang hören wir eine wirkungsvoll prägende Kraft. Der lebhaft melodierende Klang des Italienischen, der würdevoll formale Charakter des Französischen stellen unvergleichliche Elemente dar, die sich auf andere Art in allen Sprachen finden. So stimmt schon von ihrem Klang her jede Sprache ihren Träger etwas liebenswürdiger, eleganter, ernster, knapper oder heiterer als andere Menschen.

Diese Eigenschaften machen die Sprache zu einem wesentlichen Merkmal der Individuallage. Mit der Muttersprache lebt sich das Kind in eine bestimmte Formung hinein, die sein Welterleben, -verstehen und -ausdrücken stark beeinflußt und es mit allen denjenigen Menschen auf besondere Art verbindet, welche mit ihm eine Sprachgemeinschaft bilden.

Bezüglich des Sprachgebrauches kommen auch noch kleinere Differenzierungen in Betracht. In den Dialekten finden sich noch einmal feinere Ausprägungen der beschriebenen Merkmale. Auch wenn der Gebrauch der Mundarten im Verlauf des vergangenen Jahrhunderts stark zurückgegangen ist, liegt doch ein großer Unterschied zwischen dem etwas kopfigen Singsang des Nordens, den gutturalen Konsonantierungen des Südens, den lebhaft verwaschenen Tönen des Rheinlandes oder den gequetschten Vokalklängen Sachsens.

Überall bildet sich etwas Gemeinschaftliches durch den Dialekt, was als Matrix der Inkarnation dient. Durch die Eigentümlichkeiten der sprachlichen Färbung können sich bestimmte Seelenlagen besser ausdrücken oder im Durchgehen und Überwinden der sprachlichen Bedingungen sich Kräfte der Individualisierung stärken. Damit muß kein Ablegen des Dialektes verbunden sein. Lediglich das bequeme Ausruhen im Landsmannschaftlichen ist keine wesensgemäße Beheimatung von Individualität.

Volkszugehörigkeit

Einen anderen großen karmischen Zusammenhang stellt die Volkszugehörigkeit dar. Sie ist mit dem sprachlichen Aspekt nicht identisch. Verschiedene Völker können dieselbe Sprache haben und sich dennoch in ihrer kulturellen Eigenart stark unterscheiden. Man kann dabei an den Unterschied von Engländern, Iren und Amerikanern denken. Aber auch die Schweizer mit ihren drei Sprachen unterscheiden sich gravierend von den drei großen Nachbarn.

Das Eigentümliche seiner Prägung hängt vor allem mit den geographischen Bedingungen, kulturellen Leistungen und geschichtlichen Erfahrungen eines Volkes zusammen. Bestimmte kulturelle Leistungen verbindet man ganz zu Recht mit einem bestimmten Volk. Die flutbedrohten Ebenen der Niederlande fördern das Leben eines selbstbewußten Menschenschlages, dessen Blick in die Weite gerichtet ist und abenteuerlustig die Welt durchstreift. Aus der stets bedrohten Sicherheit der Wohnburgen wachsen Gemeinschaftssinn und Weltläufigkeit, die anderen Völkern in bezug auf Unbekümmertheit und Selbstgewißheit so viel voraus hat.

Der Volkscharakter teilt sich mit, auch wenn das einzelne Mitglied dieses Volkes darauf keinen Wert legt oder ihm zu entkommen sucht. Die deutsche Geschichte nach Auschwitz liefert dafür wahrscheinlich die bedrückendsten Erfahrungen. Da haben nicht geringe Anteile mehrerer Generationen versucht, sich dem einvernehmenden Zugriff von Volkszugehörigkeit zu entziehen. Das Widermenschliche völkischer Ideologie aus der finsteren Periode nationalsozialistischer Herrschaft war ihnen zum Horror geworden. Sie wollten sich nicht von einem anonym-abstrakten Volkszusammenhang in Beschlag nehmen lassen und gern alle Wirklichkeit dieser Lebensschicht leugnen. Sie wären am liebsten gleich und ausschließlich Mensch geworden ohne diesen als verhängnisvoll empfundenen Bezug.

Das ist jedoch von Geburt an kaum möglich. Im allgemeinen

inkarniert sich der Mensch in ein Volk, erfährt und einverleibt sich dessen spezifische Befähigung und Unfähigkeit, Stärken und Einseitigkeiten. Erst im Laufe der Zeit kann er sich dann allmählich aus dieser Bestimmung emanzipieren. Er wächst über die Volkszugehörigkeit hinaus. Außer einem weltoffenen Sinn ist dazu aber die gelassene Erkenntnis der eigenen Wurzeln erforderlich. Man muß sich mit den bestimmenden Elementen seines Volkes beschäftigen und auseinandersetzen. Dabei muß man wie bei jedem echten Studium auf Vorurteile und falsches Vorwissen verzichten können. Da das Charakteristische eines Volkes zugleich als ein Stück des eigenen Seins erscheint, zeigt sich im Spiegelbild seiner Erkenntnis zuletzt ein vielleicht unvermutetes Stück des Selbst. Erst wer diese Erfahrung gemacht hat, kommt über die mögliche Fesselung durch seine Volkszugehörigkeit hinaus. Eigentümlicherweise gehen seine ursprünglichen Eigenschaften dabei nicht verloren. Sie beherrschen ihn allerdings nicht mehr gruppenhaft. Träger seines Volkstums bleibt er in einem guten Sinne dennoch. Er wird zu seinem vorbildlichen Vertreter, der die eigenen Grundlagen erkannt hat, sie beherrschen kann und in die Begegnung mit anderen Völkern unaufdringlich und offen einbringt. Wo das gelingt, ist schließlich auch die enorme Kraft des Volkstums individualisiert worden.

Es ist die einzige Möglichkeit, mit seinem Volkstum produktiv zurechtzukommen. Andernfalls setzen verzweifelte Befreiungsversuche ein, die von neutralen Beobachtern als Selbstverstrickung mit den typischen Erscheinungen eines bestimmten Volkscharakters erlebt werden.

Regionale, lokale und Klassenzusammenhänge

Neben den beiden genannten großen Gruppenzusammenhängen gibt es noch kleinere Gruppierungen, die für eine Inkarnation bedeutsam sind. Besonders in Deutschland spielten die kleineren regionalen Unterschiede schon immer eine gewisse Rolle. Die großen Deutschen der klassischen Epoche fühlten nicht zuletzt deshalb zu den Gefilden Arkadiens eine innige Verwandtschaft, weil sie da in der Kammerung der Landschaften mit ihren so unterschiedlichen in den Städten konzentrierten Kulturen eine Nähe zur eigenen Wirklichkeit spürten. Deutschland hat erst sehr spät die Entwicklung zum Nationalstaat vollzogen und dabei äußerst problematische Phasen erlebt. Ihm eignet eine gewisse kulturelle Föderalität. Die Differenziertheit unterschiedlicher Ausprägung scheint ihm eher zum Wohl auszuschlagen als die vereinheitlichende Wucht uniformer Organisation.

In jedem Fall ist es nicht gleichgültig, an welchen Ort Deutschlands sich ein Mensch inkarniert. Regionale Einflüsse werden ihre Wirkung in einem gewissen Umfang entfalten können.

Solche Wirkungen kann man insbesondere auf dem Erfahrungsfeld der Waldorfschulen eingehend studieren. Schließlich handelt es sich dabei um ein bestimmtes Schulkonzept, von dem man eine gewisse Einheitlichkeit in der Ausprägung erwarten könnte. Schaut man genauer hin, entdeckt man überall deutliche Eigenheiten. Da ist nicht nur der pädagogische Unterschied. Ob man in der Heimatkunde Baden-Württembergs behandelt, wie der Weinbau in die Gegend gekommen ist, oder in Norddeutschland von der Entwicklung der Schiffahrt berichtet, spielt dabei eine ebenso große Rolle wie die unterschiedlichen Lieder, Tänze und Geschichten, welche schon im Elementarunterricht gepflegt werden. Daneben ist aber auch der Umgang der Eltern miteinander, das Leben in der Öffentlichkeit, der Stil eines Kollegiums jeweils verschieden. Regionale Sonderheiten lassen sich dabei zuletzt ebenso konstatieren wie lokale.

Eine deutsche Schule ist etwas anderes als eine englische, italienische oder norwegische. Aber auch eine Waldorfschule in Nordrhein-Westfalen stellt sich ganz anders dar als ihre Schwesterschulen in Niedersachsen, Schleswig-Holstein oder Thüringen. Am Ende bemerkt man, daß trotz bestimmter übereinstimmender Charakteristika nicht einmal die Schulen einer Region gleichförmig sind.

In der Freien und Hansestadt Hamburg z.B. gibt es sechs große Waldorfschulen neben einer Reihe therapeutischer Einrichtungen. Wer da eine Gleichheit zumindest auf dem überschaubaren Territorium eines Stadtstaates erwartet, irrt. An einer bestimmten Erfahrung kann man das rektifizieren.

Die Waldorfschulen haben keine zentrale Personalvergabestelle. Jeder Lehrer bewirbt sich an der Schule seiner Wahl, und die Gremien der Schule entscheiden autonom, ob sie eine Zusammenarbeit mit dem betreffenden Kollegen vereinbaren wollen. Wer da glaubt, die Entscheidung für eine Stadt reiche, um die passende Schule zu finden, täuscht sich dramatisch. Denn die Schulen in Wandsbek, Nienstedten, Bergstedt, Harburg, Bergedorf und Altona unterscheiden sich hinsichtlich Klimatik, pädagogischem Konzept, organisatorischen Merkmalen und Stil erheblich. Wer sich allein für Hamburg entscheidet und nicht weiß, ob er nach Bergstedt oder Altona gehört, kann u.U. am falschen Ort ankommen.

Bis in die engeren Gliederungen des lokalen Lebens hinein werden also charakteristische Züge eigenen Lebens sichtbar. Häufig erweisen sich diese Züge als dauerhaft und generationsübergreifend. Schulen zeigen bestimmte Eigenschaften von ihrer Gründung an. Der Grundduktus dieser Eigentümlichkeiten tradiert sich dabei auch dann noch, wenn beispielsweise die Gründergeneration längst ausgeschieden ist. Kann eine Schule auf eine längere Geschichte zurückblicken, läßt sich das Durchgängige ihres Eigencharakters auch über längere Zeiträume beobachten.

Schließlich lassen sich die eigentümlichen Merkmale gruppenhafter Zusammengehörigkeit bis in kleine Schulzusammenhänge hinein verfolgen. In der Waldorfschule spielt der Klassenverband eine wichtige Rolle. Durch die früher erwähnte Einrichtung der Jahrgangsklassen bleiben die Schüler einer Klasse in der Regel kontinuierlich über zwölf Schuljahre zusammen. Natürlich machen sie dabei alle möglichen Erfahrungen gemeinsam durch, und es kommt zur Bildung echter Klassengemeinschaften. In den Schulen findet sich dann häufig ein bemerkenswerter Sprachgebrauch. Wenn über die Angelegenheiten einer bestimmten Klasse verhandelt wird, ist da nicht mehr von der zweiten oder fünften, sondern von der «Meier-» oder «Müller-Klasse» die Rede. Offensichtlich wird nicht nur die prägende Kraft der Schülerzusammensetzung gesehen, sondern zugleich die Wirkung des betreffenden Klassenlehrers wahrgenommen. Denn ganz sicher vermittelt sich der Kinderschar etwas von dessen Wesen, Erziehungsstil und besonderen Fähigkeiten.

Wenn mir bei Elternbesuchen in zweiter Generation ehemalige Schüler von ihrem Klassenlehrer Heinz Müller erzählten und jene Stunde erwähnten, als er in ein besonderes Tohuwabohu hinein die Schüler aufforderte, die Fenster zu öffnen und zu verfolgen, wie das Schulgeld ihrer Eltern gerade auf die Straße flattere, dann war nicht nur ein lang zurückliegendes Schulerlebnis anwesend. Dann war gleichfalls der Humor des ehemaligen Klassenlehrers auch in seinen erwachsenen Schülern gegenwärtig. Die Erwartungen dieser Eltern an die Schule unterschieden sich von denen anderer. Sie sahen die Schule stets aus einer weiteren Perspektive der Menschlichkeit und hatten Erwartungen vor allem in Richtung von Charakterbildung, Menschenverständnis und Lebenszuversicht. Das hing ganz offensichtlich mit Heinz Müllers Tätigkeit zusammen.

Andererseits wissen die betreffenden Lehrer sorgfältig die unterschiedlichen Charakteristika ihrer verschiedenen Klassenzüge zu schildern. Sie sehen sich in ihrer Wirksamkeit keineswegs als eine vereinheitlichend formende Kraft. Schließlich kennen sie auch die Revolution des neunten Schuljahres, in dem ihre Wirkungen vehement von den Schülern verarbeitet werden.

Beide Perspektiven sind richtig. Die in eine Klasse zusammenströmende Schülerschar entwickelt ihre Tendenzen, aber auch der Klassenlehrer nimmt eine aktive Rolle wahr. Zuweilen hört man ein zartes Stöhnen ob der auffälligen Züge einer bestimmten Klasse. Die eine zeichnet vielleicht eine besondere Frische, die andere grübelnde Melancholie aus. Meistens wird sofort der betreffende Klassenlehrer dafür verantwortlich gemacht. Ein häufiger Kommentar lautet dann: «Typisch Schulz-Klasse!» Allzu häufig trifft das auch zu. Man muß sich dennoch darüber klar werden, daß auch in den Klassengemeinschaften Bedingungen des Karma vorliegen, in welchen ein Kind Entwicklungssituationen findet, die es sucht. Das sind nicht immer die perfekten pädagogischen Idyllen, die sich mancher Erzieher vorstellt. Dafür sind sie ernst, konkret und fruchtbar. Man muß solche Verhältnisse entweder durchschauen oder die Entwicklung vieler Jahre abwarten, um die tatsächliche Wirkung bestimmter pädagogischer Konstellationen beurteilen zu können. Dann relativiert sich manches. Im Rückblick verloren die Schüler bewunderter Lehrer sich da zuweilen in biederer Normalität, die Eleven kritisierter, stets argwöhnisch begleiteter Außenseiter taten sich hingegen durch Eigenständigkeit und besondere Leistungen hervor. Das Leben ist größer und wahrer als die Sicht einer Einzelperspektive.

Zeitgenossenschaft

Einen noch größeren karmischen Zusammenhang als das Leben in Sprach- oder Volkszusammenhängen stellt die Inkarnation in eine bestimmte Epoche dar. Deren Wirksamkeit ist nicht auf einzelne Menschengruppen beschränkt. Vielmehr umgreift ihr Wesentliches alle zu einer bestimmten Zeit lebenden Menschen. Das sie verbindende geistige Band nennen wir Zeitgenossenschaft.

Durch das Leben in den verschiedenen Kulturepochen hat der Mensch Anteil an der Gesamtentwicklung der Menschheit. In der Gegenwart bildet sie anderes aus als während der Zeit Roms oder Ägyptens. Jede Zeit hat ihre spezifischen Aufgaben und Leistungen. In der Menschheitsentwicklung stellen solche Epochen etwas Ähnliches dar wie ein bestimmter altersspezifischer Entwicklungsabschnitt in der Biographie des Einzelmenschen. In der Regel kann ein Individuum keine gesunde Entwicklung nehmen, wenn nicht die Erträgnisse der epochalen Entwicklungsschritte in ihm anwesend sind. Die Gegenwart ruht auf der Vergangenheit, sie wird von ihr getragen.

Welch einen Schritt stellt beispielsweise die Veränderung in den sozialen Verhältnissen von Ägypten über Griechenland nach Rom dar. In Ägypten sehen wir die auf den Pharao zugeordnete Gesellschaft. Ihre Struktur ist ebenso pyramidal auf den Gottkönig ausgerichtet wie die epochalen Bauwerke, welche das Gefäß seiner Seele als Instrument göttlichen Geistes bewahren. Sie weisen den Betrachter von der Erdenbasis nach oben. Das Heil offenbart sich ihm aus Himmelsregionen, dessen Repräsentant der Pharao ist.

Griechenland spielt demgegenüber alle denkbaren Arten von Verfassungen durch. Von der Tyrannis bis zur Demokratie wird das Zusammenleben in Theorie wie Praxis ausprobiert. Damit gibt es nicht mehr den geistdurchdrungenen Priesterkönig Ägyptens, und es gibt ihn schon gar nicht allein. Die Herrschenden werden zu gewöhnlichen Menschen, und sie müssen keineswegs durch Geblüt für ihre Aufgabe geadelt sein. Allein in der Welt der Sagen und Mythen lebt die Erinnerung an übermenschliche Heroen, die mit den Göttern unmittelbar verkehrten.

Rom geht einen entscheidenden Schritt weiter. Von den drei Phasen seiner Geschichte haben die Römer selbst die mittlere als ihre ideale Zeit angesehen. In der Frühzeit werden die Könige davongejagt, im mittleren Zeitraum wird die Republik eingerichtet, und die abschließende Phase sieht die Problematik und Dekadenz der Caesarenherrschaft. In der Republik aber wird das Zwölftafelgesetz in eherne Lettern gegossen und auf dem Forum aufgestellt. Sein erster Satz lautet: «Si in ius vocat, ito. – Wer (als Beklagter) vor das Gericht gerufen wird, ist verpflichtet, sich zu stellen.» Das gilt für jeden Bürger Roms. Es ist öffentliches Recht und für alle verbindlich. Was sich in der Selbstbezeichnung Republik ankündigt – «res publica» ist die gemeinsame, öffentliche Angelegenheit –, das findet hier seinen Ausdruck: Gleiches Recht für alle. Damit macht Rom Ernst. Bauer oder Senator haben sich den Regeln des Gemeinwesens in gleicher Weise zu fügen. Damit schafft Rom einen entscheidenden Schritt auf die demokratischen Verhältnisse der Gegenwart zu.

Etwas anderes geht von Rom aber gleichermaßen für unsere Zeit aus. Es verliert seine geistige Perspektive. Im Pantheon huldigt es allen bekannten Gottheiten des Erdenrundes und einer mehr. Da es zu keiner Gottheit mehr eine rechte Beziehung hat, möchte es auch nicht eine vergessen. So wird auch noch der «unbekannte Gott» verehrt, der möglicherweise übersehen worden sein könnte. Sicher ist sicher.

In unserer Zeit tritt dieser Zug der Unsicherheit als moderne Situation auf. Sie drückt sich am klarsten in jenem geistigen Prinzip aus, das wir Pluralität nennen. Pluralität hat etwas durch und durch Doppelgesichtiges. Auf der einen Seite spiegelt sie das Ergebnis praktizierter Toleranz. Es gilt nicht bloß eine Meinung. Absolutheitsansprüche haben abgewirtschaftet. Ein Nebeneinander von Anschauungen ist zulässig und wird als anregend und befreiend erlebt. Das ist die positive Seite der Pluralität.

Auf der anderen Seite zeigt sie ein diffuses Bild des Unklaren und Unentschiedenen. Alles ist zulässig. Ob etwas richtig oder falsch ist, läßt sich nicht sagen, Entscheidungen könnten Unrecht bedeuten. Beliebigkeit tritt an die Stelle von Gewißheit.

So zeigen sich im Wandel der Zeiten nicht nur Veränderungen im sozialen Leben. Auch die geistige Situation des Menschen ist von Umbrüchen gekennzeichnet. Dem Eingebettet-Sein des alten Ägyptens in einen Kosmos göttlicher Kräfte folgen die Erdenzugewandtheit Griechenlands und die nüchterne Diesseitigkeit Roms. Lange aber wirken noch Traditionen nach. Es wird noch von den Göttern gesprochen, Kulte und Rituale werden gefeiert, auch wenn sie für den Menschen längst keine Realität mehr bedeuten. Das wirkt bis in das 19. Jahrhundert hinein. Da tritt beispielhaft der Spott Haeckels auf, der sich über die Verehrung eines höheren, über den Wolken lebenden Säugetieres mit Rauschebart ausläßt. Im 20. Jahrhundert ist die Erziehung ohne Götter und Religion zum Regelfall geworden. Im Zeitalter der Pluralität ist alles möglich und nichts gewiß.

Das geistige Antlitz unserer Epoche

Viele stimmen über diese Situation ein großes Lamento an. Sie fordern die Besinnung auf alte Werte, die Rückkehr zu bewährten Tugenden und dergleichen mehr. Sie verkennen, daß eine Umkehr in die Vergangenheit nicht möglich ist. Mit den Zeiten hat sich der Mensch geändert. Heute kann sich niemand mehr in Verhältnisse finden, die früher einmal Wirklichkeit waren. Das wäre auch gar nicht wünschenswert. Denn in dem Dilemma des modernen Menschen steckt zugleich die Chance seiner größten Würde. Er muß den Durchbruch zur Eigenleitung schaffen. Wegweisend können für ihn in Zukunft nicht mehr Traditionen allein oder das Dirigieren führender Persönlichkeiten sein. Er muß seinen Weg selber finden und beschreiten. Heute bedarf kein Mensch mehr der gängelnden Leitung von Autoritäten. Jeder ist in der Lage, sein Schicksal selbst in die Hand zu nehmen, das bedeutet, Sinn und Ziel seines Lebens zu erkennen. Es müssen nur die Fähigkeiten geübt und die Möglichkeiten wahrgenommen werden. Moral und Tugend wollen aus der moralischen Leistung des Ich wachsen.

Jede Epoche trägt ihr eigenes geistiges Antlitz. Damit sind jeweils bestimmte Aufgaben verbunden. Unsere Epoche ist revolutionär. Sie stützt sich nicht auf Traditionen ab, sondern fordert die immer gegenwärtige geistige Begründung. Keiner kann einem anderen die Wahrheitssuche abnehmen. Alles ist möglich, auch jede Art von Irrtum. Worauf es ankommt, das ist die Überprüfbarkeit oder Nachvollziehbarkeit von Aussagen. Jeder einzelne muß zur Wahrheitsinstanz werden, wenn er in unserer Zeit zurechtkommen will. Damit werden Philosophie oder Erkenntniswissenschaft zu einem ganz neuen Kulturgut. Sie können sich nicht mehr mit dem Stellenwert akademischer Wissenschaft begnügen. Sie müssen allgegenwärtige Lebenspraxis werden. Jeder Mensch seine eigene Akademie, sein eigener Lehrstuhl! Finden wird man sich dann in der alle verbindenden Wahrheit, in der Wirklichkeit des Ganzen. Wer sich selbst erkennt; wird auch die Welt erkennen; wer die Welt versteht, dem wird auch das eigene Sein nicht undurchschaubar bleiben.

Das geistige Antlitz unserer Epoche gibt sich als kosmopolitisch und individuell zu erkennen. Es fordert eine durchmenschlichte, bewegliche Intelligenz, welche die so unterschiedlichen Erscheinungen des Lebens zu durchdringen und zu verbinden weiß. Insofern zeigt die gegenwärtige Epoche ein Einzigartiges. Sie umschließt nicht nur als Epoche die gesamte Menschheit. Das tun alle Epochen. Sie fordert den Einzelnen heraus, dieses Gesamte aufzunehmen und zu durchdringen. Der Einzelne soll zum Träger und Repräsentanten des Gesamtmenschlichen werden, indem er es individuell zu seiner Sache macht. Wahrheit in der Pluralität zu finden bedeutet, die Menschheit mit ihren unterschiedlichen Strömungen zur eigenen Realität zu machen.

Wir leben in einer Epoche der Individualisierung, in welcher die Identität von Ich und Welt durch die Kräfte lebendiger Intelligenz gesucht wird. Individualität ist mehr und anderes als Subjektivität oder Personalität. Viele reden ewig von Individualisierung und meinen doch lediglich die Belange des Subjektes oder der Person. Individualität bildet sich mit und an der Welt, mit und durch andere Menschen. Ihr eignet eine Qualität des selbstlosen Kommunizierens. Sie bezieht den anderen nicht bloß subjektiv auf sich oder reagiert auf ihn persönlich gefärbt. Ihre Begegnungen ereignen sich von Wesen zu Wesen. Der andere wird in ihr lebendig um seiner selbst willen, so wie er ist. Individuelle Weltaneignung bildet nicht bloß ab oder interpretiert nach eigenem Wohlgefallen. Sie versteht im Einswerden mit der Sache. Sie wächst in der Begegnung mit der Welt, nicht im Abschluß von ihr. Je mehr der einzelne Mensch sich die Welt anverwandelt, um so individueller wird er.

Was Kinder wollen

Eine solche Epoche braucht eine ihr angemessene Erziehung. Geht der Grundzug unserer Zeit zur Individualisierung, dann kann in der Kindheit und Jugend nicht mehr auf überholte Erziehungsziele gebaut werden. Vielmehr müssen Elternhaus und Schule bereits dem zentralen Entwicklungsbedürfnis des Kindes Rechnung tragen. Das aber ist nicht leicht. Im Elternhaus kann unter den gegenwärtigen Bedingungen unseres Erziehungssystems sogar manches eher gelingen. Individualität kann nämlich nicht durch Stellvertretergesinnung oder Diensterfüllungsmentalität gefördert werden. Sie läßt sich nur durch phantasiebegabte, verantwortete Pädagogik anregen. Das können dem Lehrer weder Kultusbürokratien noch Schulbuchverlage abnehmen. Individualisierung verlangt nach einer Erziehung zur Freiheit. Das ist die Forderung, mit der Kinder ihre gegenwärtige Inkarnation antreten.

So ist das Erziehen heute zu einer sehr anspruchsvollen und fordernden Aufgabe geworden. Es läuft weder von allein noch neben dem übrigen Leben her. Man kann auch nicht von vornherein wissen, wie es geht. Alles muß erarbeitet und aktuell sein. Einfälle von gestern helfen nicht weiter. Was bei einem Kind stimmt, ist bei einem anderen unter Umständen ganz falsch. Erziehungsziel und Methode müssen in Übereinstimmung gebracht werden. Die Heranwachsenden streben nach Individualisierung, und die Erziehung selbst muß gleichfalls individualisiert werden. Anders wird nichts mehr gelingen.

Woher kommt dieser anspruchsvolle Zug in der Menschheitsentwicklung? Kinder wählen ihre Eltern nach den individuellen Einzelmenschen, bestimmten Gruppenzusammenhängen und dem Charakteristischen einer Epoche. Die Voraussetzungen für ihre Wahl wurde in ihren vergangenen Inkarnationen gelegt. Sie selbst haben in früheren Erdenleben die Sicherheit alter Anschauungen, die Geborgenheit in weltanschaulichen Stabilitäten abgebaut. Sie haben sich die stützenden Stangen äußeren Haltes selbst genommen, um sie durch die Kraft eigenen Menschentums zu ersetzen. Daran wollen sie jetzt arbeiten. Da kann nicht alles und es kann nicht im ersten Anlauf gelingen. Beginnen aber wollen sie. Ihr heutiger Inkarnationswille strebt nach erfüllter, mündiger Existenz. Hindernisse über Hindernisse stellen sich diesem Impuls entgegen. Zum einen ist es nicht leicht geworden, sich überhaupt zu inkarnieren. Potentielle Eltern verfügen über alle möglichen Gründe und Handhabungen, um es nicht dazu kommen zu lassen. Zum anderen nehmen Kinderverständnis oder auch nur Kinderfreundlichkeit in unserer Gesellschaft nicht gerade zu. Kindheit ist zu einem gefährdeten Bezirk geworden.

Aus diesen Verhältnissen ergibt sich das gewaltig wechselnde Spiel von Licht und Schatten, das unsere Zeit so zeichenhaft prägt. Dem Licht der Menschheitszukunft stellen sich machtvolle Hindernisse in den Weg. Was jedoch nicht durch Hindernisse und Prüfungen erworben wird, hat zumeist nur einen geringen Wert. Gerade die Wucht der Schatten vermittelt ein wahres Bild von der Bedeutung der gegenwärtigen Aufgabe.

Die Signatur des Menschheitsgeistes

Noch ein anderes zeichnet unsere Epoche aus. Das Gemeinte hängt mit einer bestimmten Eigenart des Wirkens von Karma zusammen. Wir hatten früher gesehen, daß Karma immer auf eine Ausheilung und Überwinding bestimmter Schwächen, Fehler oder Schädigungen hinwirkt. Karma hilft dem Menschen in der Entwicklung auf eine unverletzte, den ursprünglichen Möglichkeiten des Menschseins entsprechende Wirklichkeit zu. Es arbeitet auf die Vervollkommnung des Menschen hin. Aus diesem Grund inkarnieren wir uns in allen wesentlichen Kulturepochen und nehmen so an der Entwicklung der Gesamtmenschheit teil. Am Ganzen mitwirkend, bilden wir es auch in uns aus. Wir wachsen dadurch immer über das Einzelne hinaus und wachsen mit dem Gesamten. Diesen Gedanken veröffentlichte Lessing 1780, als er seine Ideen zur *Erziehung des Menschengeschlechtes* erscheinen ließ. Aus diesem Grund wechseln wir auch in unseren Inkarnationen als Mann oder Frau in einem auf Dauer ausgewogenen Verhältnis.

Es ist der Geist der Gesamtmenschheit, der in dieser Tendenz des Karma wirksam ist. Er wirkt heilend, belehrend, stärkend in der Entwicklung des Menschen. Eben diese Tendenzen sind es aber auch, welche in der gegenwärtigen Kulturepoche in dem Streben nach Individualität wahrgenommen werden können. So trägt diese Epoche im Kleinen den Zug der Individualisierung, welcher im Großen als Antlitz des Menschheitsgeistes erscheint.

Menschheitsgeist und Individualgeist kommen zur Deckung. Eine solche Wahl möchten Kinder heute mit ihrer Inkarnation treffen können.

Anmerkungen

1 Ellen Key, *Das Jahrhundert des Kindes*. Berlin 1902.
2 Karl Wilker, Ellen Key, in: *Das werdende Zeitalter*. 5. Jg., Gotha 1926.
3 Friedrich Paulsen, Väter und Söhne (1907), in: *Gesammelte pädagogische Abhandlungen*. Stuttgart, Berlin 1912.
4 Julius Langbehn, *Rembrandt als Erzieher. Von einem Deutschen*. Leipzig 1890.
5 Alfred Lichtwark, Vortrag im Schulwissenschaftlichen Bildungsverein Hamburg am 12.3.1887. In: *Drei Programme*. Berlin, ²1902.
6 Alfred Lichtwark, *Die Grundlagen der künstlerischen Bildung. Die Erziehung des Farbensinnes*. Berlin ⁴1914.
7 Gustav F. Hartlaub, *Die Erziehung*. 4. Jahrgang 1929.
8 Carl Götze, in dem *Tagungsbericht: Kunsterziehung. Ergebnisse und Anregungen des Kunsterziehertages in Dresden am 28. und 29. September 1901*. Leipzig 1902.
9 Hermann Lietz, *Lebenserinnerungen*. Veckenstedt 1921.
10 Hermann Lietz, *Emlohstobba. Roman oder Wirklichkeit? Bilder aus dem deutschen Schulleben der Vergangenheit, Gegenwart oder Zukunft?* Berlin 1897.
11 Hermann Lietz, *Die Erziehungsgrundsätze des Deutschen Landerziehungsheimes von Dr. H. Lietz bei Ilsenburg im Harz*. 1898.
12 Alfred Andreesen, *Hermann Lietz*. München 1934.
13 Hermann Lietz, *Die deutsche Nationalschule*. Leipzig 1911.
14 *Deutsche Schulkonferenzen* 1972.
15 Christoph Lindenberg, *Rudolf Steiner – Eine Biographie*. Stuttgart 1997.
16 Rudolf Steiner, *Aufsätze über die Dreigliederung des sozialen Organismus und zur Zeitlage 1915-1921*. GA 24, Dornach 1982.
17 Rudolf Steiner, in: *Allgemeine Menschenkunde als Grundlage der Pädagogik*. Dornach 1992.

18 Rudolf Steiner, a.a.O.
19 Rudolf Steiner, *Erziehungskunst. Methodisch-Didaktisches*. Dornach 1986.
20 Rudolf Steiner, *Erziehungskunst. Seminarbesprechungen und Lehrplanvorträge*. Dornach 1985.
21 Selma Lagerlöf, *Du lär mig att bli fri. Selma Lagerlöf skriver till Sophie Elkan*. Stockholm 1992.
22 Rudolf Steiner, *Esoterische Betrachtungen karmischer Zusammenhänge*. Bd. VI, Vortrag am 24. 4. 1924, GA 240, Dornach.
23 vgl. *Börsenblatt für den Deutschen Buchhandel*, Nr. 11 vom 6. 2. 1990.
24 Thorwald Dethlefsen, *Das Leben nach dem Leben*. München 1986.
25 Thorwald Dethlefsen, a.a.O.
26 Morey Bernstein, *Protokoll einer Wiedergeburt*. München 1973.
27 vgl. die Darstellungen R. Steiners zur Nachtodlichkeit in der angegebenen Literatur, z.B. *Theosophie* oder *Die Geheimwissenschaft im Umriß*.
28 Thorwald Dethlefsen, siehe Anm. 24.
29 Thorwald Dethlefsen, siehe Anm. 24.
30 R. Fuchs in: Thorwald Dethlefsen, *Das Ergebnis der Wiedergeburt*. München 1986.
31 Thorwald Dethlefsen, a.a.O.
32 Thorwald Dethlefsen, *Schicksal als Chance*. München 1987.
33 Thorwald Dethlefsen, a.a.O.
34 z.B. in Rudolf Steiner, *Wiederverkörperung und Karma*. Dornach 1978, GA 135, Vortrag vom 20. 2. 1912.
35 Vgl. Christoph Lindenberg, *Rudolf Steiner – Eine Chronik*. Stuttgart 1988.
36 Rudolf Steiner, siehe Anm. 34.
37 Rudolf Steiner, siehe Anm. 34.
38 Rudolf Steiner, siehe Anm. 34.
39 E. H. Erikson, *Der vollständige Lebenszyklus*. Frankfurt/M. 1988.
40 Die Freie Waldorfschule in Hamburg-Wandsbek wurde im Mai 1922 unter dem Namen Freie Goetheschule gegründet. Bei der Wiedereröffnung nach dem zweiten Weltkrieg wurde sie in Rudolf Steiner Schule Hamburg-Wandsbek umbenannt.

41 Heinz Müller, *Von der heilenden Kraft des Wortes und der Rhythmen*. Stuttgart 1967.
42 Heinz Müller, a.a.O.
43 Heinz Müller, a.a.O.
44 Rudolf Steiner, *Allgemeine Menschenkunde*. Vortrag am 27. 8. 1919, GA 293, Dornach 1992.
45 Rudolf Steiner, *Esoterische Betrachtungen karmischer Zusammenhänge*. Bd. I, Vortrag am 24. 2. 1924, GA 235, Dornach 1986.
46 zit. nach: Johannes Tautz, *Lehrerbewußtsein im 20. Jahrhundert: Erlebtes und Erkanntes*. Dornach 1995.
47 Rudolf Steiner, siehe Anm. 45.

Literaturverzeichnis

ANDREESEN, ALFRED, Hermann Lietz. München 1934.
BERNSTEIN, MOREY, Protokoll einer Wiedergeburt. Der weltbekannte Fall Bridey Murphy: Der Mensch lebt nicht nur einmal. München 1973.
BISCHOFBERGER, NORBERT, Werden wir wiederkommen? Der Reinkarnationsgedanke im Westen und die Sicht der christlichen Eschatologie. Mainz 1996.
BOCK, EMIL, Wiederholte Erdenleben. Die Wiederverkörperungsidee in der deutschen Geistesgeschichte. Stuttgart ⁷1996.
BÜTTNER, CHRISTIAN und ENDE, AUREL, Lebensräume für Kinder. Weinheim und Basel 1989.
CIESZKOWSKI, AUGUST VON, Vater Unser, Bd. 1-3. Stuttgart 1996.
DETHLEFSEN, THORWALD, Das Leben nach dem Leben. München 1974.
– Das Erlebnis der Wiedergeburt. Heilung durch Reinkarnation. München 1976.
– Schicksal als Chance. Das Urwissen zur Vollkommenheit des Menschen. München 1979.
DETHLEFSEN, THORWALD, / DAHLKE RÜDIGER, Krankheit als Weg. Deutung und Be-deutung der Krankheitsbilder, München 1983.
Deutsche Schulkonferenzen 1972.
DRÄBING, REINHARD, Der Traum vom «Jahrhundert des Kindes». Geistige Grundlagen, soziale Implikationen und reformpädagogische Relevanz der Erziehungslehre Ellen Keys. Frankfurt/M. 1990.
ERIKSON, ERIK H., Der vollständige Lebenszyklus. Frankfurt/M. 1988.
FÖLLING-ALBERS, MARIA, Schulkinder heute. Auswirkungen veränderter Kindheit auf Unterricht und Schulleben. Weinheim und Basel 1992.

FRIELING, RUDOLF, Christentum und Wiederverkörperung. Stuttgart 1974.
FUCHS, R., Nachwort, in: Dethlefsen, Th., Das Erlebnis der Wiedergeburt. München ⁵1986.
GÖTZE, CARL, Tagungsbericht: Kunsterziehung. Ergebnisse und Anregungen des Kunsterziehertages in Dresden am 28. und 29. 9. 1901. Leipzig 1902.
HARTLAUB, GUSTAV F., Die Erziehung. 4. Jahrgang 1929.
HIRSCH, GERTRUDE, Biographie und Identität des Lehrers. Eine typologische Studie über den Zusammenhang von Berufserfahrungen und beruflichem Selbstverständnis. Weinheim und München 1990.
KEY, ELLEN, Das Jahrhundert des Kindes. Berlin 1902.
KNIEBE, GEORG (Hrsg.), Was ist Zeit? Die Welt zwischen Wesen und Erscheinung. Stuttgart 1993.
KRANICH, ERNST-MICHAEL, Pflanze und Kosmos. Grundlinien einer kosmologischen Botanik. Neuausgabe Stuttgart 1997.
– Von der Gewißheit zur Wissenschaft der Evolution. Die Bedeutung von Goethes Erkenntnismethode für die Evolutionstheorie. Stuttgart 1989.
– Pflanzen als Bilder der Seelenwelt. Skizze einer physiognomischen Naturerkenntnis. Stuttgart 1993.
KUPFFER, HEINRICH, Pädagogik der Postmoderne. Weinheim und Basel 1990.
LAGERLÖF, SELMA, Du lär mig att bli fri. Selma Lagerlöf skriver till Sophie Elkan. Stockholm 1992.
LANGBEHN, JULIUS, Rembrandt als Erzieher. Von einem Deutschen. Leipzig 1890.
LAUENSTEIN, DIETER, Der Lebenslauf und seine Gesetze. Stuttgart 1974.
LEBER, STEFAN, Die Sozialgestalt der Waldorfschule. Stuttgart, Neuausgabe 1991.
LEBER, STEFAN, Die Menschenkunde der Waldorfpädagogik. Stuttgart 1994.
LEBER, STEFAN, Der Schlaf und seine Bedeutung. Geisteswissenschaftliche Dimensionen des Un- und Überbewußten. Stuttgart 1996.

LEMPP, REINHART und SCHIEFELE, HANS, Ärzte sehen die Schule. Untersuchungen und Befunde aus psychiatrischer und pädagogisch-psychologischer Sicht. Weinheim und Basel 1987.

LESSING, GOTTHOLD EPHRAIM, Die Erziehung des Menschengeschlechtes und andere Schriften. Stuttgart 1987.

LICHTWARK, ALFRED, Vortrag im Schulwissenschaftlichen Bildungsverein Hamburg am 12. 3. 1887. In: Drei Programme. Berlin ²1902.

LICHTWARK, ALFRED, Die Grundlagen der künstlerischen Bildung. Die Erziehung des Farbensinnes. Berlin ⁴1914.

LIETZ, HERMANN, Emlohstobba. Roman oder Wirklichkeit? Bilder aus dem deutschen Schulleben der Vergangenheit, Gegenwart oder Zukunft? Berlin 1897.

LIETZ, HERMANN, Die Erziehungsgrundsätze des Deutschen Landerziehungsheimes von Dr. H. Lietz bei Ilsenburg im Harz 1898.

LIETZ, HERMANN, Die deutsche Nationalschule. Leipzig 1911.

LIETZ, HERMANN, Lebenserinnerungen. Veckenstedt 1921.

LINDENBERG, CHRISTOPH, Rudolf Steiner – Eine Chronik. Stuttgart 1988.

LINDENBERG, CHRISTOPH, Rudolf Steiner – Eine Biographie. Stuttgart 1997.

LINDHOLM, DAN, Woher kommen wir – Wohin gehen wir? Fragen nach wiederholten Erdenleben. Stuttgart 1996.

MÜLLER, HEINZ, Von der heilenden Kraft des Wortes und der Rhythmen. Stuttgart 1967.

MÜLLER, HEINZ, Spuren auf dem Weg. Stuttgart 1970.

NORDMEYER, BARBARA, Fragen an das Schicksal. Stuttgart 1968.

OERTER, ROLF und MONTADA, LEO, Entwicklungspsychologie. München / Weinheim ²1987.

PAULSEN, FRIEDRICH, Väter und Söhne (1907), in: Gesammelte pädagogische Abhandlungen. Stuttgart / Berlin 1912.

PESTALOZZI, JOHANN HEINRICH, Sämtliche Werke. 1927ff.

PREUSS-LAUSITZ u. a., Kriegskinder, Konsumkinder, Krisenkinder. Zur Sozialisationsgeschichte seit dem zweiten Weltkrieg. Weinheim und Basel ²1989.

PREUSS-LAUSITZ ULF; RÜLCKER, TOBIAS; ZEIHER, HELGA (Hrsg.),

Selbständigkeit für Kinder – die große Freiheit? Weinheim und Basel 1990.

ROCHAS, ALBERT DE, Die aufeinanderfolgenden Leben. Leipzig 1914.

RÖHRS, HERMANN (Hrsg.), Die Reformpädagogik des Auslands. Düsseldorf, München 1965.

RÖHRS, HERMANN Die Reformpädagogik. Ursprung und Verlauf in Europa. Hannover, Berlin, Darmstadt, Dortmund 1980. (Das Bildungsproblem in der Geschichte des europäischen Erziehungsdenkens. 16. Band.)

RÖHRS, HERMANN Die Schulen der Reformpädagogik heute. Düsseldorf 1986.

ROLFF, HANS-GÜNTER und ZIMMERMANN, PETER, Kindheit im Wandel. Weinheim und Basel, Neuausgabe 1990.

SACHAU, RÜDIGER, Westliche Reinkarnationsvorstellungen. Zur Religion in der Moderne. Gütersloh 1996.

SCHOPENHAUER, ARTHUR, Sämtliche Werke. Berlin o.J.

STEINER, RUDOLF (Das Werk erscheint innerhalb der Gesamtausgabe = GA im Rudolf Steiner Verlag, Dornach/Schweiz):
- Grundlinien einer Erkenntnistheorie der Goetheschen Weltanschauung. GA 2.
- Die Philosophie der Freiheit. GA 4.
- Theosophie. GA 9.
- Wie erlangt man Erkenntnisse der höheren Welten? GA 10.
- Die Geheimwissenschaft im Umriß. GA 13.
- Reinkarnation und Karma, vom Standpunkte der modernen Naturwissenschaft notwendige Vorstellungen – Wie Karma wirkt. In GA 34.
- Aufsätze über die Dreigliederung des sozialen Organismus und zur Zeitlage 1915 – 1921. GA 24.
- Das Prinzip der spirituellen Ökonomie im Zusammenhang mit Wiederverkörperungsfragen – Ein Aspekt der geistigen Führung der Menschheit. GA 109/111.
- Die Offenbarungen des Karma. GA 120.
- Okkulte Geschichte. Esoterische Betrachtungen karmischer Zusammenhänge von Persönlichkeiten und Ereignissen der Weltgeschichte. GA 126.

- Wiederverkörperung und Karma und ihre Bedeutung für die Kultur der Gegenwart. GA 135.
- Das Leben zwischen dem Tode und einer neuen Geburt im Verhältnis zu den kosmischen Tatsachen. GA 141.
- Inneres Wesen des Menschen und Leben zwischen Tod und neuer Geburt. GA 153.
- Menschenschicksale, Völkerschicksale. Schicksalsbildung und Leben nach dem Tode. GA 157.
- Der Tod als Lebenswandlung. GA 182.
- Die Polarität von Dauer und Entwickelung im Menschenleben. GA 184.
- Geisteswissenschaftliche Behandlung sozialer und pädagogischer Fragen. GA 192.
- Das Verhältnis der Sternenwelt zum Menschen und des Menschen zur Sternenwelt. GA 219.
- Esoterische Betrachtungen karmischer Zusammenhänge. 6 Bände, GA 235-240.
- Allgemeine Menschenkunde. GA 293.
- Erziehungskunst. Methodisch-Didaktisches. GA 294.
- Erziehungskunst, Seminarbesprechungen. GA 295.
- Die Erziehungsfrage als soziale Frage. GA 296.
- Geisteswissenschaftliche Sprachbetrachtungen. GA 299.
- Konferenzen mit den Lehrern der Waldorfschule, Bd. 1-3. GA 300/1-3.
- Die Erneuerung der pädagogisch-didaktischen Kunst. GA 301.
- Menschenerkenntnis und Unterrichtsgestaltung. GA 302.
- Erziehung und Unterricht aus Menschenerkenntnis. GA 302a.
- Die gesunde Entwickelung des Menschenwesens. GA303.
- Erziehungs- und Unterrichtsmethoden auf anthroposophischer Grundlage. GA 304.
- Anthroposophische Menschenkunde und Pädagogik. GA 304a.
- Die geistig-seelischen Grundkräfte der Erziehungskunst. GA 305.
- Die pädagogische Praxis vom Gesichtspunkt geisteswissenschaftlicher Menschenerkenntnis. GA 306.
- Gegenwärtiges Geistesleben und Erziehung, GA 307.
- Anthroposophische Pädagogik und ihre Voraussetzungen. GA 309.

- Der pädagogische Wert der Menschenerkenntnis und der Kulturwert der Pädagogik. GA 310.
- Die Kunst des Erziehens aus dem Erfassen der Menschenwesenheit. GA 311.

TAUTZ, JOHANNES, Lehrerbewußtsein im 20. Jahrhundert. Erlebtes und Erkanntes. Dornach 1995.

VELTMANN, WILLEM FREDERIK, Reinkarnation. Moderne Rückführungspraktiken und anthroposophische Karmaforschung. Stuttgart 1997.

VERBRUGH, HUGO S., ...wiederkommen. Erfahrungen des Vorgeburtlichen und der Reinkarnationsgedanke. Stuttgart 1982.

WEMBER, VALENTIN, Wiederverkörperung – Erkennen und Schauen. Dornach 1997.

WILKER, KARL, ELLEN KEY, in: Das werdende Zeitalter. 5. Jg., Gotha 1926.

Jörgen Smit

Der werdende Mensch

Zur meditativen Vertiefung des Erziehens
96 Seiten, kartoniert

Aus dem Inhalt: Der Schulungsweg des Lehrers / Das Erwachen des Bewußtseins im Ätherischen / Die vier Qualitäten des Ätherischen auf dem Schulungsweg des Lehrers / Die Wesenswirkung aus der Nacht in der Entwicklung der Kinder und Jugendlichen

«Der Übungsweg des Erwachsenen, seine geistige Entwicklung mit den beiden Säulen der Verstärkung der inneren Kräfte und der Verarbeitung des eigenen Lebens, wird dienend hingestellt für die Entwicklung der Kinder. Der Lehrer ersieht daraus die Wichtigkeit von beiden Säulen, die natürlich auch in andern Berufen verwendet werden können, jeweils der Situation entsprechend. Würde er nur die Lebensrückschau durchführen, hätte er sicher ein tiefes Verständnis der Kinder, könnte ihnen aber nichts beibringen. Umgekehrt, wenn er nur die inneren Bildekräfte geschult hätte, hätte er den Kindern viel zu erzählen, aber ohne die Kinder dabei frei zu lassen. Beide Seiten gehören also zusammen wie die rechte und linke Hand.» *Jörgen Smit*

Verlag Freies Geistesleben

Peter Lipps

Temperamente
und Pädagogik

*Eine Darstellung
für den Unterricht
an der Waldorfschule*
477 Seiten, gebunden

Peter Lipps gibt einen Überblick zu Rudolf Steiners Auffassung der Temperamente. Er bietet reiches Anschauungsmaterial zum Erkennen-Lernen der Temperamente und wichtige Anregungen zur Gestaltung der pädagogischen Arbeit.

Aus dem Inhalt:
Teil I: Phänomenologie der menschlichen Temperamente / Teil II: Menschenkundliche Aspekte der Temperamente / Teil III: Die Temperamente in der Pädagogik / Teil IV: Zur Geschichte der Temperamentenlehre.

Verlag Freies Geistesleben

Hans Müller-Wiedemann

Mitte der Kindheit

Das neunte bis zwölfte Lebensjahr. Beiträge zu einer anthroposophischen Entwicklungspsychologie
338 Seiten, gebunden

«Dieses Buch ist von der Hoffnung getragen, daß sich eine zukünftige Erziehung an dem Wesen begründet, das von Anfang an uns der Schicksalspartner ist und dessen Biographie uns erst dann aufscheint, wenn wir beginnen, unsere eigene Biographie zu durchleuchten: am Kind selbst ...
Ich will zeigen, daß die Ideen, die der Erziehung zugrunde liegen, sich nicht nur auf empirische, individuelle oder gesellschaftliche Fakten allein stützen können, sondern daß sich die Erziehung als eine Kunst auf die Zukunft hin zu orientieren hat, um in der Überwindung des Bestehenden der je besonderen Seelenkonfiguration des Kindes gerecht zu werden, indem der erwachsene Mensch neue Erkenntnis-Organe bildet.» *Hans Müller-Wiedemann*

Verlag Freies Geistesleben

Henning Köhler

«Schwierige» Kinder
gibt es nicht

*Plädoyer für eine Umwandlung
des pädagogischen Denkens
(Praxis Anthroposophie 40)*
176 Seiten, kartoniert

Am Ende des 20. Jahrhunderts, das oft als «Jahrhundert des Kindes» apostrophiert wurde, breitet sich in bezug auf die Erziehungsfrage eine Krisenstimmung aus. Das Unbehagen rührt vor allem daher, daß immer mehr Kinder sogenannte Verhaltensstörungen oder Verhaltensauffälligkeiten zeigen und als erzieherisch schwer führbar gelten.

Henning Köhler geht der Frage nach, ob tatsächlich davon gesprochen werden kann, daß «die Kinder immer schwieriger werden», oder ob die allgemeine Bewußtseinslage und die gesellschaftlichen Verhältnisse auf eine für Kinder unerträgliche Situation zutreiben: Wer oder was ist hier eigentlich «schwierig»?

Köhler stellt gewohnte Denkschablonen in Frage und umreißt in Grundzügen einen spirituell vertieften Erziehungsbegriff, der aus der gegenwärtigen Sinnkrise herausführen könnte.

Verlag Freies Geistesleben